中国传媒大学人文社会科学青年学者出版资助项目

U0956885

语言·文化·传播丛书

广播传播的修辞构建

La configuración retórica de la comunicación radiofónica

宋海莲　著

中国传媒大学出版社
·北京·

A la memoria de mi madre, Xiangying Li

Con mi especial agradecimiento a la
Dra. María Amelia Fernández Rodríguez y todos los que
me han apoyado en la realización y publicación de este libro

ÍNDICE

PRESENTACIÓN

El presente libro estudia la comunicación radiofónica y centra su atención en el análisis de la eficacia persuasiva desde la perspectiva de la Retórica. Como ciencia y arte de comunicación, la Retórica ofrece al profesional de la radio instrumentos efectivos para elaborar y transmitir sus mensajes. El locutor se dirige al oído, pero su discurso llega a todos los sentidos del oyente mediante la estimulación de su imaginación.

Se destaca la aplicabilidad de los principios teóricos de la Retórica en el oficio del comunicador radiofónico, un profesional que busca la elocuencia, el valor de la palabra hablada, el sentido del discurso y el compromiso social. El libro propone una configuración retórica de la comunicación radiofónica siguiendo las líneas fundamentales propuestas por los oradores clásicos.

El comunicador radiofónico podrá servirse de estos presupuestos retóricos aplicados a dicho medio para alcanzar la elocuencia deseada, los cuales también podrán ser introducidos en otros contextos comunicativos. En este sentido, pueden ser aplicados como recurso pedagógico en la enseñanza del español como lengua extranjera en China.

El libro es la adaptación de la tesis doctoral que la dra. Hailian Song realizó en la Universidad Autónoma de Madrid, bajo la dirección de la dra. Amelia Fernández, cuya lectura y defensa tuvo lugar en noviembre de 2007.

Introducción

A través de una serie de consideraciones generales sobre el lenguaje, la comunicación, los medios de comunicación y sus relaciones con la retórica, se plantean las cuestiones que existen en el campo comunicativo y se realiza una propuesta sobre los elementos relacionados con la eficacia de la comunicación radiofónica desde la perspectiva de la Retórica, de tal manera que se formula la hipótesis de investigación y los objetivos a alcanzar.

I. De la caja negra a la caja mágica

El lenguaje es como un río por donde corren las aguas del alma, siguiendo la naturaleza humana que combina orgánicamente el sentimiento y la razón; y la Retórica nace del lenguaje y a su vez constituye una fuente inagotable para la creación de significados ejerciendo una influencia fundamental sobre éste. Vivimos y hablamos en sociedad, por eso el lenguaje siempre hace referencia a ésta y a la historia que constituyen una circunstancia determinada de comunicación. El lenguaje se produce a partir del deseo y de la voluntad de comunicarse, así pues, es efectivamente pragmático. La retórica nos introduce en este mundo a través de las prácticas comunicativas. En este sentido podemos maravillarnos de las afirmaciones de Aristóteles en el comienzo de su obra *Política*, donde define al hombre como un animal sociable dotado del don de la palabra. A diferencia de la voz, que es indicativa de placer o dolor tanto en el hombre como en los animales, el discurso es una facultad propia del hombre y tiene como fin "dar a comprender lo conveniente y lo que no lo es, y por lo tanto lo justo y lo injusto". (1933a, 8)

El lenguaje es el medio de comunicación y entendimiento entre los seres humanos. En la interpretación de manera minuciosa y esencial de cualquier fenómeno o hecho del lenguaje, podemos darnos cuenta de que, en la comunicación humana, el uso del lenguaje por parte de cada sujeto comunicativo siempre implica un mundo interior de pensamiento, y podemos figurarlo como una "caja negra", porque es un mundo espiritual lleno de ideas, dudas, impulsos, deseos, codicias... cuyos estados y movimientos son variados y complicados.

Desde este punto de vista, la comunicación humana, aunque se exterioriza en todo tipo del lenguaje, verbal o no verbal, en su esencia, se realiza implícitamente mediante encuentros, contactos, e incluso choques o golpes en dicha "caja negra". Por tanto, si podemos encontrar la llave para abrir esta caja y entrar en ella, nos posibilitará destapar los arcanos de la vida del lenguaje humano, conocer sus códigos mentales de carácter variable, complicado, impulsivo y caprichoso, y organizarlos en un cierto orden sistemático, así como convertirlos en claves flexibles y armoniosas del lenguaje, lo que permitirá no solamente entendernos sin barrera alguna en nuestro mundo interior sino también llegar a la misma armonía comunicativa en el mundo exterior que representa el lenguaje. Buscando esta misteriosa llave secreta llegó a nacer la Retórica, un arte que nos enseña cómo pensar y hablar, un arte que sirve de la llave capaz de la codificación y la descodificación del lenguaje humano y apuesta por la elocuencia perfecta de la comunicación.

El diccionario de la lengua española de la Real Academia Española define así la palabra "elocuencia": *facultad de hablar o escribir de modo eficaz para deleitar, conmover o persuadir*; o *eficacia para persuadir o conmover que tienen las palabras, los gestos o ademanes y cualquier otra acción o cosa capaz de dar a entender algo con viveza*; y la palabra "perfección" se refiere *al mayor grado posible de excelencia que puede llegar una acción, una cualidad, una cosa o una obra.* Los seres humanos somos intuitivos e instintivos y aceptamos felizmente "ser imperfectos" mientras que aspiramos a la perfección de la utopía que creamos con nuestra imaginación.

"Elocuencia", es una hermosa palabra; "perfección", también lo es. Para la humanidad, todas las cosas hermosas son admirables y merecen una búsqueda persistente. En la remota Antigüedad, la primera fue dotada de muchos significados: un genio, una capacidad, una cualidad, un arte..., y la segunda, un nivel superior, un reino ideal, un sueño inalcanzable... Aunque son muy diferentes el espíritu cultural y su proceso de evolución histórica, entre China y Occidente compartieron en su origen la misma apreciación por la elocuencia como cualidad y capacidad necesarias para la participación política y la realización social del hombre.

Tanto los filósofos antiguos de China como los de Occidente consideraron el lenguaje como una "existencia" o "haber" y un acto humano, que contaba con la fuerza que crea el mundo con todas sus cosas y sus seres, pues como dice Wilhelm von Humboldt (1767-1835) en su célebre obra *Sobre la diversidad de la estructura del lenguaje humano* "el lenguaje nace de lo más profundo de la humanidad, no es producto de la actividad del hombre sino una emanación espontánea del espíritu; no es obra de las naciones sino un don que les ha sido otorgado por su propio destino interior". (1995, 45)

Efectivamente, la esencia del lenguaje radica justamente en esa llamada emanación espontánea del espíritu. Una chispa del pensamiento enciende una llama maravillosa de palabras, un encanto de la voz toca una sonata del alma, de esta manera el lenguaje y el pensamiento consiguen un equilibrio dinámico en el que el pensamiento provoca el lenguaje, mientras éste refleja aquél, y se desarrollan, enriquecen y perfeccionan conjuntamente gracias a la búsqueda incesante de innovación y belleza.

Pese a que existe una semejanza en el conocimiento y en la esencia del lenguaje, las actitudes hacia éste que adoptaron se diferenciaron totalmente más tarde, lo que se refleja en el pensamiento del Confucionismo y del Taoísmo frente al pensamiento filosófico de Occidente. Esto se debe también a la esencia del lenguaje, porque está profundamente imbricado en la evolución espiritual de la humanidad, a la cual acompaña en cada etapa de su progreso o decadencia aquí y allá, y en él se reconoce el grado de cultura alcanzado en cada instante. (Humboldt: 1995, 45)

Confucio (551 a. C–479 a. C.), el filósofo, ideólogo y pedagogo más reconocido en la historia china, fundador del Confucionismo, preconiza que el ser humano debe ser reservado y cauteloso en palabras para mantener la armonía social mediante la moral, la ética, la introspección y la reflexión. Se combinan la integridad moral y la superioridad verbal en un conjunto orgánico, pero la personalidad siempre tiene la primacía sobre el propio lenguaje, es decir, los tratos interpersonales no se realizan a través del lenguaje sino a través de las concepciones moral y ética. La sabiduría popular lo refleja en refranes como: "El que tiene la integridad moral también es virtuoso en el lenguaje, pero poco probable al contrario"; "El caballero es reservado en palabras y ágil de acción; la desgracia procede de la boca (*por la boca muere el pez*)"; "el que mucho habla mucho yerra", etcétera.

Confucio, por un lado, enfatiza la buena conducta, el carácter moral y la educación. Por otro lado, aconseja que se sea discreto y prudente en el lenguaje, que se comunique preferiblemente a través del lenguaje no verbal en lugar de hacerlo directamente con palabras, escuchando atentamente y observando cuidadosamente expresiones gestuales y tratando de averiguar las intenciones verdaderas del otro.

A la vez Lao Zi (aproximadamente 600 a. C–500 a. C.), creador del Taoísmo, y Zhuang Zi (369 a. C–286 a. C.), heredero de aquél, tienen una actitud hacia el lenguaje completamente negativa. Insisten en la "no acción", dejar que las cosas sigan su curso y gobernar sin hacer nada contra lo que es natural. Para ellos, hablar y debatir es la raíz de la contradicción. Su actitud negativa hacia el lenguaje se ve claramente en sus conocidos dichos: "El que sabe no habla, el que habla no sabe"; "Las palabras verdaderas no son elegantes y las palabras elegantes no son verdaderas". Creen que "los cinco colores hacen ciegos los ojos, los cinco sonidos hacen sordos los oídos y los cinco sabores hacen insípida la boca", el color más puro es el blanco, el sonido más puro es el insonoro, el silencio es el lenguaje de oro.

Influenciados profundamente por este pensamiento filosófico antiguo, los chinos procuraban conferir energía espiritual a la naturaleza y preconizaban "perfección" de existencia y una convivencia armoniosa con la naturaleza, para ellos, el sol salía y se ponía, la luna se llenaba y menguaba, las flores se abrían y se marchitaban, las estaciones se iban y retornaban y la vida nacía y moría..., todo es un círculo, una redondez, una perfección en que se unía el punto inicial con el final. Esta perfección, que se percibía sólo por el interior y no se transmitía con palabras, podía ser destruida por la palabra.

La tendencia a la tranquilidad y al silencio, impregnada en la concepción del lenguaje del Confucionismo y Taoísmo, constituye un fuerte contraste ante el poder dinámico del lenguaje admirado por los occidentales, para ellos, en la elocuencia verbal se produce la fuerza y se conoce la esencia del ser humano. Los griegos y romanos no confiaban en la "perfección" y creían que la imperfección era la esencia del mundo. Ellos buscaban la fuerza de la palabra para vencer la imperfección y construir una posible perfección.

Entonces Oriente y Occidente, entre la perfección y la imperfección, se cruzaban en la palabra que para ambos tenía un poder mágico que hacía posible la imposibilidad o al revés. Sin embargo, la diferencia del punto de partida de forma de pensar conduce a una conclusión diferente: la retórica que nació en Occidente fue palabra y la retórica que nació en China fue sin palabra o el silencio.

Debido a la lejanía y a la distancia remota los dos mundos no se comunicaban. Cada uno, con su propia retórica, llegó a desarrollar dos culturas del lenguaje: una seguía la palabra y prefería hablar, persuadir, debatir y la otra, respetaba el silencio y tendía a escuchar, observar, evitar el enfrentamiento verbal. Como dijo Arnheim el mundo estaba dividido en círculos propios, limitados entre ellos a causa de estructuras populares o motivos históricos, cada uno de los cuales se autoadministraba, por cierto, siguiendo principios muy egoístas para su propio provecho sin importarle lo que pasaba en otro lugar, aunque fuera incluso su vecino.

Pero la historia sigue. Gracias al avance científico y tecnológico de carácter internacional cuando se dedica a la investigación pura, el mundo es cada vez más pequeño, las diferentes culturas se van acercando y al final han chocado y se ven obligadas a mezclarse y a transformarse, aunque no lo esperaban, ya estaban predestinadas cuando nacieron. McLuhan afirma que, junto con la transformación del mundo real en ciencia ficción, se está produciendo un cambio de sentido, por el cual el mundo occidental se está volviendo hacia Oriente, al mismo tiempo que Oriente mira a Occidente. (1996, 55)

La diplomacia, el comercio, la religión, el arte, la industria, el idioma actúan en parte como separadores y en parte como unificadores cuando se relaciona uno con otro: Naturalmente, estas relaciones condicionan la vida intelectual y ante todo el intercambio ideológico. (Arnheim: 1980, 136)

El idioma es uno de los factores fundamentales de división y unión entre distintas naciones. Si hablan un mismo idioma, es más fácil relacionarse y entenderse sin dificultad y si no es así se producirán malentendidos y conflictos. En la historia de las conquistas era frecuente adoptar medidas para que los nuevos súbditos cambiasen su lengua materna y adoptaran y aprendieran la del estado conquistador, como ocurrió en el caso del latín durante la época del imperio romano. Todos los idiomas se van transformando con los cambios históricos para adaptarse a la necesidad sociocultural y a la comunicación humana. Por ejemplo, lo primero que hicieron en la fundación de la moderna China fue reformar el idioma y crear, basado en los principales dialectos del país, uno artificial, el mandarín chino o lengua común como idioma oficial, cuyo uso se considera parte de la unión de todos los pueblos que usan una gran variedad de dialectos ininteligibles, incluso para dos personas que viven a orillas del mismo río.

En la actual coyuntura y ante un contexto de globalización cada vez más intenso e instalado en una nueva circunstancia histórica que viene vitalizando el encuentro y reencuentro a través de viajes, migraciones, intercambios económicos y culturales, los contactos discursivos se vuelven también cada día más frecuentes y profundos, lo que decide tener una perspectiva global para interpretar e intervenir en las actividades comunicativas.

Tanto los países orientales como los occidentales, quieran o no, si desean lograr un desarrollo social y a la vez mantener su propia identidad cultural, necesitarán romper cualquier obstáculo y participar activamente en el discurso internacional así como aumentar las posibilidades de contactos e interacciones discursivas con mayor profundidad. Por tanto, el conocimiento suficiente de las dos retóricas es necesario y favorable para interpretar de manera madura y objetiva -y sin prejuicios- los discursos correspondientes a cada retórica así como tomarlas como referencias mutuas para llevar a cabo una comunicación eficiente.

La Retórica, como disciplina, nació en Occidente -en Grecia- hace aproximadamente veinticinco siglos. Su objeto de estudio y análisis eran los discursos de índole oral, por ejemplo, los diálogos entre filósofos, los discursos de los abogados o de los sofistas o de los personajes políticos; mientras que las obras literarias y las épicas se observaban dentro del ámbito de la Poética. En la época medieval, las teorías retóricas se convirtieron en un instrumento para interpretar la Biblia, así como para predicar convincentemente y consiguen desarrollarse así en las actividades discursivas destinadas a la predicación. Al final del siglo XVII, la tradición retórica se relaciona estrechamente con la historia, la poesía y la literatura, por lo cual las obras escritas se hacen cada vez más importantes en el ámbito del estudio retórico. Pero en ningún momento los retóricos pasan por alto la oralidad de la comunicación y el estudio de los discursos orales. Esta tradición retórica oral viene manteniéndose hasta nuestro tiempo.

En China, aparecieron las primeras ideas retóricas en los tiempos anteriores a la dinastía *Qin* (221 a. C.), particularmente en los dos últimos períodos: el de las Primaveras y Otoños (770-475 a. C.) y el de los Reinos Combatientes (475-221 a. C.). Durante esta época, con guerras continuas y crisis sociales, la filosofía tenía un papel social importante porque no estaba implantada ninguna religión. Surgieron numerosas escuelas y tendencias filosóficas e ideológicas conocidas como las Cien Escuelas de Pensamiento, las cuales prestaban mayor atención a los discursos orales de los filósofos y letrados y a las técnicas retóricas empleadas para persuadir, convencer, aconsejar y debatir entre diferentes posiciones políticas e ideales sociales. A pesar de las abundantes prácticas discursivas tanto orales como escritas, que habían intensificado su conciencia retórica, no lograron establecer una disciplina. Después de las dinastías *Wei* y *Jin* (220-420 d.C.) los estudios retóricos empezaron a dedicarse especialmente al análisis y la composición de las obras escritas como la poesía y la prosa. Desde entonces, los discursos orales perdieron importancia y China tuvo que esperar hasta la década de los años veinte del siglo XX para establecer su propio sistema retórico y la comunicación oral no volvió a ocupar un lugar destacado en la atención del estudio contemporáneo de la Retórica hasta la década de los ochenta del siglo XX.

Podemos concluir que las dos retóricas, casi en la misma época, comenzaron desde el mismo origen, es decir, la misma atención a los discursos de índole oral, luego divergen por un distinto grado de atención a las obras orales, y en el siguiente recorrido se cruzan en algunas partes, como el estudio de las figuras retóricas en las obras literarias y la aplicación limitada a la composición textual. Podemos afirmar que ya están volviendo a converger en el estudio contemporáneo de la retórica cultivada en China y el de la retórica occidental y se desarrollarán conjuntamente con la integración de una retórica general aplicable a todo tipo de discursos.

La intención de esta investigación no es la de una comparación entre dos culturas tradicionales, aunque el enfoque en la retórica occidental podría ser el primer paso para abordar este campo. Sin embargo, la divergencia y convergencia del estudio al respecto refleja la diferencia de las concepciones retóricas, que afecta directamente a las formas de expresión y de pensamiento. La cultura china no palidece en absoluto ante la occidental en cuanto a su extensión y profundidad o su sensibilidad y agudeza de percepción, e incluso sería superior a éstas en la delicadeza de la expresión escrita. Esto se debe a sus experiencias culturales adquiridas por un predominante sentido vital auditivo. Según explicó McLuhan, el sentido del oído es hiperestético, delicado y universalmente inclusivo (1996, 103). No obstante, frente a la elocuencia que muestran frecuentemente los occidentales, los chinos parecemos en general muy callados o poco comunicativos, lo que produce un desequilibrio discursivo en el espacio de comunicación internacional e incluso puede llegar a impedir una comunicación eficaz.

Por tanto, a partir del carácter universal de las diversas culturas, es decir, la esencia retórica del lenguaje humano, consideramos que será necesario integrar la Retórica occidental al sistema educativo de idiomas extranjeros en China con el fin de encontrar el punto de concordancia entre los patrones del pensamiento y la expresión verbal. Aunque varían las estructuras lingüísticas, los métodos de memorización, las circunstancias culturales y las formas expresivas de las distintas lenguas, el contexto de la comunicación internacional facilitará la recepción y comprensión de esta disciplina y, a través de los idiomas occidentales, también será más fácil entender las ideas y operaciones de su retórica, distinguir sus peculiaridades y dominar las técnicas correspondientes.

Somos conscientes de que esta nueva época nos exige tanto hablar como escuchar para poder entendernos y comunicarnos. Esto no es una simple suma numérica ni un estudio específico de varios idiomas extranjeros sino una combinación con algo de magia para no perdernos en el choque cultural y convivir armoniosamente en la llamada aldea global. Pero, ¿dónde podríamos conseguir esta magia? ¿Existirá de verdad? Así vuela la ilusión y empieza nuestra búsqueda en el mundo de la comunicación.

Comunicación, lenguaje, sociedad, historia, información, tecnología son factores íntimamente relacionados. En las últimas décadas, los estudios e investigaciones en el campo comunicativo han puesto de moda una serie de novedosas teorías y metodologías tales como la semiótica, la teoría de la comunicación, la sociolingüística y la sociopsicología, que son importantes por su trascendencia al valorar funciones fundamentales en el desarrollo social y cultural de la humanidad.

Después de pasar largos periodos de comunicación oral y escrita, la comunicación entra en su fase audiovisual y electrónica, en la que la imagen, el sonido, y la escritura constituyen medios más poderosos en esta sociedad de información. La evolución tecnológica ha abierto y sigue abriendo nuevos caminos para satisfacer demandas y deseos comunicativos. Los nuevos medios de comunicación sustituyen a los antiguos medios de transporte. La tecnología contribuye a que el ser humano pueda desplazarse de un lugar a otro e igual que traslada su cuerpo también los *mass media* logran que se pueda vencer la distancia impuesta por el espacio. Cartas, telégrafo, teléfono suprimen las distancias entre los seres humanos, incluso el correo electrónico y la videoconferencia nos permiten leer, vernos y oírnos. No es necesario desplazarse a un lugar concreto para ver y oír lo que allí ocurre. Como dice Arnheim, "simultáneamente, gracias a esta conquista de los espacios, se van desarrollando las formas de las comunidades, de las hordas al pueblo; de la ciudad, sobre la provincia, a la nación, y ya se vislumbra una enérgica agrupación de continentes". (Arnheim: 1980, 136)

Con estos cambios de la estructura material de los medios de comunicación varían también las formas comunicativas, de la comunicación interpersonal a la de grupos y organizaciones, hasta la de masas. Durante este proceso de evolución mediática, la retórica del lenguaje viene jugando un gran papel de adhesión en el efectivo intercambio de información y ha condicionado favorablemente la transición de formas comunicativas.

Ante la intensificación de la información y el desarrollo progresivo de los medios masivos de comunicación, se pone cada vez más de relieve la importancia del estudio interdisciplinario de este fenómeno. Todos los medios como extensiones nuestras sirven para proporcionar una nueva conciencia y una visión transformadoras (McLuhan, 80). La retórica y todos los estudios relacionados con ella están basados en comunicar informaciones y entender conocimientos de manera efectiva, constituyen un proceso incesante que busca y explota los modos discursivos de diferentes épocas y deberán por consiguiente presentar una tendencia histórica del lenguaje y reflejar el cambio temporal de los contenidos y las formas mediáticas.

La radio se ha convertido en nuestro objetivo ideal porque es un medio de comunicación que ha gustado tanto a los chinos como a los españoles. Aunque exista alguna distancia del nivel medio de comunicación oral entre ambos pueblos, los especialistas han registrado idénticos logros en el desarrollo de la cultura oral y han acumulado similares experiencias y metodologías de trabajo. El excelente efecto comunicativo de este medio nos muestra una combinación de diferentes elementos en contraste: la palabra y el silencio, la música y el ruido, que la hacen ser digna del sobrenombre de "caja mágica" y, por otra parte, el grado de elocuencia que llegan a alcanzar algunos profesionales radiofónicos nos indica una dirección para buscar esa magia que ansiamos tanto en la actualidad. Quizás al final, cuando la encontremos podamos también descubrir o demostrar que la Retórica es la clave para construir una elocuencia perfecta en la comunicación humana.

Basándonos en las reflexiones arriba expuestas arrancamos la aventura de la investigación en el ámbito de la Retórica y la radio. La comunicación humana y la difusión cultural, desde su origen, se realizan a través de la palabra hablada debido a su propia integridad perceptiva y expresiva y han venido forjando la tradición oral de la humanidad. La radio se inventó y se desarrolló como una ampliación de esta tradición y constituye una forma particular de expresión oral.

La radio habla con las personas que se encuentran en soledad, con aquellas que sienten inquietud por las guerras y catástrofes, y comparte con ellas la alegría y la tristeza, animándoles en momentos difíciles, también charla con las que viven en el extranjero, lejos de su patria y sus familiares, consolando su corazón nostálgico.

Además, se tiende aún más a estilizar el arte hablado mediante detalles técnicos, tanto de la voz como otros elementos expresivos del medio, que representan el contenido anímico de su mensaje. La radio asume la tradición oral pero no es su totalidad sino una optimización de la oralidad que enriquece la palabra con todas las posibilidades comunicativas que ofrece el medio, sobre todo, con la viveza expresiva de la voz. Podemos decir que esta comunicación se encuentra entre la forma oral y la escrita, si bien mucho más cerca de la primera. Para Roland Barthes la palabra radiofónica es capaz de seguir de cerca el acontecimiento según se iba produciendo, lo que él llama la historia "en caliente", imponiendo la idea de que "el conocimiento de la actualidad ya no es competencia de la palabra impresa sino de la palabra hablada". (Barthes: 1987, 189)

Una sociedad moderna y abierta generalmente se caracteriza por la industrialización, comercialización, urbanización, democratización, racionalización, y masificación. A su vez la vida humana inserta en ella se manifiesta independiente, fluida y rápida. El ritmo intenso de vida, la división social del trabajo cada vez más minuciosa y las condiciones materiales que van mejorándose generan en cierta medida el distanciamiento entre las personas, las barreras en los tratos sociales y un desequilibrio del criterio moral. Hablando desde la evolución mediática, el desarrollo de los medios de comunicación, por un lado, ha extendido y acelerado los contactos e intercambios de comunicación entre diferentes sociedades y culturas, ampliando la visión de la gente y enriqueciendo la vida cotidiana, al mismo tiempo ha tendido a la pluralidad de sus valores; por otro lado, la cultura de masas impulsada por los medios siente cada vez menos preocupación por lo que piensa cada individuo. Por eso, aparentemente el mundo se vuelve cada vez más animado, y en realidad la gente se siente cada vez más solitaria.

Sin embargo, la radio podrá desempeñar un papel especial en este proceso de comunicación de masas gracias a su forma comunicativa que muestra mayor atención a un intercambio interior del ser humano, servirá de canal para desarrollar los tratos sociales, promover el entendimiento intercultural y se adaptará a la demanda de la formación moral y a la mejora de relaciones interpersonales de la audiencia. A través de preocupaciones y discusiones sobre la naturaleza moral y emotiva, así como de los valores sociales, la radio ejerce su propia influencia a la hora de canalizar, orientar y equilibrar el pensamiento de la gente, lo que contribuye a la realización de la función singular de la comunicación. En este sentido, establecerá un puente entre el individuo y los demás, para que se comuniquen sin barreras. Puesto que juega un papel particular en la vida contemporánea de la gente, el enfoque retórico del discurso radiofónico será de una gran importancia práctica.

II. La integración de la Retórica en el estudio de la comunicación radiofónica

La Retórica está íntimamente ligada a la comunicación de masas y aquélla es considerada como la más antigua teoría comunicativa. La integración de la Retórica puede favorecer la construcción de un sistema valioso para que la comunicación actualice continuamente creaciones teóricas y prácticas. La historia de su desarrollo ha confirmado que su estudio teórico se dirige a interpretar los resultados y efectos del discurso y para llegar a tal fin proyecta su mirada en todo el proceso de la producción del sentido del texto, que justamente se corresponde con la atención especial del estudio en el ámbito de la Comunicación con el proceso de la construcción, la transmisión y la comprensión del significado del mensaje.

A lo largo de la historia, el significado de la Retórica se ha implicado en diferentes ámbitos cognitivos y tendencias ideológicas y académicas, sin embargo, el conocimiento sobre el mundo varía, se amplía y renueva incesantemente y la Retórica, como arte y ciencia de la comunicación y del lenguaje, adapta su sistema de interpretación de una manera más adelantada y rápida a los cambios del objeto que ha de ser estudiado e interpretado. Esto quiere decir que el sistema retórico cuenta con una función de autorrenovación y un alto grado de apertura y adaptabilidad.

Las tecnologías de la información y comunicación son capaces de cambiar no solamente las costumbres del ser humano sino también sus modos de pensar y de expresarse. McLuhan lo indicó hace cincuenta años: "la nueva tecnología eléctrica que extiende nuestros sentidos y nervios en un abrazo global tiene importantes implicaciones para el futuro del lenguaje". (1996, 98) Las importantes consecuencias a las que se refiere el célebre autor pueden aplicarse a los cambios que han traído al lenguaje los avances tecnológicos. Los cambios favorecidos por la tecnología tienen una importantísima repercusión en la vida humana por cuanto favorecen la capacidad para transmitir y recibir mensajes y presentar e incluso cambiar los tradicionales modos de comunicación. El medio radiofónico ocupa un lugar importante en la vida contemporánea, por consiguiente, nos parece muy interesante un estudio y análisis desde la perspectiva de la Retórica sobre su actividad comunicativa y su lenguaje –que responde a la demanda de la comunicación social– y nos ayudará a conocer oportunamente los cambios de modos de pensar y hablar, así como adaptarnos eficazmente a los nuevos.

Es evidente la aplicabilidad de un enfoque retórico en la comunicación radiofónica porque, como parte del estudio de los medios de comunicación de masas, la comunicación radiofónica está más cercana a la aplicación práctica de la Retórica que a la literatura y presta una mayor importancia a la interpretación del sentido del discurso de acuerdo al cambio del contexto real y concreto de la comunicación y de la innovación de las ideas. Por lo tanto, y en nuestra opinión, un estudio de este medio desde la perspectiva de la Retórica podría poseer una gran vitalidad que cuestione, matice o confirme las conclusiones de las teorías tradicionales y que ofrezca además nuevas posibilidades de estudio y perspectivas de trabajo.

La radio sigue siendo un medio poderoso de comunicación en la sociedad de información. El conocimiento que sobre la Retórica tienen los profesionales es o confuso o inexistente. Aunque utilizan medios retóricos consciente o inconscientemente para mejorar el efecto comunicativo, no tienen una clara conciencia de la competencia retórica, o bien desconocen la utilidad de esta disciplina, de manera que sus recursos no han sido explorados ni utilizados eficientemente en la radio; por otro lado nos parece muy necesario que los estudios de retórica tradicional se apliquen al medio radiofónico y a su lenguaje ya que son muy escasos los trabajos que abordan de manera específica las posibilidades retóricas de este tipo de comunicación.

En nuestra opinión la desconexión entre estas dos partes, la comunicación, en este caso radiofónica, y la Retórica, ha restringido en cierto grado el desarrollo del propio medio y la potencialidad de sus funciones comunicativas, lo que palidece inevitablemente el efecto global de la comunicación radiofónica. Por eso en esta investigación intentamos analizar, desde la perspectiva de la Retórica, las características de esta comunicación, con el fin de revelar las leyes operativas de los elementos retóricos en el proceso comunicativo del medio y establecer de manera teórica un sistema optimizado para conducir al comunicador radiofónico a la elocuencia perfecta, gracias a ella, conseguirá el efecto ideal con la máxima verdad, bondad y belleza.

Esta investigación trata de establecer los parámetros necesarios para un análisis eficaz de este tipo de discurso y una configuración retórica con un fin muy preciso: su mayor eficacia comunicativa y una difusión de calidad y excelencia. La elocuencia de la que hablamos en este trabajo no es más que la elocuencia de la palabra, del habla, de la expresión radiofónica, en fin, la elocuencia de la comunicación oral. Por análisis retórico se entenderá la descripción tanto del contenido como de la forma del discurso. Esta descripción implica una identificación del contexto de producción en que se produce, una interpretación de las ideas para elaborar productos sonoros, que llamaremos texto auditivo radiofónico como un modelo del texto retórico, y una representación de las formas exteriores que utiliza el comunicador radiofónico, considerándose así como partes intrínsecas para una construcción del sistema retórico de la comunicación radiofónica.

Los estudios sobre medios de comunicación se han centrado especialmente en el análisis sobre el impacto social, atendiendo menos a las peculiaridades de este tipo de comunicación. Un enfoque retórico nos puede permitir analizar en su totalidad los elementos que intervienen, ya que permiten advertir desde una disciplina ya sólida los mecanismos internos que intervienen. La Neorretórica ha abierto varias vías de recuperación de la Retórica clásica. Una de ellas es el análisis de los medios de comunicación, que abre nuevas perspectivas al basarse en la influencia del discurso en un auditorio, aunque, como es lógico, no contemplaba la posibilidad de una comunicación "en ausencia" si bien consideró la comunicación por escrito. Sin embargo, al insistir en las cualidades fundamentales de la comunicación humana se convierte en un puente privilegiado para contemplar y explicar las transformaciones que experimenta en los medios de comunicación. La revolución de las tecnologías de la información y la comunicación ha transformado enormemente el modo de vivir y a la vez favorece la producción e intercambio informativo. Los frecuentes contactos sociales, la aceleración del ritmo de la vida y, sobre todo, la constante renovación tecnológica, han generalizado y ampliado cada vez más el uso de la transmisión de mensajes orales. Especialmente los filólogos han advertido los riesgos de esta situación que amenaza el uso adecuado y correcto del idioma, prestando cada vez mayor importancia al uso del lenguaje oral.

El lenguaje de la locución-presentación radiofónica está caracterizado por una serie de exigencias profesionales, como la estandarización de las variedades idiomáticas, la seriedad, la adecuación, la sinceridad e intimidad que ponen en pleno juego el encanto persuasivo del lenguaje verbal, así es reconocido e identificado por la audiencia para la que se constituye una norma, más aún: una búsqueda estética y cultural.

Sin embargo, en los últimos años, se han producido varios cambios. Los llamados reformistas creen que la locución tradicional tiene un "tono rígido y anticuado", un modelo que limita el desarrollo de la personalidad e incluso afecta a la credibilidad de la información por cuanto parece emitida por "profesionales" locutores y no por periodistas. De manera que se prefieren las voces sin perfil radiofónico, descuidadas en la dicción, espontáneas, poco exigentes con el uso de los barbarismos y de los extranjerismos que se han convertido en moda; los errores de expresión cometidos en la presentación les parecen inevitables. Estos prejuicios, originados por lo superficial y somero del conocimiento sobre el lenguaje audiovisual, han afectado en mayor grado a la calidad del lenguaje oral. A veces se olvida que el lenguaje de los medios audiovisuales es plenamente oral, sobre todo en el caso de la comunicación radiofónica, y que debe refinarse procurando la corrección lingüística e incluso la calidad artística pensando en el oyente. Cuando la radio era un medio privilegiado frente a la televisión, por ejemplo, la importancia de los locutores era mayor, primero en razón de la calidad del medio y segundo por las condiciones de emisión. La voz debía llegar pura y cuidada para ser entendida. Con los avances actuales esto ya no es necesario, pero debería cuidarse igualmente y no escudarse en la divulgación de contenidos y en un falso populismo.

En realidad, la calidad del lenguaje oral concierne directamente a la subsistencia y el desarrollo de los medios audiovisuales. La radio y la televisión son artes del habla y del oído, por lo que los locutores y presentadores ejercen sus actividades no mediante letras sino mediante el lenguaje verbal, pesando en sus hombros la misión comunicativa y el papel ejemplar de la expresión oral.

La Retórica del discurso radiofónico se destinará a buscar todas sus posibilidades expresivas y comunicativas para conseguir efectos más bellos, auténticos y profundos, es decir, una elocuencia perfecta en la comunicación radiofónica, lo cual ayudará a construir un ecosistema de comunicación electrónica en la radio, un campo propicio para el despliegue de estrategias de comunicación con los afectos y los sentimientos que más necesitamos en esta era de la tecnología.

III. Objeto, objetivo y metodología de la investigación

Hemos visto que lo que proponemos en este trabajo no es replantear el impacto social de los medios de comunicación ni resaltar el papel que desempeñan en los procesos de la democratización de la sociedad y de la comunicación, sino de las relaciones entre la Retórica y la comunicación radiofónica analizando los elementos retóricos que constituyen la eficacia persuasiva de los medios audiovisuales de comunicación en general, y de la radio en particular, lo que nos permite configurar un escenario propicio para que estos medios consigan su mayor poder elocuente y cumplan con sus objetivos persuasivos a partir de la valorización de la aplicabilidad de la Retórica, una disciplina tan antigua y a la vez tan moderna, que nos sirve de "brújula" en el laberinto de la comunicación humana.

Este estudio retórico se aborda en una triple dimensión al explorar las posibilidades de optimizar el proceso de la comunicación radiofónica y actualizar un efecto comunicativo ideal a la luz de las teorías y prácticas de la retórica.

Primero, vamos a aclarar cuál y cómo es el canal de transmisión del discurso objeto de este trabajo: la radio, es decir, sus características esenciales como medio de comunicación. Ante la amplia gama de comunicación audiovisual, aunque el término "medios audiovisuales" se utiliza para referirse preferentemente de forma conjunta a la radio y a la televisión más que al cine y al vídeo, la radio siempre es "apagada" por el esplendor de la televisión y ocupa un lugar marginal. Esta es una de las razones por las que son mucho más abundantes las investigaciones sobre la televisión. Desde la perspectiva de la Retórica, no se puede considerar así que las conclusiones de los estudios sobre el mensaje televisivo puedan extrapolarse a otro tipo de mensajes que se transmiten a través de otros medios audiovisuales. Las diferentes características de cada uno influyen en la producción, estructura y recepción de sus mensajes, lo que hace que, aunque los fines sean los mismos, el análisis retórico de cada tipo de mensajes sea diferente.

Segundo, la delimitación del canal no es suficiente para acometer una investigación retórica como la que aquí se propone, ya que el objetivo de estudio se encamina a buscar un ideal efecto comunicativo del discurso que se transmite a través de la radio por un acercamiento científico y artístico entre ésta y la retórica. Dadas sus características, el discurso radiofónico es un tipo de texto auditivo, que, desde una perspectiva retórica, será definido como el conjunto de mensajes sonoros considerados de interés general que se difunden a través de las emisoras o las frecuencias radiofónicas y que se hacen perceptibles al receptor por medio del sentido del oído de forma simultánea y autónoma. Así que el texto auditivo radiofónico puede ser el conjunto de todos los programas radiofónicos que componen la programación, también puede ser cada bloque de programa o una mínima unidad constitutiva, por ejemplo, una noticia. Las características retóricas de este tipo de discurso se funden en un contexto espacial-temporal que condiciona la comunicación radiofónica y otorga a sus mensajes una dimensión de integridad y armonía.

Por último, y para acabar con el tópico argumento que observa la retórica en su sentido peyorativo, se considera conveniente tratar el papel que desempeña el comunicador radiofónico como sujeto de la ejecución de emisión y de la realización del efecto comunicativo del medio, cuyas cualidades profesionales, competencias retóricas y prácticas oratorias son indudablemente condiciones decisivas para que una elocuencia perfecta sea posible.

Este trabajo no pretende detallar las propiedades políticas y comerciales del medio, aunque éstas están inseparablemente unidas a la subsistencia y el desarrollo del mismo constituyéndose muchas veces en factores determinantes. Sin embargo, no debemos pasar por alto que en su desarrollo histórico, la radio, como una existencia social, ha formado sus propios sistemas semióticos y de significado de carácter independiente y maduro. Esto nos exige determinar la independencia del estudio de este medio a partir del respeto a sus peculiaridades, lo que será un requisito previo imprescindible para hacer investigaciones ulteriores sobre la coherencia entre los factores sociales, políticos, económicos y culturales de la radio como medio de comunicación de masas. De esta forma creemos que podemos hallar la verdadera arteria del desarrollo dinámico de este medio para una comunicación más eficaz.

Para cumplir con estas intenciones se pretende primero estudiar y revisar la bibliografía sobre el estado actual del conocimiento sobre el tema. Hemos observado que la bibliografía sobre la retórica es amplísima y los estudios sobre los medios audiovisuales también son abundantes, sin embargo, lo referente a la comunicación radiofónica es comparativamente escaso y aún menos sobre el estudio específico de este medio desde la perspectiva de la Retórica.

Una vez familiarizados con el tema seleccionamos una serie de informaciones y conceptos y se mide con la mayor precisión posible cada uno de ellos independientemente. Luego con los conocimientos obtenidos se realiza una investigación más completa con el fin de identificar relaciones potenciales entre las partes estudiadas por separado. Por último, se plantea la hipótesis, tomándola como hilo conductor y se desarrolla el análisis concreto hasta llegar a conclusiones específicas.

Se analizarán bajo un contexto puro e ideal los efectos comunicativos y expresivos de la comunicación radiofónica siguiendo el sistema retórico configurado por los oradores con el cual se supone que el orador pueda conseguir la mayor elocuencia. El objetivo general es encontrar las posibilidades para mejorar la calidad del lenguaje verbal y elevar el nivel de la comunicación oral en cualquier ámbito.

Desde la investigación académica es posible analizar la eficacia persuasiva de la comunicación radiofónica y la aplicabilidad de la retórica sobre ella, especialmente al analizar sus elementos retóricos.

Desde la perspectiva didáctica de la enseñanza del español como lengua extranjera (ELE), la búsqueda de un nuevo modelo de docencia es la causa que originó esta investigación y a la vez el destino al que dedicará todo el provecho de los resultados estudiados. Somos conscientes de las limitaciones de la metodología tradicional que usamos en China en la medida en que se presta una mayor importancia al vocabulario, a la gramática y a la lectura y se hace menos caso a la comprensión auditiva y a la expresión oral. La consecuencia primera es que los alumnos, pese a dominar un vocabulario muy extenso y poseer sólidos conocimientos gramaticales, así como una muy buena comprensión lectora, se encuentran ante la dificultad de superar obstáculos comunicativos originados por la insuficiente preparación en la comprensión auditiva, la expresión oral y escrita cuando quieren aplicar en la práctica la lengua extranjera estudiada. Este fenómeno de "lenguas extranjeras mudas" afecta directamente a los estudiantes tanto en su desarrollo profesional como personal, de manera que no sólo es necesario sino que urge encontrar nuevos métodos prácticos y eficaces que resuelvan esta situación.

La incorporación de la retórica y de la comunicación radiofónica al ELE supondrá una nueva prueba para construir un modelo interactivo entre los conocimientos tanto lingüísticos como retóricos y las técnicas profesionales en los medios de comunicación, lo que ayudará a los alumnos chinos a comunicarse no sólo con fluidez lingüística sino también con fluidez intercultural gracias a las competencias retóricas y a las prácticas radiofónicas que se dirigen especialmente a la formación profesional de los futuros comunicadores. Trataremos de ofrecer en las reflexiones finales a los alumnos unas cuantas claves para mejorar su nivel de comprensión auditiva y comunicación oral tomando la retórica como ciencia práctica y la radio como un medio efectivo; también serán de gran utilidad y referencia para los alumnos que quieran dedicarse en el futuro a la profesión periodística en medios audiovisuales.

En definitiva, estamos intentando trazar en este estudio las relaciones constitutivas entre la comunicación radiofónica y la Retórica, lo que servirá de plataforma novedosa y estratégica y que permitirán a los medios de comunicación de masas ampliar su dimensión difusiva, elevar su competencia persuasiva y conseguir la elocuencia perfecta. Cicerón, cuando emprendió la tarea de encontrar el tipo más elevado y perfecto de la oratoria se preocupaba por no conseguirlo, y nosotros procuramos hoy alcanzar lo perfecto que deseaba aquél, por lo menos, lo vamos a intentar confiando en que *ya es grande lo que está cerca de lo perfecto en las empresas importantes.* (Cicerón, *Orator*: 2 y 6)

Capítulo 1

El medio radiofónico. La comunicación radiofónica

Se define el objeto de estudio: el medio radiofónico y bosqueja sus principales rasgos a partir del desarrollo de los siguientes ámbitos comunicativos complementarios: breve historia del medio y su presencia, propiedades del lenguaje radiofónico, características de este discurso y sus funciones comunicativas, plantilla personal y una comparación con otros medios: la prensa, la televisión y el medio digital, así se establece el contexto para la utilización del sistema de la Retórica.

El término inglés *mass-media* aparece en los primeros años de la década 40 del siglo pasado, y se introduce rápidamente en otras lenguas, como medios de comunicación de masas en español. *Media*, plural de *médium*, se refiere a cualquier soporte del mensaje según las consideraciones de McLuhan; y *mass*, a pesar de su polisemia de interpretación, se entiende en este caso como el público que existe de modo indiscriminado en un comportamiento colectivo, pero el medio lo selecciona semánticamente o discrimina socialmente, y los individuos que constituyen tal público no tienen relación directa unos con otros. A través de los *mass-media* (prensa, cine, radio, televisión y en este momento además Internet) se produce la cultura de masas, que se relaciona estrechamente con el proceso comunicativo y supone un fenómeno en la que el emisor, frecuentemente desconocido, transmite a un destinatario conocido simplemente por cifras estadísticas. (M. Martínez Arnaldos: 1990, 13-15)

Estos medios vienen ejerciendo tres funciones: la *mediadora*, por la que ponen en contacto sensorial a emisor y receptor; la *sustentadora*, ya que soportan, conservan y transmiten el mensaje; y la *difusora*, al facilitar la circulación y multiplicación del mensaje. Entre ellos la radio es un medio de comunicación y expresión plural, -en sentido público, colectivo o de masas- más importante en situaciones de emergencias. En caso de catástrofes, como terremotos e inundaciones, en tesituras tan dispares como una guerra o un apagón generalizado de una ciudad, la radio sirve para informar de la situación, mantener la alerta y difundir las normas e instrucciones necesarias y oportunas para la población. Aunque sólo fuera por este motivo, valdría la pena tomarla en consideración. (Muñoz: 2002, 13)

Además, la radio es, posiblemente, el más próximo al receptor del mensaje, el que interpone menos obstáculos físicos, dificultades intelectuales y requisitos técnicos entre el emisor y la audiencia potencial. Su poder, a pesar de sus innegables limitaciones, es muy grande. La palabra y la voz sugieren y estimulan la imaginación, provocan la creación de imágenes. Es, además, el medio que mejor combate la enfermedad de la soledad. Jean Jacques Besançon, director de programas de la Televisión Holandesa y de Radio AVRO, dice que en la radio de servicio el oyente se identifica con el presentador, a quien mantiene ocupado durante las actividades rutinarias, por lo que desempeña una función-acompañante. (*apud.* Muñoz: 2002, 17)

Hay, por otra parte, un deseo creciente de participar en la vida social, no sólo de oír, sino también de hacerse oír. Y esta posibilidad la ofrece mejor que ningún otro el medio radiofónico. Ha desempeñado y sigue desempeñando un papel considerable como cauce de entretenimiento y de difusión cultural principalmente en las regiones más pobres del globo. En este sentido, ha contribuido a hacer más grata la existencia de millones de personas y a extender la conciencia democrática para una feliz convivencia humana. El periodista francés Maurice Siegal, quien fue director general adjunto de Europa Número Uno y jefe de los Servicios Informativos de Tele Montecarlo, considera que la radio ha sido concebida más como un medio para quienes son gobernados que a disposición de los gobernantes. (*apud.* Muñoz: 2002, 21)

1.1. Propiedades de la radio como medio de comunicación

Al tratar de la radio, todos tenemos la impresión de que es un medio barato, con cobertura extensa, rápido de emisión, fácil y flexible de recepción, ofrece intimidad y no exige un alto nivel cultural del sujeto receptor para interpretar el mensaje transmitido. Todas estas características se relacionan principalmente con las propiedades de la comunicación sonora radiofónica.

Pese a que en la década 1920 la realización de la comunicación distante del sonido por radio había sacudido todo el mundo, con el transcurso del tiempo, la radio ha perdido su superioridad mediática. El hecho de que su comunicación dependa sólo del sonido da razones a muchas personas para creer que no puede competir con la televisión u otros nuevos medios por lo que se considera un defecto. Aunque los mensajes auditivos son menos estables al no ser visuales como los mensajes en letras o sonido-imágenes en cuanto a su efecto comunicativo, una vez conectado el sonido con el oyente, la radio se convertirá en un medio que puede despertarle, gracias a la imaginación, todos los sentidos: el de la vista, el del gusto, el del tacto, el del olfato, junto al del oído, lo que le da una vivencia completa, como un efecto de sinestesia, con el que el oyente adquiere una capacidad de visualización interior. En este sentido, no es un medio deficiente sino autosuficiente.

A medida que se desvanezca la impaciencia y el bullicio en el ámbito de los *mass media*, es muy posible que la gente se dé cuenta de que esta peculiaridad "no visual" no constituye un defecto, sino todo lo contrario, es una ventaja insustituible, como un ideal medio de compañía.

1.1.1.- Una mirada retrospectiva y actual de la radio

En este apartado vamos a viajar por el túnel del tiempo para mencionar los momentos históricos más importantes y conocer de nuevo su recorrido comunicativo en la vida humana.

La radio es producto de la progresión incesante de las tecnologías de transmisión eléctrica y electrónica, que se atribuye a arduos trabajos de años de investigación científica y a la invención de diferentes artefactos relacionados con la electricidad.

A finales del siglo XIX, con la Revolución Industrial Europea, el desarrollo científico-tecnológico de los países occidentales muestra indicios de florecimiento, y se han registrado avances considerables en ciencias como la óptica, la electricidad, la química o la mecánica. Durante el siglo XIX e inicios del XX, se lograron éxitos en los experimentos de transmisión de sonido a través de ondas eléctricas sin hilos, y esto condujo al nacimiento de la radio.

En 1864, el físico británico James Maxwell descubre la existencia de las ondas electromagnéticas transmisibles en el espacio y elabora una teoría sobre ellas que podrían viajar a la velocidad de la luz, planteando la afirmación de su transmisión inalámbrica. En 1884, un joven científico alemán, Heinrich Hertz, demuestra esta teoría construyendo un aparato de laboratorio para generarlas y detectarlas y descubre la manera de emitirlas y recibirlas. En 1895 el inventor y físico italiano Guglielmo Marconi y el ingeniero ruso Alexander S. Popov en diferentes lugares realizaron experimentos de transmisión inalámbrica de señales y llegaron a elaborar el aparato más antiguo para transmitir sin hilos señales eléctricas. Marconi consigue transmitir por medio del sistema Morse el telégrafo inalámbrico y lo patenta en 1897 en Inglaterra. Lo sigue desarrollando para que cubra cada vez distancias más largas. En 1898, consigue enviar un telegrama de Inglaterra a Francia y en 1901 logra telegrafiar el primer mensaje entre Canadá y Gran Bretaña. Desde entonces las tecnologías de telecomunicación sin hilo empiezan a aplicarse en campos generales y sientan las bases para el nacimiento de la radio.

El físico estadounidense de origen canadiense Reginald Aubrey Fessenden, y el inventor estadounidense Lee De Forest, conocido como el "Padre de Radioelectricidad", son los primeros que se dedican a transmitir la voz a través de medios inalámbricos. En la nochebuena de 1906 Fessenden prueba con un aparato que permite la transmisión de señales más complejas que las del sistema Morse y organiza exitosamente la primera comunicación radiofónica a nivel mundial. Fue una noche memorable, en la que varias personas afortunadas disfrutaron de la maravillosa experiencia de hablar por un medio inalámbrico, uno leyó un texto de la Biblia, otro un poema e incluso alguien tocó el violín. Aunque esta emisión de sonido duró muy poco y sólo fue recibida por unos radiotelegrafistas de los barcos que navegaban por el Atlántico, conforme a normas técnicas rudimentarias, este experimento se considera como el nacimiento de la radio. En el mismo año Lee De Forest inventó el audión o tubo de vacío, posteriormente reemplazado por el transistor, dispositivo que cumple aproximadamente la misma función: son amplificadores electrónicos que aumentan las señales de radio, tanto en la transmisión como en la recepción. Este invento permite la transmisión más nítida de alta potencia y la recepción con suma sensibilidad a larga distancia.

El 15 de abril de 1912 David Sarnoff, joven telegrafista de la Compañía Marconi Estadounidense, recibe el mensaje del desastre de Titanic y lo comunica por radio de inmediato. A partir de esta experiencia se da cuenta de que es un medio de comunicación mucho más eficiente de lo que se pensaba. En 1916 se le ocurre la idea de convertir el receptor de radio en una "pequeña caja musical" para llevarla a gran número de hogares y predice que algún día llegará a convertirse en un aparato doméstico de primera necesidad. Por fin y a través de años de esfuerzos consigue hacer realidad su plan en la Corporación de Radio de América (RCA) y se manufactura la primera caja mágica, la radio en sentido auténtico.

Gracias a los avances tecnológicos de emisión y recepción, aparecen sucesivamente emisoras experimentales a nivel mundial. El 2 de Noviembre de 1920 la emisora KDKA (AM), instalada en Pittsburgh por La Sociedad Westinghouse con la colaboración de Frank Conrad, conocido radioaficionado, empieza a funcionar formalmente con la emisión de la noticia de los votos obtenidos por Harding y Cox, candidatos a la elección presidencial de Estados Unidos. La KDKA es la primera emisora a nivel nacional e internacional que tramitó la Licencia de Funcionamiento. Comúnmente el 2 de Noviembre de 1920 se considera el día de nacimiento de la primera empresa de radiodifusión del mundo. Desde ese momento, la radio, como medio de comunicación, ha subido al escenario de la historia de la comunicación del hombre.

El proceso de desarrollo de la radio sigue los pasos del progreso de las modernas ciencias y tecnologías de comunicación. Hasta 1930 la radiodifusión se extiende en casi todo el mundo y no solamente es utilizada por los ejércitos en la guerra y por los aficionados como forma de esparcimiento, sino que llega a convertirse en el más importante medio de comunicación y de entretenimiento de masas y medio humanístico que lleva el mundo a aquellos que no saben leer y ayuda a mantener contactos sociales a todos aquellos que no pueden verse entre sí.

Orson Welles fue un personaje de leyenda en la historia de la radio por su célebre programa "*Invasion from Mars*", la Guerra de los Mundos, que supuso una auténtica conmoción social en Estados Unidos. Es señalado frecuentemente como uno de los momentos más importantes de la historia de la radio ya que ilustra con especial fuerza su poder. (Ver guión en el Anexo I)

La emisión se efectuó en vivo por el Mercury Theatre desde la cadena CBS (*Columbia Broadcasting System*) el 30 de octubre de 1938, víspera de tradicional "*Halloween*", "Día de las Brujas" norteamericano, una especie de "Día de todos los santos". No fue más que una dramatización radiofónica basada en la novela homónima de H.G. Wells, es decir, una puesta en escena de esta obra sobre una supuesta invasión desde Marte, pero provocó un pánico devastador y se convirtió en un acontecimiento histórico. Miles de norteamericanos salieron de sus casas, huyeron despavoridos a las calles y se aferraron a sus más íntimas creencias y temores persuadidos de que la Tierra estaba siendo invadida por los marcianos y aquél era el último día de sus vidas. Jamás país alguno había vivido tal sacudida emocional y jamás se había estremecido de tal manera por la acción de un instrumento hasta entonces todavía insignificante: la radio.

Aquella producción radiofónica generó luego muchísimos análisis y debates y Orson Welles confesó que únicamente había pretendido demostrar la ingenuidad del mundo radiofónico. De hecho, logró mostrar al mundo el alcance totalmente inclusivo y envolvente de la imagen auditiva.

Numerosas personas participaron en la actuación y la sonorización dentro del estudio y la fenomenal utilización de todos los recursos expresivos del medio, por ejemplo, conexiones en directo con distintos puntos, las entrevistas con supuestos protagonistas, la emisión de grabaciones de presuntos expertos, los efectos sonoros, y de declaraciones o rumores de los propios oyentes durante el programa, o la utilización de largas pausas y fondos musicales para crear una atmósfera de intriga y espera, contribuyeron a dar verosimilitud a una historia que, en principio, había sido planteada a la audiencia como un simple programa radiofónico (Sainz de Medrano, 2003: 19).

Orson Welles dibujó un verdadero paisaje sonoro a través de la palabra, creando una renovada palabra radiofónica capaz de construir una imagen auditiva. Si bien la cita es larga nos permite comprender la innovación en el medio, la genialidad de Orson Welles y el impacto final en los radioyentes:

> Orson Welles, como se puede comprobar al revisar el texto sonoro, utiliza, entre otros recursos, un vocabulario sencillo, frases cortas, palabras y expresiones de uso común y repeticiones (aparece con frecuencia el sustantivo “cosa” y adjetivos como “terrible” y “terrorífico”, que incrementan la sensación de pánico e incertidumbre). Cabe destacar también la importante función desempeñada por las comparaciones, que facilitan al radioyente la “visualización auditiva” del episodio narrado, oralmente, a través de la radio, sin más soporte que el sonido: “como si se tratara de un tornillo”, “retorciéndose como una serpiente gris”, “grande como un oso”, “brilla como si fuese cuero mojado”, “brillan como los de una serpiente”. Asimismo, aparecen numerosas adjetivaciones que resultan indispensables a la hora de construir realidades radiofónicas (referencias al tamaño, forma y color de los objetos que aparecen en la secuencia, como por ejemplo: “la cosa debe estar hueca”, “dos discos luminosos”, “agujero negro”, “serpiente gris”, “es grande”, “cuero mojado”, “los ojos son negros”, “la boca tiene forma de uve”, “labios sin bordes”) y localizaciones espaciales que ayudan tanto a que el oyente articule imágenes mentales como a que ubique los objetos/sujetos del relato en un determinado punto del espacio auditivo o “punto aquí” (“extremo de la cosa”, “parte superior”, “fuera de la apertura superior”, “desde el agujero negro”, “mientras hablo, estoy transportando el micrófono”). (Novalbos Bou, 1999)

Además, la forma de recepción de una emisión "en ausencia" de la radio también fue un factor del efecto, porque el emisor no está delante del receptor para reinformarle, aunque se hubiera advertido de que era una dramatización radiofónica de una novela al principio del programa, el efecto habría sido el mismo ya que en cualquier momento de la emisión los oyentes pueden incorporarse a la escucha. La emisión del programa fue el impulso que necesitaba la radio para dar a conocer sus verdaderas posibilidades como medio de masas, capaz de influir y orientar las acciones de una audiencia, al otorgar ésta una alta credibilidad a la información que recibe a través de las ondas.

El éxito de Welles radicó en poner en juego todas las posibilidades técnicas que ofrecía aquel nuevo medio y que, hasta entonces, habían sido utilizadas de manera aislada unas y otras. Así la combinación de la dramatización con la información en forma de boletines confirió al conjunto del programa una alta credibilidad. Orson Welles demostró su verdadero genio mezclando ambos géneros hasta el punto de dar verosimilitud a la información y mostró además la importancia que la radio había llegado a adquirir. A la luz de todos estos datos, cuesta creer que la radio actual, armada con mejores condiciones técnicas, no sea capaz de confeccionar algo similar a lo espléndido que produjo ya en 1938.

Durante las décadas de los treinta y de los cuarenta del siglo XX, se acelera el desarrollo de este medio por la invención de la radio en Frecuencia Modulada (FM) y la necesidad de la ofensiva de divulgación desplegada entre los países beligerantes durante la Segunda Guerra Mundial. En 1935 se inventa la radio en FM y luego aparece la emisora de FM, que tiene las ventajas de un menor ruido, mejor fidelidad y mayor seguridad ante interferencias y perturbaciones, por lo que ha mejorado efectivamente los resultados sintonizados. Durante períodos bélicos la función de emitir noticias a través de la radio se ve cada día como una cuestión más importante por su eficiencia de emisión, amplia cobertura y facilidades de recepción. El público también toma la radio como la vía principal para conocer las novedades que puedan surgir en momentos considerados límite. Después de la Segunda Guerra Mundial, la radiodifusión sigue prosperando a nivel mundial y escuchar la radio ya constituye una parte integrante de la vida cotidiana de la gente. La gente compra radios para el hogar, el automóvil, la oficina e incluso para distraerse en la playa por sus posibilidades de información prácticamente instantánea, por su oferta musical a lo largo de todo el día y la noche y por sus programas de servicio público.

Es cierto que en Estados Unidos la radio fue considerada ante todo una forma más de espectáculo mientras que la accidentada historia europea la utilizó con mayor intensidad como vehículo de propaganda ideológica. Sin embargo, triunfó durante décadas convirtiéndose en un medio de comunicación de masas, tan atractivo como directo, y en un signo más de aquella vertiginosa época. En solo una década consiguió convertirse en un auténtico medio de difusión de masas frente a la prensa y el cine, sus competidores directos, debido a su facilidad de acceso, consumo económico y amplia propagación. Pronto se convirtió en un elemento imprescindible del ocio familiar frente a diversiones tradicionales como la ópera, el teatro o el music-hall. (Arboledas: 1995, 12)

En la década de los sesenta del siglo XX, la combinación de la tecnología radioeléctrica y la espacial da luz al satélite de comunicaciones. Éste es un gran salto que constituye un hito en la tecnología de comunicaciones ya que permite no sólo la optimización de la calidad de transmisión radiofónica, la apertura del paso hacia la transmisión a larga distancia y la ampliación de cobertura, lo que hace que la radio rompa las limitaciones de la única dependencia de las microondas y la transmisión repetidora, vuele hacia el espacio exterior y se difunda por todo el mundo, además ofrece a los oyentes una mayor riqueza de programas y por lo tanto amplía su capacidad de elección.

Después de la década de los setenta del siglo pasado, la implantación extensa de las emisoras de FM convierte las radios-fórmula musical en un sector muy importante dentro del mercado de la radiodifusión y permite que adolescentes y jóvenes se erijan por vez primera en la fuerza impulsora y más pujante del mercado de la radio comercial.

En la década de los ochenta la generalización gradual de la tecnología del satélite de comunicación ensancha el mercado pero también intensifica simultáneamente la competencia de esta industria; y desde la década de los noventa hasta nuestro tiempo, la vertiginosa evolución tecnológica de los sistemas de transmisión y la conversión de los sistemas analógicos a los digitales vienen constituyendo una poderosa fuerza para el desarrollo de los medios de comunicación a nivel mundial; y la aplicación y la madurez de la tecnología digital han mejorado y sigue optimizando sin precedentes la calidad técnica de la emisión y recepción de los programas radiofónicos, han acelerado la velocidad de transmisión y han expandido más la amplitud de difusión de sus mensajes. Gracias a ello, seguramente, cada día más radioyentes dispondrán de receptores individuales dotados de antenas planas que les permitirán escuchar, dondequiera que se encuentren, los programas de las principales radioemisoras internacionales, con una calidad digital, es decir, de alta fidelidad, y obtendrán mediante la misma señal datos adicionales transmitidos en pantallas de cristales líquidos.

Su coste ha bajado notablemente y los equipos de recepción también han sido perfeccionados tanto en la minimización de tamaño como en la variedad de modelos, lo que hace resaltar las ventajas de este medio en lo que se refiere a su agilidad en la transmisión, así como en la comodidad para el oyente que puede llevarlo y escucharlo prácticamente en cualquier lugar. Todo esto cambiará en mayor grado el modo de trabajo e incluso la forma mediática de la radio para que cuadre con las demandas de sus oyentes brindándoles más servicios de calidad y facilitando una comunicación en doble sentido entre el comunicador y su audiencia como medio interactivo.

Sin embargo, como cualquier tecnología produce doble influencia, en el proceso de desarrollo la radio viene sufriendo agitaciones y amenazas causadas por la innovación continua de la tecnología de comunicación. No mucho después de la Segunda Guerra Mundial, la hegemonía de la radio empieza a ser afectada gravemente por un nuevo tipo de esparcimiento en los hogares: la televisión.

Sólo con la llegada de la televisión, la radio se vio obligada a ceder su puesto privilegiado, produciéndose además una crisis de identidad marcada por el olvido, por la desorientación y por la inversión en el nuevo medio. En los años cincuenta, millones de personas abandonan sus aparatos de radio por la pequeña pantalla. La televisión hubiera representado la sentencia de muerte de la radio si las emisoras no hubieran reaccionado rápidamente y reestructurado a fondo sus programas para atender las demandas que el medio invasor no podía satisfacer. Fue el retorno a los orígenes lo que permitió una nueva andadura marcada por el uso de la palabra y de la música y así, de acuerdo a Arboleda, en la década de los cincuenta la radio protagonizó en los Estados Unidos una verdadera "revolución" que otorgó a la radio los ingredientes necesarios para conectar con las nuevas audiencias: "Los Beatles, Elvis Presley y los Rolling Stones; la frecuencia modulada, la estereofonía y el impulso de la industria discográfica; las nuevas generaciones rebeldes y consumistas a la vez, la irresistible atracción de las modas, la búsqueda de nuevos ídolos..., factores todos ellos que contribuyeron al éxito de los pinchadiscos de la radio". (Arboledas: 1995, 15)

Acompañada de nuevo de transformaciones tecnológicas, la aparición del transistor frente al aparato de radio tradicional, permitió aprovechar al máximo la inmediatez y la independencia del oyente y del propio medio. Después de una competencia rigurosa y el duro asentamiento durante largo tiempo entre la prensa y la televisión, la radio logra subsistir apoyándose en sus propias ventajas y sigue siendo uno de los principales medios hasta hoy día.

Así en España la posibilidad de escuchar una retransmisión deportiva, por ejemplo, o una información desde cualquier lugar aumentó la fuerza del propio medio y contribuyó a formar para el mismo una personalidad propia de comunicación inmediata y eficaz. Lentamente la radio ha ido ocupando el lugar que le pertenece, distinguiéndose nítidamente del medio televisivo. Incorpora no sólo palabra y música, en cadenas especializadas, sino que despliega un mundo completo en el que la información, la opinión, el entretenimiento y la información de servicio público se combinan hasta convertirse, de acuerdo a Arboledas, en el medio de difusión social de mayor credibilidad y prestigio, incluso superando a la prensa y la televisión, sus competidores directos. "La radio musical que entretiene y acompaña, la radio informativa que difunde la más rabiosa actualidad y la radio reflexiva que debate y fomenta la participación telefónica de los oyentes constituyen la trilogía de ofertas básicas sobre las que se asienta el éxito del medio, reforzado por el crecimiento de la audiencia". (Arboledas: 1995, 17)

El historiador y profesional de la radio, Lorenzo Díaz atribuye al medio mayor credibilidad y legitimidad. Si bien antes generaba noticias, ahora, debido a la inclinación de muchos periodistas radiofónicos a trasladar lo que decían los diarios a las ondas, en la actualidad ha transformado esa función para dar cabida a la opinión, pero los españoles siguen amando a este medio que les ha mantenido informados de los acontecimientos históricos más relevantes: la proclamación de la II República, la Guerra civil, el fallido Golpe de Estado del 23-F, la muerte de Miguel Ángel Blanco o el atentado del 11 de marzo en Madrid.

Cerca de veinte millones de españoles sintonizan la radio en España cada día. La audiencia suele ser fiel tanto por el gusto como por la costumbre. Según los datos de audiencia de Estudio General de Medios (EGM), la Cadena 40 Principales es líder absoluto entre la juventud. RNE, la Ser y la COPE son más seguidos por los hombres que por las mujeres gracias a sus programas deportivos. El público femenino prefiere Onda Cero. La Ser tiene la población más joven, RNE la mayor y Onda Cero la más culta y de mayor status social. (Ver en Anexo II los datos de audiencia en las emisoras más populares en España referidos a 2015) De acuerdo con los datos estadísticos de la Encuesta del Centro de Investigaciones Sociológicas (CIS) de octubre de 2003, el 45,3% de la población española declaraba oír la radio diariamente, mayoritariamente entre 30 minutos y dos horas, que se repartían entre hogar, el coche y el puesto de trabajo principalmente.

En realidad, la radio permite que el oyente saque el mayor partido de su accesibilidad, permitiendo que su imaginación sea cautivada por la palabra. (Arboledas: 1995, 17). Permite, además, la libertad de movimientos, estableciendo un juego entre "oír" y "escuchar", se puede mantener de fondo "oyéndola" en mitad de las más variadas actividades diarias, pero prestando una mayor atención - "escuchándola" - en momentos determinados. La libertad que favorece frente al estatismo de la televisión es, sin duda, un gran logro apoyado en los avances tecnológicos pero también se ha convertido en una compañía para el ser humano en su vida diaria. Durante más de 80 años después de su nacimiento, la radio creció, prosperó, decayó y volvió a levantarse y viene labrando su tierra con paciencia y constancia, creatividad e ilusión, lo que nos asegura un futuro que merece nuestras mejores expectativas y deseos.

1.1.2.- Lenguaje radiofónico, texto auditivo y sus características comunicativas

Cualquier tipo de comunicación se lleva a cabo mediante el lenguaje, un conjunto de señales, reglas, signos articulados con los que el ser humano expresa lo que piensa o siente y consigue comunicarse. La radio realiza la actividad comunicativa a través de su propio lenguaje, en la definición de Rudolf Arnheim (1980, 88), no ha de considerarse como un simple aparato transmisor, sino como un medio para crear, según sus propias leyes, un mundo acústico de la realidad. El lenguaje radiofónico es una herramienta imprescindible para optimizar el rendimiento comunicativo del medio y hay que conocer a fondo sus características para poder aplicarlo adecuadamente y ser consciente de las posibilidades que ofrece la palabra, el silencio, los efectos sonoros o la música, lo cual resulta básico para garantizar una comunicación eficaz. (Gutiérrez G. y Perona P.: 2002, 7)

Gracias a nuestros sentidos percibimos y conocemos todo lo que hay y sucede en el mundo. Entre los órganos sensoriales, el sentido de la vista nos enseña mejor que el del oído o el del olfato, pero no podemos decir que aquél sea más valioso que éste. La radio dispone de su propio lenguaje constituido por una serie de signos que codifican el mensaje, cuya transmisión permite establecer una comunicación entre emisor y receptor. Estos signos son la palabra, la música, los efectos sonoros y el silencio, y cuando se combinan entre sí de manera armónica, adecuada y cohesionada, configuran mensajes con nuevos significados comunicados por el emisor a través de la radio.

La radio aspira a la máxima fidelidad de los sonidos y permite que el oyente reconozca la fuente de los mismos y visualice mentalmente la imagen auditiva, así como comprender el mensaje. El mundo para el oído siempre hace referencia al mundo visual, de hecho, uno de los valores más significativos del medio es la capacidad que tiene para generar imágenes. (Gutiérrez y Perona: 2002, 9)

El lenguaje radiofónico, mediante sus elementos expresivos hace oír, ver, sentir y pensar al oyente y cumple unas funciones concretas como la de informar, educar o persuadir. Si la misión de informar es la propia de los espacios radiofónicos como es el caso de los informativos, la de persuadir atañe a los contenidos publicitarios como finalidad básica, si bien en la propia orientación informativa es posible convencer al oyente, por ejemplo, de una determinada opción política. Distintos objetivos conllevan diferentes usos del lenguaje y estrategias. La palabra y la voz transmiten un sentido determinado, orientan y potencian la imaginación del oyente; la música posee un valor expresivo propio y ayuda a transmitir contenidos estéticos; los efectos sonoros colaboran en la comprensión del mensaje favoreciendo la creación de imágenes auditivas; y el silencio, como pausa del sonido, favorece la carga sugerente del mensaje, o despertando el interés, o provocando la reflexión sobre un problema, o creando expectación, o completando el valor expresivo de los otros tres elementos del lenguaje radiofónico.

Además, los aspectos técnicos y mecánicos del medio radiofónico que intervienen en la producción del mensaje y en la emisión también aportan recursos expresivos del trucaje sonoro que influyen de manera decisiva. La palabra, transmitida por la voz del hombre, constituye uno de los sonidos más importantes en el mundo. La combinación de la palabra, la música, los efectos sonoros y el silencio conduce a la producción de obras sonoras de un nivel más alto. Estos elementos fundamentales les otorgan una unidad orgánica, convirtiéndolas en un verdadero arte sonoro.

La mayor fuerza expresiva de la radio reside en el sonido, el cual actúa más directamente en el oyente que el sentido que pueda tener la palabra, aunque esto no significa que el contenido del mensaje tenga menos importancia.

La unión de la palabra hablada, la música, los efectos sonoros y el silencio en una única unidad acústica es una de las tareas artísticas más importantes de la radio. La adecuada conjunción de las características expresivas del sonido toca el oído y también la imaginación de quien escucha creando verdaderas imágenes acústicas. En palabras de Rudolf Arnheim el mundo acústico está formado por "sonidos y ruidos" (Arnheim: 1980, 26). Es un tratamiento artístico acorde con la sensibilidad humana y sus capacidades acústicas, que le permiten percibir los sonidos de frecuencias comprendidas entre las 15 y las 40.000 vibraciones por segundo.

Y, sin embargo, más de una vez y desde el propio ámbito radiofónico no se capta verdaderamente el sentido final del propio medio y se cree que sólo sirve para transmitir palabras, o música, sonidos sin recapacitar sobre la forma de hacerlo. Siguiendo a Arnheim,

> En la palabra, el sonido es como la tierra madre, de la que el arte hablado nunca puede prescindir, a pesar que llegue tan lejos que pierda su sentido. Pero este sencillo instinto que permite utilizar las cualidades sensibles del material creativo se echa de menos en muchas de las actuales obras radiofónicas, ya sea por falta de capacidad, ya sea porque creen que de este modo sirven mejor al sentido de la palabra prescindiendo de la entonación. (Arnheim: 1980, 25)

En realidad, el medio radiofónico debería aprovechar siempre su propia potencialidad, convirtiéndose hasta las últimas consecuencias en un lenguaje creativo en la medida en la que enlaza la sensibilidad y la imaginación del creador y del receptor. "Una percepción, una experiencia subjetiva se concreta en una palabra, en un texto o en una imagen que se dirigen a los sentidos para tratar de alcanzar los sentimientos". (Balsebre: 2006, 99)

El propósito general del lenguaje radiofónico es por consiguiente agradar a los oídos o deleitar al oyente. El retórico se dirige tanto a la inteligencia del oyente para mostrar hechos, como a la sensibilidad para provocar pasiones. Escuchar la música siempre conlleva una emoción de placer. La música, con los ritmos y melodías, representa directamente los estados anímicos y los sentimientos: la subida y bajada del ánimo, la carga y descarga de las pasiones. La integración de la música en la radio es tan natural como la del pez en el agua, hasta el punto que Balsebre considera que entre ambas se ha llegado a establecer una relación tan estrecha que hoy sería imposible comprender la existencia de la una sin la otra. (1998, 13)

Los diversos tonos y ritmos musicales tienen una mayor importancia en la comunicación de la radio. La música radiofónica tiene un carácter polisémico y se unen en ella diferentes fines: entretener, recrear y formar, y ajustar las emociones. Analizar brevemente las características de la música nos ayudará a entender por qué los programas musicales son siempre populares en la radio generalista y la radio-fórmula. La música fue una magia que salvó la radio de la decadencia y llegó a ser un apoyo fundamental de su contenido, de tal manera que nos servirá como referencia para explorar las sustancias sonoras de la palabra a través de la radio, enriquecer tanto el fondo como la forma del discurso radiofónico. Al principio, la poesía se cantaba y la música se vocalizaba, ambas son producciones acústicas guiadas por la inspiración. En palabras de Aristóteles, la música era un "aderezo" de la poesía. Tiene la misión de despertar en el alma del oyente el sentimiento y las ideas propias para facilitar la inteligencia perfecta de la obra poética. (Aristóteles, *Poética*: 1450b)

El lenguaje musical nos muestra que cada tipo de timbre, melodía, ritmo de sonido tiene su encanto particular, lo que nos invita a meditar sobre las posibilidades por explorar en la comunicación radiofónica para transmitir con toda expresividad el sentido y el sentimiento de los mensajes, pero de ninguna manera será contaminada por el contenido como la basura televisiva, sino que se creará un espacio relativamente puro y limpio influyendo a los oyentes de manera sana y positiva. Si la música tiene el poder de estimular, purificar y deleitar, la palabra radiofónica también lo debería tener.

El sentido auditivo es un sentido cercano a la esencia de las cosas. La radio despierta en alto grado una determinada sensibilidad. Produce efectos sensitivos íntegros ya que no actúa el más importante de los sentidos, el de la vista. La vista nos proporciona un completo mundo en imágenes, mientras que los oídos, por sí mismos, nos lo dan muy incompletos. En consecuencia, el oyente se siente seducido a "completar" con su fantasía todo aquello que "evidentemente" falta a la emisión radiofónica.

Y, sin embargo, nada le falta. Su esencia consiste precisamente en que nos ofrece la totalidad, no sólo lo audible. Una totalidad no en el sentido externo de la plenitud natural, sino representando la esencia de un acontecimiento, de un proceso ideológico y de una creación completa. Las emisiones no pueden hacerse visibles, pero las interpretaciones han de ser siempre visibles y hay que favorecer la fuerza imaginativa del oyente, la que le permitirá completar la representación (Arnheim: 1980, 85). Gaston Bachelard añade que la radio "debe tener una vida autónoma en esta logosfera, en este universo de la palabra, en esta palabra cósmica que es una nueva realidad del hombre. Es necesario que vaya a buscar al fondo humano principios de originalidad". La máxima de Bachelard es la originalidad, el no repetirse y ser capaz de crear algo nuevo más allá de la simple función de transmisión de informaciones. (Gaston Bachelard, apud. Bocetti, 1994: 9)

Es necesario un análisis de las posibilidades de la voz y de ciertas características de la recepción y la decodificación del mensaje emitido a través de la voz, el habla radiofónica, que responde al objetivo de optimizar la dicción para el ámbito particular de los medios audiovisuales y, en especial en nuestro caso, de la radio, donde la ausencia del contacto visual obliga a prestar mayor importancia a cada sonido que se emita. Hace falta entrenar el sistema fonador (el sistema respiratorio, como los pulmones, el diafragma, y el aparato fonador, como laringe, faringe, cuerdas vocales, lengua, paladar, nariz, los maxilares, dientes y labios, etc.) para colocar óptimamente la voz según la calidad y el tipo de sonido que se busca para obtener la mejor calidad de la voz y alcanzar al máximo desarrollo comunicativo de la palabra. En el caso específico de la locución radiofónica, la colocación de voz se dedica a la emisión de sonido con mayor riqueza optimizando todos los factores concernientes como energía, resonancia, claridad y pureza. El sistema respiratorio sirve como la fuente de energía para todo el aparato fonador y éste ejecuta distintos movimientos musculares a través de una estrecha interacción entre sus elementos articuladores como cuerdas vocales, lengua, laringe, paladar blando, labios y produce sonidos identificables por el oído, que componen la voz. Para moverlos y colocarlos en la posición en que mejor se cumpla la función asignada, uno ha de dominar las destrezas y habilidades para controlar cada elemento que constituye el aparato fonador en busca de la calidad óptima de la voz y un mejor rendimiento.

Comparados con los movimientos articulatorios del habla cotidiana, los del uso profesional de la voz en la radio pueden parecer exagerados, lo que se debe en cierto grado a la relación entre los gestos y la voz resultante. Si el mismo conductor de radio habla a la cámara, tendrá que sacrificar algo de calidad de la voz en función de la estética de la imagen en la pantalla, si no, resultará chocante para el receptor tanto la voz como la imagen. Además, en esto influye la propia imagen creada por el oyente a partir de la voz, de manera que cuando ve por televisión al comunicador radiofónico, la imagen parece no acompañar a la voz o la voz saturar a la imagen.

La voz está dotada de las mismas cualidades como las del sonido del instrumento musical: intensidad, tono, duración y timbre. Vamos a describirlas una por una desde el punto de vista acústico, teniendo en cuenta que todas están presentes cuando la voz se emite y forja conjuntamente la calidad de la voz.

La intensidad de la voz, también se dice el volumen de la voz, es la cualidad que la hace sonar más fuerte o más débilmente. La intensidad de la voz se regula en función de la potencia con que expulsa el aire desde los pulmones. Para subir el volumen, se necesita que las cuerdas vocales se muevan más alto enviando el aire con mayor presión. Si baja la presión, bajará el consumo de aire y así bajará el volumen. Las variaciones de intensidad traen consigo variaciones de tono por las características de la recepción del sonido a través del aire: cuanto mayor es el volumen, mayor es la distancia que recorre la voz, lo mismo que ocurre cuando el tono es más agudo. (Guevara: 2003, 28)

El tono resulta de la frecuencia con la que se emite la voz que puede ser aguda, media o grave, con muchas variaciones intermedias. El tono agudo se percibe de una voz que suena fina o chillona, y el grave de una gruesa o baja. El tono físicamente depende de la tensión y extensión de las cuerdas vocales que, al igual que las de la guitarra, cuanto más tensas y cortas están, más agudo suena; pero se puede ajustar con el ascenso o descenso de la laringe, cuando sube la laringe también sube el tono (Guevara: 2003, 30). Cada persona tiene un tono medio natural en el que la voz suena con volumen y caudal óptimos, y no produce cansancio ni irritación en las cuerdas vocales. Articular a partir del punto medio facilitará el acceso a extremos más altos y más bajos según se lo proponga, condición necesaria para el desarrollo óptimo de la expresividad de la voz. La ductilidad de tono de la voz es elemental para dominar una extensión tonal ideal, lo que permitirá la voz que se adapte a cualquier tipo de materiales de locución.

La duración de la voz se refiere al tiempo de extensión de un fono, cuyo resultado determina la velocidad del habla. Cuando se acorta proporcionalmente las duraciones de las palabras, se aumenta la velocidad de locución. Muchas veces el aumento de velocidad destinado al ahorro de tiempo dificultará la recepción de lo expresado por recortes en la sintaxis, es decir quitar fonos o fundirlos.

De acuerdo con los resultados de estudios para medir la velocidad en la locución, la velocidad media está entre 125 y 190 palabras que se pronuncian por minuto, un rango en que se encuentran las velocidades rápidas y lentas. Es muy favorable para el locutor conocer su velocidad media puesto que la recepción más agradable se produce a esta velocidad. Cuando la velocidad sobrepasa las 200 palabras por minuto comienza a decaer la comprensión del mensaje por parte del oyente. (A. Guevara: 2003, 33) Además, hablar rápido no significa comunicar mucho. Sin embargo, las mediciones en palabras por minuto no quieren decir que la velocidad sea constante. La locución requiere la variación de velocidad según el género de programa, el horario de emisión, el tema del que se trata, o el personaje que se representa. El subir y bajar de velocidad, al igual que las variaciones en otras cualidades, como la intensidad, o el tono, debería poder hacerse independientemente, es decir, hablar más rápido no implica hablar más agudo o alto y hablar más lento no es hablar más grave o bajo.

El ritmo es una cadencia particular de la locución que la hace armónica y puede ser sostenido o irregular. El sistema sostenido es más agradable por su musicalidad, pero conlleva el riesgo de caer en el canto. El ritmo irregular se asocia con ciertos estados de ánimo, lo que lo convierte en un parámetro principal de la retórica.

Generalmente podemos reconocer a la gente que conocemos por su voz o tener una primera impresión de cómo es una persona desconocida a través de su voz, aunque no la veamos. Esto se debe a las características del aparato fonador de cada persona, es decir, las condiciones de las cuerdas vocales, el tamaño y la forma de las cavidades laríngea, bucal y nasal, la flexibilidad o la dureza de algunas partes, la articulación armónica y dinámica del conjunto, determinan el timbre o el color de la voz. Sin embargo, será posible ajustarse a la conformación del aparato fonador dentro de ciertos límites para cambiar el timbre, por lo cual hay personas que pueden imitar el timbre de otras personas gracias a la buena ductilidad de su aparato fonador. Los profesionales en el uso de la voz son capaces de adaptar su instrumento fonador al sonido que se les requiere.

La diversidad de timbre de voces es casi tan amplia como la de las huellas digitales. Aunque no hay un criterio generalizado sobre cuáles son las voces más lindas o mejores, la medida estética básica propone una voz sana y bien colocada. El timbre que prefiere la locución es el que dispone de la calidad brillante o resonante. Con un timbre brillante se produce el sonido que será percibido como limpio y claro y una voz resonante podrá engordar una serie de ecos y armonías en las cavidades de resonancia del aparato fonador y ser escuchada con mayor fuerza. Las voces de los locutores y presentadores de los programas populares dan identidad a su emisora y los oyentes pueden identificarla al escuchar las voces conocidas sin necesidad de esperar la sintonía.

El oído tiene una función elemental en la sincronización rítmica de la locución y la ejercitación del oído para la voz, en el habla, es tan necesaria como lo es el entrenamiento del oído musical para el canto. La sensibilidad del oído a bajo volumen es menor en los tonos graves y en los muy agudos. (Guevara: 2003, 36)

Monotonía y canto se consideran como dos defectos o vicios de la locución (Guevara: 2003, 76). Aunque el nombre de *monotonía* alude sólo al tono, la velocidad y el volumen de voz también están involucrados en este fallo. Durante la emisión de la voz, todas las palabras suenan igual, lo que genera una confusión que dificulta al oyente entender lo que escucha e incluso le puede inducir al sueño por lo aburrida que le resulta la locución. El canto se refiere a la repetición cíclica de un período de sonidos que se presenta de muchas formas: por ejemplo, se corta el habla en períodos iguales para respirar por falta de aire, se lee algo con giros previsibles, como la marcación de todos los acentos con la inflexión aguda, o se repiten unas muletillas como "eh", "bueno" o un sonido respiratorio. La locución cantada es desagradable porque el énfasis que se repite cíclicamente pierde valor y lo vuelve monótono. Las destrezas a desarrollar para el uso profesional de la voz son la vacuna indicada para ponerse a salvo de estos dos verdaderos "virus". (Guevara: 2003, 78)

Hasta aquí hemos recorrido las cualidades de la voz en su aspecto acústico, las cuales están estrechamente relacionadas con la claridad, la fluidez y la naturalidad con las que se expone un discurso. Por lo tanto, será imprescindible para la comunicación radiofónica un entrenamiento consciente de la voz que siga las características y funciones de cada elemento articular del aparato fonador con el fin de utilizar eficientemente la voz y conseguir una articulación óptima cuyas cualidades han de ser adecuadas a la locución y a la presentación de cada género radiofónico.

Podemos decir que una buena voz para la radio será un sonido inteligible, limpio y agradable que sólo podrá escucharse con todo su encanto si se proyecta a través de regulación armoniosa de sus cualidades. Gracias a las modernas tecnologías, el apoyo electrónico puede perfeccionar los resultados de la locución cuando sea necesario. En un estudio profesional se observará que el sonido que se percibe a la salida de los amplificadores es mucho más rico que el que se escucha de la propia voz. De todas maneras, una buena articulación es fundamental para la creación y distinción de los elementos sonoros de la palabra o la frase y garantizará una recepción más sencilla y clara para el oyente, de hecho, la sencillez y la claridad de articulación determinará que el mensaje que se emite se pueda entender fácilmente y la locución suene más agradable. La palabra radiofónica no sólo debe ser inteligible y agradable acústicamente, también cuenta con las funciones de educar, persuadir, convencer, conmover a los oyentes, objetivos que forman parte de la retórica de la voz, tal y como veremos en el capítulo cuarto.

En resumen, el texto auditivo de la radio tiene su presencia en forma del sonido: la palabra, la música, los efectos sonoros y el silencio constituyen conjuntamente el sistema de signos acústicos del lenguaje radiofónico. El sentido del texto auditivo, construido por los signos del lenguaje radiofónico, tiene lugar en el contexto de la comunicación radiofónica, cuya complejidad exige que el comunicador preste mucha atención no sólo a crear el contexto de programa, sino también a aprovechar eficientemente las propias capacidades de radiar e implicar del contexto de programa y las formas comunicativas para poder controlar latentemente el contexto de recepción en que se encuentra el receptor, y consiguientemente realizar el efecto comunicativo.

Las peculiaridades de la radio como medio de expresión y los elementos que componen su lenguaje condicionan su forma y su contenido de comunicación oral, cuyas características son las siguientes (Muñoz y Gil: 2002, 49-53):

Claridad. Requisito previo a todo mensaje radiofónico para su captación y comprensión. A una expresión sintáctica y semánticamente correcta, es necesario dar una locución o presentación adecuada tanto en la dicción como en la fonética. Asimismo, es preciso buscar la claridad a la hora de intercalar complementos sonoros o efectuar montajes. Y todo ello perdería eficacia si el sonido resultante se emite a través de una señal débil, oscura o interferida.

Narración en forma activa y presente. La radio prefiere las formas y los tiempos que más "vitalizan" las imágenes auditivas y los relatos; en casos de equivalencia semántica, es mejor usar las formas simples que las compuestas, el presente que el pasado, la activa que la pasiva.

La espontaneidad y naturalidad. Más que cualquier otro medio, en la radio se justifica la espontaneidad y naturalidad, lo que conlleva una puerta abierta a las expresiones populares de la vida cotidiana. Sin embargo, el profesional debe tener claro que no se refiere a la espontaneidad natural sin preparación sino una improvisación bien preparada.

Hiperrealismo. Sin la dependencia de lo real, es decir, las imágenes reales y las palabras escritas, la radio debe trazar las descripciones y las definiciones de la forma más realista posible, buscando las palabras más precisas y representativas para identificar la materia.

Predominio del sentido lógico. El discurso radiofónico debe dar primacía a la expresividad oral y al desarrollo natural en la narración, evitando sonidos malsonantes, sustituyendo los términos equívocos, etc.

Brevedad de períodos. Por las exigencias del tiempo y la fugacidad del mensaje, es conveniente construir las frases en períodos breves y prescindir de oraciones largas.

Armonía con los otros elementos del lenguaje radiofónico. Se refiere a la utilización de la música, los efectos sonoros y hasta el propio silencio, que propician un enriquecimiento retórico del mensaje.

Ausencia de abreviaturas. Por la ausencia de información visual, en la radio no se ven las notas entre paréntesis, por tanto se debe evitar la utilización de siglas, que afecta gravemente la eficacia.

Reiteración. El mensaje oral radiofónico tiende a la repetición semántica y la redundancia para enfatizar algunos matices o significados o para llamar la atención del oyente.

Identificación por la voz. El primer contacto sensitivo del oyente con el emisor es la voz, que identifica psicológicamente al emisor en la mente de los oyentes.

1.1.3.- Programas radiofónicos y sus funciones comunicativas

La producción en la radio, por la responsabilidad social que le compete, tiene una consideración especial en la integración completa entre la razón, las emociones y las sensaciones con el objetivo de satisfacer las demandas y deseos del receptor cubriendo una amplia de gama de posibilidades desde la información, pasando por el conocimiento hasta los sentimientos. Cada emisora o cadena ofrece a la audiencia una parrilla de programación, así como la previsión de los programas que van a ser emitidos durante un tiempo determinado lo que refleja en algún grado la ideología, objetivos, criterios, medios y estilo de la emisora (Muñoz y Gil: 2002, 66). La programación puede incluir un sinfín de cambio de programas. Su elaboración es la base fundamental para construir la programación de una emisora o cadena, cuyo éxito dependerá en mayor grado de la creatividad de los profesionales que sean capaces de pensar, diseñar, redactar, realizar y presentar. Es una combinación de ideas, técnicas, conocimientos y coordinación entre los equipos humanos como cualquier otro tipo de creación presente en el espíritu que anima la creatividad artística. La continuidad se mantiene en programas de diferente duración temporal. Los mismos autores definen el programa como el conjunto de contenidos generalmente dotados de un estilo propio que son difundidos por la radio y se integran en la programación englobados en un título y tiempo determinados. (2002, 68)

Los programas de actualidad, formación y entretenimiento se caracterizan por su dosis de ficción, de radio espectáculo, donde pueda recrearse nuestra imaginación. Todo sería fantástico si a la palabra y al discurso acompañara la sensación viva de la radio. Aunque la radio actual sigue ofreciendo espacios culturales -programas de música, de deporte, de cine, de teatro, de toros- esto no puede ocultar que la radio de hoy ya está dominada por la información, que se ha convertido en el producto principal que vehicula y cohesiona el relato radiofónico. A este respecto, su desarrollo como producto mediático ha conformado una mayor profesionalización del producto, cuyo tratamiento informativo sigue sus propias pautas y técnicas.

En función de su contenido, los programas pueden ser clasificados en informativos (el flash informativo, avance, boletines horarios y el diario hablado), formativos (programas instructivos, educativos, y culturales), de entretenimiento (programas musicales, deportivos) y publicitarios.

Según afirman Muñoz y Gil, los informativos de la radio ya no se ciñen únicamente al esquema antiguo de los boletines horarios y diarios hablados, sino que se rigen por la regla de oro de la instantaneidad de la información: informan del hecho en el mismo momento en que se produce (2002, 109). La variedad de los tradicionales géneros periodísticos que incluyen la noticia, como unidad básica del periodismo, el reportaje, la crónica, el documental, el comentario, el artículo de opinión o editorial se han acomodado a este medio sonoro con las necesarias modificaciones adecuadas a las peculiaridades técnicas y comunicativas, además, la entrevista, la rueda de corresponsales, la tertulia, la mesa redonda, por su índole oral, han logrado su mejor adaptación en la radio que en cualquier otro medio.

Los programas formativos se caracterizan por sus contenidos especialmente para enriquecer el conocimiento de la cultura utilizando metodologías didácticas formales o informales, por ejemplo, los cursos radiofónicos de idiomas o ciencias, los programas de concurso o los de temas sociales, religiosos, políticos, económicos, literarios o artísticos, con el objetivo de divulgar conocimientos, valores, culturas, procurando ampliar la experiencia y completar la formación personal de la audiencia.

En cuanto a los programas de entretenimiento, queremos primero citar la explicación de Muñoz y Gil sobre el significado de "entretenimiento" en el ámbito radiofónico, quien considera que está formado por aquellos contenidos que en esencia no tratan de narrar hechos, ni ofrecer contenidos educativos, sino que "persiguen primordialmente atraer a la audiencia ofreciendo compañía, ayuda, diversión sin exigir una escucha atenta a lo largo de toda la emisión, salvo que el oyente se siente captado por el tema o desee prestar atención". (2002, 163) En realidad, el factor "entretenimiento" en radio ya no sólo es la esencia de los programas de entretenimiento, sino que se amplía y penetra cada vez más en otros espacios comunicativos, así llegará al sentido más profundo, a la exigencia de una calidad de diversión y de espectáculo de todo tipo de programas.

La música desempeña un papel fundamental en la radio que no ha podido superar la televisión, por ejemplo, a pesar de los canales especializados en la emisión de vídeos musicales. Los programas musicales encuentran su mejor terreno en las emisoras de frecuencia modulada con buen sonido estereofónico, procurando que la música llegue al oyente con la máxima calidad técnica posible y para una buena parte de oyentes resultan más cautivadores que los informativos.

Los programas deportivos destacan por resaltar las facetas positivas del deporte: espectacularidad, esfuerzo, espíritu de superación, poder de convocatoria. En España, el fútbol, el tenis y el baloncesto son protagonistas en este tipo de programas. De las retransmisiones deportivas se ha logrado hacer un auténtico espectáculo radiofónico, con presentadores entregados y muy cualificados. Es frecuente observar a muchos asistentes a los encuentros con transistores para seguir los programas. La importancia creciente del deporte se ve claramente en las retransmisiones no previstas con antelación, por ejemplo, la victoria de un equipo español en la Copa de Europa puede modificar las programaciones acomodándose al acontecimiento. Y los programas taurinos, los de humor, los dramáticos también pertenecen al espacio del entretenimiento.

Es en los programas publicitarios -también se llaman espacios publicitarios o anuncios- donde se observa mejor cómo se convence y se persuade a su audiencia aprovechando todos los recursos expresivos del medio porque su función primordial es la económica y ante todo se necesita una persuasión eficaz que movilice todo lo que esté a su alcance para lograr su objetivo. McLuhan cree que los anuncios son la mejor parte de cualquier medio, porque cualquier anuncio refleja el duro trabajo, la atención, el temple, el ingenio, el arte y el talento de muchos profesionales. Se pone mucho más cuidado y atención en la creación de la forma representativa y se construye minuciosamente sobre los comprobados cimientos de estereotipos públicos o "conjunto" de actitudes establecidas, de mismo modo que los rascacielos se levantan sobre una base rocosa.

Cualquier anuncio se basa en una vigorosa dramatización de la experiencia común y el texto publicitario tiene una función tan incidental y latente como el "sentido" en el poema o la letra en la canción (1996, 237). Sin embargo, la publicidad en la radio española ha sido criticada por ser de "más cantidad que calidad" y falta de rigor en la elaboración e intención estética (Muñoz y Gil: 2002, 223). En realidad, la radio debe ser uno de los medios más rentables para la publicidad por su credibilidad y su singularidad de capacidad comunicativa de los recursos sonoros: la voz, la música y los efectos. Además, merecen una atención especial los magazines, o revistas de actualidad en el formato *talk show*, en los que los presentadores son estrellas y que se combinan con programas o espacios informativos a cargo del Servicio de Noticias.

Son programas marcados por la personalidad del presentador, que en ocasiones se convierte en líder de opinión, produciéndose transferencias de personalidad oyente-locutor o locutor-oyente. Quienes actúan en este género no suelen tener un guión cerrado, pero sí una serie de preguntas, documentación y, sobre todo, un minutado o pauta, en el que aparece el orden de las secciones e intervenciones, así como su duración y hora prevista de principio y final.

En la radiodifusión española actual, esta fórmula es la de situar a las estrellas del micrófono al frente de las horas con más audiencia potencial; mejor aún si además es físicamente conocido, bien por sus programas en televisión o bien por estar frecuentemente presente en las publicaciones diarias o semanales. Así se puede explicar el grado de influencia que algunos de estos profesionales tienen en la sociedad. Citamos algunos de los nombres más reconocidos: Luis del Olmo dirige y presenta "Protagonistas", desde el 1 de junio de 1983, logró ser el magazín más escuchado durante muchos años en diferentes cadenas de emisoras; Iñaki Gabilondo, realizó y condujo durante años su magazín matinal "Hoy por hoy" y Carlos Herrera, engancha a la audiencia con su "Herrera en la onda" por su excelente dominio del lenguaje y un estilo propio. Los éxitos respectivos se deben a sus cualidades personales, particularmente a que disfrutan haciendo radio, transmitiendo su gozo a sus colaboradores y a sus oyentes. Dejando claro que quien da la imagen y logra su éxito es el presentador, estos programas suelen ser fruto de un trabajo en equipo (técnicos, redactores, documentalistas, coordinadores, productores, guionistas...) que debe ser suficientemente valorado. (Muñoz y Gil: 2002, 174-175)

Cada tipo corresponde a un género discursivo, puesto que la radio es esencialmente palabra y voz. Según R.M. Haye (1999, 66), se entiende por género radiofónico cada una de las modalidades de armonizar los distintos elementos del mensaje radiofónico, de manera que la estructura resultante pueda ser reconocida como perteneciente a una modalidad característica de la creación y difusión. El discurso radiofónico es de índole oral y se diferencian tres géneros: monólogo, diálogo y mixto. (Merayo: 2000, 163)

El género de monólogo se entiende como el modelo de representación en el que la estructura y orden de los contenidos es presentada por una o varias voces que intencionalmente no dialogan entre sí, tampoco con los colaboradores, ni con los oyentes, y hace referencia al discurso realizado íntegramente por una persona, sin la participación de interlocutores directos. La noticia, el informe, la crónica, el editorial y el comentario son los géneros en los que predomina el monólogo, aunque a veces intervienen varias voces que no se mezclan entre sí. En el género del diálogo, el modelo de representación se caracteriza por la concurrencia de varias voces, la alternancia en los turnos de intervención de cada una de ellas y la búsqueda de un hilo conductor que otorgue unidad y permita la creación de sentido. Pertenecen a este género la entrevista, la mesa redonda, el debate, la tertulia y los programas de participación de la audiencia (Martínez-Costa y Díez U.: 2005, 109). Y el reportaje y los programas magazines pertenecen al género mixto, alternando situaciones en las que hay partes monologadas y dialogadas.

En general para el discurso radiofónico cualquier género oral implica la esencia del diálogo y subraya el sentido comunicativo porque siempre se dirige al oyente, incluso cuando uno habla consigo mismo será un diálogo mental o interior, si no fuera así, el discurso perdería completamente su sentido.

De acuerdo con el tipo de programa, se diferencia entre las modalidades de expresión oral, sea de monólogo o diálogo o los dos mezclados, por tanto, también podemos distinguir los géneros de otra manera observando el contenido temático y no la forma de expresión o representación. Así distinguimos entre espacios informativos, publicitarios, relatos, reportajes, entrevistas, documentales y presentaciones.

En el género informativo, aunque es cierto que resulta inalcanzable la objetividad absoluta, constituye la categoría más próxima a ella. En el proceso de narración e interpretación de los hechos es inevitable que intervengan los elementos subjetivos del autor, sobre todo en los programas de comentario o de opinión. Además, el propio medio, al igual que otros medios informativos, impone la selección de unas noticias y no de otras, la selección de los llamados "cortes" o declaraciones, por ejemplo, de manera que, aunque ambicione la objetividad, ésta como tal está influida por la opinión.

Lo cultural y formativo puede presentarse en cualquiera de los géneros. En realidad, la idea de género creativo está más allá de la pura y simple idea de "divertir". Para R. M. Haye la creación está más cerca de la recreación, entendiendo el sentido básico de "volver a crear" pero también incluyendo el disfrute y el deleite ante lo recreado. Así se observa como en la radionovela se recrean situaciones que están dirigidas a complacer al oyente. En su opinión este género creativo es el más próximo a la "intensidad retórica", lo que se refleja en el propio lenguaje, ya que "se advierte una mayor reformulación retórica de los hechos y acontecimientos observados, o de los textos-fuente, tales como metáforas, comparaciones, etc." (R.M. Haye: 1999, 67)

A pesar de que pueden establecerse diferencias nítidas en las parrillas de programación radiofónica, lo que se observa también es una mezcla de géneros propia de los medios audiovisuales y de la propia cultura. En esta "contaminación de géneros" es posible ver cómo en los espacios informativos cada vez más se introducen elementos para distraer al oyente con la intención de captar su atención. También en espacios en los que se manifiestan opiniones, pueden ser tratados y recibidos como si de información se tratara. Son rasgos que forman parte de esa "contaminación de géneros" definida por R. M. Haye en los siguientes términos:

> La cultura actual está marcada por la "contaminación de los géneros". Los *reality shows* son un ejemplo claro de una estructura capturada por regularidades de distintos géneros. Lo ficcional se alimenta de lo histórico, lo biográfico se dramatiza (docudrama), lo periodístico se "ficcionaliza", como el llamado Nuevo Periodismo, etc. Esta situación, al margen de la existencia de géneros puros, ha determinado la aparición de géneros mixtos, que responden a patrones complejos y dificultan la taxonomía. Los géneros no existen sin los textos, pero algunos textos son escurridizos y escapan a las clasificaciones. Son aquellos cuyos elementos códigos no mantienen una regularidad nítida, sino que remiten a diversos géneros, los cuales terminan neutralizándose entre sí. (R. M. Haye: 1999,67)

Todo tipo de programas ofrece a la audiencia un banquete de sonidos, en este caso podemos hablar de un verdadero "decorado sonoro" para la vida diaria. De la misma manera y yendo más lejos podemos incluso hablar de una verdadera irradiación espiritual, lo que Arnheim destacó en relación al Papa, quien establece una comunicación inmediata con todas las nunciaturas del mundo gracias a su emisora de onda corta: "es el mejor ejemplo de un imperio espiritual que va más allá de las fronteras sin necesidad de hilos". (Arnheim: 1980, 138)

Las tres funciones principales que se adjudican a la radio son: informar (informativos), formar (culturales) y divertir (programas de entretenimiento). Es difícil hacer una división esencial de estas funciones. Frecuentemente los diferentes tipos de programas llevan elementos coincidentes que se entrecruzan y hasta se confunden. Por ejemplo, una noticia sobre una película nueva de ficción científica, es sin duda una información periodística, y a la vez publicita la película y también puede entretener al oyente e instruirle acerca de los nuevos avances científicos.

Así se construye el espacio de la radio para informar con objetividad e imparcialidad, formar con conocimiento y cultura y entretener con cariño y risas, en su esencia, para ofrecer al oyente un instrumento de servicio o radio-servicio. Todos sus mensajes rinden una utilidad en campo de intereses muy diversos y el comunicador tiene que disponer de este espíritu y sentido de responsabilidad de servir al público.

1.1.4.- La plantilla profesional y la imagen de la emisora

La composición de las "parrillas" de las emisoras convencionales se divide en dos grandes apartados que se reflejan también en la división administrativa de las cadenas. Por un lado, está la Redacción de Informativos con periodistas profesionales, dividida en Áreas que cubren diferentes aspectos de la información. Así distinguimos el Área de Nacional para aspectos políticos internos, el Área de Internacional para cuestiones relativas a asuntos que superan el ámbito nacional. El Área de Sociedad para cuestiones que afectan a la población y el Área de Cultura dedicada a todo lo relativo a cuestiones culturales. Mención aparte merece el Área de Deportes ya que se configura incluso como una Redacción alternativa sobre todo centrada en España en el fútbol. La información sobre Deportes abarca un tiempo muy amplio de la información debido por un lado al interés del público pero también a la inmediatez del medio radiofónico para cubrir, por ejemplo, partidos de fútbol y ofrecer gran cantidad de resultados en tiempo real. Además, atrae muy importantes ingresos de publicidad a las cadenas privadas. La publicidad radiofónica en este sentido ha avanzado mucho y se ha integrado en los propios programas, ya no se interrumpe la emisión para los anuncios, sino que éstos forman parte de la emisión.

La imagen institucional y corporativa de la radio española es la información, y la plantilla de informativos tiene un peso singular. Por ejemplo, Radio 1 de Radio Nacional de España dispone en esta sección de 170 redactores aproximadamente, repartidos en seis Áreas de especialización (Nacional, Internacional, Economía, Sociedad, Cultura y Deportes) y en cada una de ellas hay un jefe y dos subjefes que dirigen, organizan y supervisan por turnos (González C.: 2001, 202). Los informativos son muy importantes ya que marcan el sonido de la cadena, dan prestigio y credibilidad no sólo a la información ofrecida sino a toda la programación.

Por otro lado, la redacción de programas incluye a profesionales muy distintos de los que se dedican a Informativos. Ya que tratan la radio de manera artística aprovechando las sugerencias sentimentales y emocionales que pueden transmitir a los oyentes creando a la vez un verdadero espectáculo sonoro. Junto a la Redacción de Informativos y a la Redacción de Programas, merece una atención especialísima la Sección Técnica integrada por Realizadores y Técnicos de Sonido que permiten la grabación y difusión de los contenidos elaborados por las dos Redacciones anteriores. La utilización eficaz de la infraestructura técnica de todo el sistema de emisión constituye un factor imprescindible para el efecto final.

En principio, tanto los oyentes como las cadenas identifican en la información la principal función de la radio, sin embargo, también existen radio-fórmulas que tienen mucho éxito y que se dedican a la música y a los deportes, también a la información y a la divulgación. En las cadenas generalistas son los informativos los que con mayor fuerza dan presencia a la cadena, marcando con sus distintivos el resto de la programación. (Esteve Ramírez: 2000, 164)

A pesar de que la radio ha aprovechado esquemas tradicionales y de éxito y a pesar de que a veces no sabe aprovechar de los recursos provistos por el propio medio, lo cierto es que el ritmo de los consumidores y el avance de la radio permiten observar cambios. El periodismo actual, partiendo de la realidad de los hechos, empieza a buscar su significado creativo, es decir, una modalidad del periodismo especializado que trata de adecuar los mensajes a las exigencias de los receptores ofreciendo, prestando atención a los elementos complementarios que puedan facilitar su mejor comprensión y enriquecimiento. (Esteve Ramírez: 2000, 164)

Los columnistas, catedráticos universitarios, académicos, filólogos, historiadores, médicos se incorporan a las tertulias y debates radiofónicos y televisivos, ofreciendo no sólo la información sino también su opinión sobre la misma, adaptándose así a un nuevo tipo de público mucho más formado y con mayores exigencias.

Debido a la homogeneización de formatos y de ofertas de programas, las cadenas están esforzándose para buscar una mayor diferenciación e identificarse entre otras. Para ello intentan crear un sonido propio que marca el estilo de la cadena e incentiva la escucha. La radio precisa visualizar su mundo en la mente de sus oyentes con el fin de familiarizar su escucha y conseguir audiencias lo más fieles posible.

La importancia de disponer de una imagen de marca para una emisora obliga a crear productos sonoros diferenciados y propios, es decir, a elaborar una programación con sonido que le sea propio y permita identificarla sin dificultad. En el caso de la radio, esta imagen no sólo queda identificada por las sintonías -o "ráfagas"- del distintivo de cada emisora, sino que viene marcada por la propia historia radiofónica además de por la competitividad en el exigente mercado de los medios. Identificamos cadenas con voces y con programas determinados, producto de la contratación de profesionales destacados como Luis del Olmo, Iñaki Gabilondo o José María García, entre otros locutores-estrella que ejercen el periodismo radiofónico casi exclusivamente valiéndose de la palabra y conectando con audiencias muy numerosas.

Los locutores-periodistas, que presentan los populares magazines informativos donde tratan la actualidad con géneros periodísticos e incorporan algunos espacios de humor y entretenimiento como complemento, se convierten en "estrellas", y sus programas, en la marca de la radio. Ha sido así y es así en el caso de los comunicadores -más que periodistas o locutores- que han marcado la historia reciente de la radio en España. Luis del Olmo, Iñaki Gabilondo o Carlos Herrera son buenos ejemplos que recogen el testigo de antiguas voces cuando la radio era mayoritariamente seguida. En definitiva, el grado de calidad de los programas que la radio transmite a sus audiencias es un buen indicador del nivel de profesionalidad de sus comunicadores, es decir, del conjunto de los periodistas, locutores, presentadores, técnicos y otros colaboradores; también es la garantía de prestigio de la marca de una emisora.

1.2. La radio frente a los otros medios de comunicación: prensa, televisión y medio digital

En el escenario moderno de la comunicación audiovisual, la televisión ha venido ocupando la posición de protagonista desde su nacimiento, frente a aquélla, la radio juega un papel de menor importancia y se ve un poco tímida, preocupada, con un inconsolable complejo de inferioridad que fue sembrado cuando sus profesionales se iban para la televisión alentados por la influencia del medio. Es innegable que la televisión tiene una mayor fuerza de difusión e influye sobre una mayor audiencia.

Hacemos esta comparación no para ostentar las virtudes de un medio frente a las debilidades de otro sino para destacar las características de cada uno y llegar a formar una perspectiva sin ningún prejuicio y encontrar un equilibrio, lo que en nuestra opinión favorecerá el desarrollo del propio medio y su convivencia con otros. También nos ayudará a establecer cuáles son las similitudes y diferencias entre el canal utilizado en los medios respectivos. Hay al menos dos cualidades por las que la radio se diferencia. Por un lado, está la cercanía con el oyente, llegando a crear un nexo invisible de "intimidad psicológica", dado que habitualmente la escucha es individual. "Si el oyente recibe el mensaje en soledad, el emisor bien puede permitirse dar una forma al mensaje que parezca que está transmitida única y exclusivamente para un único sujeto individual". (Merayo: 1992, 8-9)

Esta cualidad va más allá de la clasificación ya clásica que divide los medios en lo que respecta al tratamiento de la información. Es el canal el que condiciona ese tratamiento por cuanto la radio informa, la prensa escrita permite profundizar sobre la información dado que permite una cobertura más amplia y un tratamiento más reflexivo y finalmente la televisión entretiene por cuanto juega con el impacto de las imágenes. Haye reparte el trabajo aplicado a la comunicación de masas entre los diferentes medios: "la radio informa, el diario profundiza e interpreta, la televisión entretiene". (Haye, 1999: 149)

Comparada con la prensa, la rapidez de transmisión radiofónica es inalcanzable para la prensa, porque la radio no requiere el procedimiento complicado de redactar, componer, imprimir y publicar como la prensa. La recepción del mensaje radiofónico es barata y fácil y no se necesita más que un aparato de radio y unos oídos. Además, la reproducción de los efectos sonoros del campo real del suceso ofrece un canal directo para que el receptor conozca lo que ha pasado o está pasando y la locución y presentación de las noticias generalmente evita usar los elementos oscuros y confusos para la comprensión del mensaje y facilita la recuperación objetiva y auténtica de los hechos.

La comunicación radiofónica se realiza por medio de códigos de sonido, que no sólo difieren de los códigos gráficos, sino que también representan más original y vivamente los sucesos y las personas que intervienen, por lo cual consigue intensificar la sensación de cercanía. La prensa informa y refleja los hechos y personas con letras y fotografías, que son una duplicación mecánica, además, muchos detalles sonoros de los hechos periodísticos son difíciles de expresar con letras, o sea, al periodista le resulta imposible mencionarlo todo, sin embargo, los detalles sonoros olvidados son a veces muy importantes como factores auxiliares para su comprensión. La diferencia entre estos canales comunicativos se evidencia en el antiguo proverbio: "*Las palabras dichas se las lleva el aire y las escritas reposan en los santuarios de las hemerotecas con la firma y rúbrica de sus creadores*".

Si bien también es posible guardar en grabaciones todo el material sonoro emitido, lo cierto es que la recepción del que lee es muy distinta a aquella del que escucha. (Fernández Rodríguez, 2003b)

A pesar de compartir el espacio audiovisual, radio y televisión muestran muchas diferencias. La primera y más obvia es la evidente pluralidad informativa que permite el uso de la palabra frente a la servidumbre televisiva a la imagen. Un oyente puede oír muchas formas de enfocar una noticia, pero verá en todos los diarios informativos televisivos la misma imagen. Sin embargo, la radio se presenta a la audiencia como un medio informativo descentralizado, pluralista y multifocal, en abierta contraposición con el centralismo televisivo. (San José, 1989: 71) En competencia con otros medios la radio ha ido estableciendo su territorio. Si al principio fue el medio de entretenimiento principal frente a la televisión, poco a poco ha ido configurándose como un medio de comunicación que informa y entretiene (Sainz de Medrano, 2003: 21). Lo que la distingue del medio televisivo es su capacidad de transmisión en las más variadas circunstancias, de ahí su inmediatez, frente al medio televisivo que obliga al receptor a permanecer delante del aparato.

La radio sigue siendo importantísima porque no requiere de medios técnicos tan sofisticados. Por ejemplo, para cubrir una noticia a la radio le basta con enviar a un periodista que lleve un teléfono móvil, la televisión debe desplazar todo un equipo técnico además para transmitir las imágenes. A pesar de la importancia de ésta, la radio se utiliza para informarse en momentos muy determinados, por ejemplo en los atentados del 11 de marzo en Madrid el hecho se siguió sobre todo a través de la radio sin que su seguimiento por Internet llegara a desplazarla.

Según las encuestas públicas, la credibilidad de la radio es mayor que la de la televisión. Junto a los factores que venimos comentando, influye la proximidad psicológica propia de este medio, donde la comunicación hablada se recibe prácticamente en idénticas condiciones acústico-ambientales que en la relación persona a persona. Además, su inmediatez técnica permite cubrir los acontecimientos en tiempo real frente a la televisión que necesita de un mayor despliegue técnico. La propia fuerza de la imagen puede convertirse en enemiga de la eficacia comunicativa. Para Stephen Hearst, realizador durante muchos años en la radio y la televisión de la BBC la televisión falla en los conceptos abstractos porque la imagen es tan poderosa que de algún modo borra, reduce el contenido a un plano secundario. (apud. Muñoz: 2002, 14)

Contemplados desde un punto de vista estético, estos dos medios difieren aparentemente. Mientras la radio se basa en la palabra y en las resonancias imaginativas para el oyente, así como en la música, la televisión presenta imágenes que también tocan la imaginación más que la inteligencia. A diferencia de la radio, que se basa en el sonido, ya sea palabra o música, y se dirige esencialmente al pensar y al sentir, "la televisión, con el dominio del factor óptico, el cual presenta más imágenes de hechos que de conceptos, va más a lo individual que a lo general, ofrece material gráfico en lugar de resultados intelectuales". (Arnheim: 1980, 164)

Sin embargo, la experiencia aportada por las imágenes permite un mayor enriquecimiento del mensaje. El trabajo del periodista radiofónico pasa por enriquecer el material del que habla, a través de su propia voz o de la ilustración a través de "cortes" que incluyen testimonios o "fotos sonoras". La "foto sonora" es la introducción sin presentación de la información que vaya a darse. El canal radiofónico está lógicamente marcado por las condiciones auditivas, de modo que necesita de las palabras para hacer posible su comprensión. "Nuestros oídos son, más que nada, un instrumento del entendimiento, del cerebro, receptores de lo que ya conocemos. Pero la vista nos permite observar, adquirir experiencia, recoger un vasto material intelectual". (Arnheim: 1980, 164)

La ventaja de la comunicación audiovisual dentro del mismo tiempo-espacio de la televisión es incomparable para la radio. La comparación la hacemos simplemente con el objetivo de destacar como una ventaja las peculiaridades comunicativas de la radio que han sido menospreciadas o deben ser más consideradas. Se supone que hay dos productores de programas: uno adopta una actitud de reparar el "defecto" de invisibilidad de la radio y se dedica a explorar otras posibilidades ocultas para que sea visual; y el otro cree que "sin imagen" es justamente el punto positivo que distingue la radio de otros medios y guiado por esta fe insiste en desarrollar los programas que se adapten a las peculiaridades de este medio. De ahí se puede ver claramente la diferencia entre estas dos actitudes en el nivel de producción de programas y en su calidad final. La insuficiencia del conocimiento de las propiedades de cada medio afecta e incluso limita al final la calidad de los productos y el desarrollo del propio medio. En el primer caso arriba mencionado, el propio comunicador carece de confianza en el medio, bajo este estado, ¿cómo es posible asegurar que pueda crear buenos programas de valor difusivo y más competitivos que los que ofrecen los otros medios?

Al ver la televisión se fijan los ojos del receptor y en cierto grado se limita su movilidad. Por el contrario, cuando escuchamos la radio podemos hacer otras cosas, y su mensaje interviene más o menos en nuestra actividad de acuerdo al estado en que nos encontramos, o se adapta a la necesidad especial del momento, por ejemplo, la música de fondo. Además, la imagen sola no puede transmitir mensajes con sentido definido, generalmente se completa su sentido con interpretaciones de palabras o letras; en la imagen televisiva existen muchas informaciones superfluas, que afectan a la atención del receptor a las informaciones principales e incluso conducen a un malentendido del mensaje, y la radio, en este sentido, puede escaparse de la intervención de la imagen y transmite más detalles necesarios para informar con mayor precisión mediante la palabra. Aunque parezca un contrasentido la información ofrecida por ésta -sin imágenes- puede ser más contundente e impactante que la ofrecida por la televisión.

Aunque la imagen, gracias al montaje técnico u otras técnicas de presentación, puede mostrarnos naturalmente el significado implicado en las cosas o entre ellas, la imagen del periodismo televisivo es diferente que la que puede ofrecer un medio audiovisual mucho más refinado como es el cine. La rapidez y la autenticidad del periodismo no permiten la elaboración artística por cuanto se carece de tiempo para hacerla a no ser que se trate de un reportaje, mucho más elaborado que la información en tiempo real o ajustada al horario de las parrillas de programación. Estas exigencias requieren una interpretación rápida y exacta del contenido, que se consigue frecuentemente con la ayuda de la palabra, por ejemplo, al ver las imágenes de una explosión de un coche-bomba, o de un derrumbamiento de un edificio, para el receptor, después de sentirse atemorizado, lo que más le interesa es conocer el motivo o el objetivo del suceso, en este momento espera una interpretación concreta con palabras porque las imágenes solas no pueden satisfacer esta necesidad.

A partir de la actitud racional y seria con la que se reciben y entienden las noticias, la palabra es suficientemente capaz de asumir tal función por su estrecha correspondencia con nuestro mundo de significado, en este sentido, la imagen se pierde frente a la palabra por falta de definición y precisión. Las primeras transmisiones de noticias se hacían oralmente y ahora también estamos acostumbrados a contar a otros las cosas que hemos escuchado o visto, o al revés, escuchar a otros que nos cuenten sus novedades, sus noticias. En este sentido, podemos decir que el origen de la noticia es oral –en su producción, transmisión y recepción– y la radio debe desplegar plenamente esta ventaja comunicativa de índole oral.

Comparada con la televisión, la radio es un medio mucho más económico. La transmisión televisiva en vivo al aire es costosa y la radio sólo necesita de un micrófono y un teléfono, pese a que aquélla puede hacer lo mismo, significará una pérdida de su propia ventaja visual teniendo en cuenta además que los receptores están condicionados por la expectativa de ver la imagen. Otra ventaja destacable de la radio es su rapidez, sobre todo en la información de guerras, partidos deportivos, porque no necesita equipos complicados de transmisión. Para informar sobre algunos hechos, por su inmediatez, es más ventajosa que aquélla, por ejemplo, puede informar en tiempo real de un atasco del tráfico, de informaciones meteorológicas especialmente importantes por ejemplo en el caso de un aeropuerto afectado por la niebla, etc. De la misma manera la información puede ser recibida con inmediatez y facilidad. La movilidad y la independencia productivas y receptoras de la radio brindan más posibilidades a los oyentes que pueden ponerla donde necesiten o quieran y sin limitar además sus tareas mientras la escuchan.

Ver la televisión, en mayor grado es una costumbre de vida, como levantarse por la mañana, acostarse por la noche, comer cuando uno tiene hambre, una de las acciones habituales, a veces no es más que ocupar un tiempo libre. La televisión exige una participación de los ojos y los oídos del espectador para la recepción y la comprensión de los mensajes transmitidos. Generalmente las imágenes ocupan un lugar más importante que la voz y captan más la atención del espectador, en este caso la voz complementa a la imagen y sirve para completar las informaciones e interpretaciones que sean necesarias cuando las propias imágenes no sean suficientes para la comprensión del contenido. Por tanto, los televidentes necesitan disponer de un espacio fijo y un tiempo libre únicamente para ver la televisión por estar pendientes de sus imágenes. Sin embargo, entre los radioyentes, una buena parte son aficionados al medio y siempre fieles a una emisora o una cadena, a diferencia del televidente, que hace "*zapping*" en cualquier momento y salta de programa en programa de manera que son menos fieles a un determinado canal, así que para ellos escuchar la radio es un estilo de vida, es una acción, igual que los fanáticos de la música, del cine, o de algún deporte. Ellos aman este medio, lo escuchan al empezar un nuevo día, al conducir el coche, al estar solos por la noche, son fieles a su emisora y su programa favorito que coincide con sus preferencias personales y les hace sentir la belleza y el placer de compartir algo maravilloso en un tiempo y espacio íntimos con el comunicador radiofónico.

Todo esto se debe a la naturaleza de la radio y la manera de trabajar del comunicador radiofónico. En comparación con la prensa, la televisión o el cine, es un medio exclusivamente sonoro y sus mensajes son percibidos únicamente a través del sentido del oído. A pesar de las limitaciones por carecer de imágenes y fotografías, elementos fundamentales para la televisión y la prensa respectivamente, la radio hace del sonido un arte que ofrece múltiples posibilidades de transmisión.

La palabra, la voz, la música, los efectos sonoros y el silencio son los componentes que constituyen el lenguaje radiofónico, entre los cuales la voz es considerada el más importante para transmitir palabras y dar sentido al texto y se convierte además en un instrumento moldeable que es capaz de estimular a los oyentes a recrear imágenes, sensaciones y sentimientos, por consiguiente, la radio se hace viva, directa, cálida y cercana.

Frente a lo abigarrado del mundo televisivo y su fuerte función social como medio de comunicación de masas, la radio se dedica a crear un rincón relativamente más puro, más personal, más humano con el fin de conseguir un entendimiento y acercamiento entre el emisor y el receptor, donde la comunicación se realiza mediante un diálogo basado en cierta igualdad, sin prejuicios sobre la apariencia física, la posición social, la condición económica, el nivel cultural del interlocutor y con una mentalidad abierta a cualquier persona del mundo. La expresión se adapta a las expectativas del oyente, se vincula a lo emotivo, posibilita la sensación de acompañamiento. La mayoría de los locutores se dirigen a los oyentes de tú a tú, siempre con un tono natural como si estuvieran hablando con un amigo o con un familiar, lo que inspira una gran confianza y un sentimiento íntimo.

Desde el punto de vista psíquico, la distancia produce la belleza, porque posibilita un espacio para la imaginación que siempre se realiza de acuerdo a los propios deseos del oyente. Aunque el oyente no conoce, no ve al comunicador, se lo imagina siempre a su propia medida. Los profesionales de la radio, cuando se trasladan a la televisión, al principio se comportan de manera incómoda en la pantalla, moviendo su cuerpo o asiento de un lado a otro, o juegan con los papeles o con un bolígrafo, su voz radiofónica choca con su imagen televisiva y resulta tan extraño que sus seguidores se sienten en cierto grado decepcionados.

La televisión exige más colaboración entre todo el equipo para la presentación: el realizador, el técnico, el maquillador..., uno solo no podría sacar adelante un trabajo así, las imágenes que salen por último en la pantalla conllevan ideas y puntos de vista de diferentes miembros del equipo. Necesitan hacer coordinaciones en los detalles, tales como las condiciones técnicas del medio, el ángulo de filmación de la cámara, los movimientos del presentador, la selección del fondo... y, por consiguiente, el presentador de la televisión es fácilmente controlado por el propio medio. Puede llegar a olvidarse de sí mismo, de su propio estilo, de su responsabilidad profesional como periodista, tiende a presentar el programa conforme a las intenciones del medio y se convierte, a veces inconscientemente y no pocas veces conscientemente, en un cómplice en la manipulación del público; sin embargo, la radio sí permite un trabajo relativamente individual por el manejo técnico no tan complicado como el de la televisión y por lo tanto y a pesar de la presión, puede permitir un abordaje más espontáneo de la información.

Un periodista radiofónico profesional siempre trata de conocer tan bien como los técnicos las características del medio y dominarlo hábilmente como parte inseparable de su trabajo, así que no solamente puede superar las restricciones de este medio, sino también conseguir la optimización del efecto de la locución y la presentación con la habilidad de aprovechar perfectamente todas sus funciones. Además, la ausencia de imagen le confiere una libertad total de cómo presentarse en el "plató" sin preocuparse del gesto, movimiento del cuerpo, maquillaje o color de la vestimenta, puede sentirse como si estuviera en su propia casa. Estas ventajas les permiten concentrarse mejor en la comunicación con el oyente, desarrollando su propio estilo de trabajo, prestando más atención a intercambiar las sensaciones interiores con el oyente y disfrutando más de lo que hacen.

La televisión sigue ocupando el lugar superior en la configuración de los medios de comunicación, pero no podemos pasar por alto el gran desarrollo que la radio ha logrado en su propia carrera durante estos años. En China, por ejemplo, después del año 2000, la radio se libró de la situación de déficit en volumen de anuncios comerciales, y en 2005, frente a la prensa y a la televisión se convirtió en el medio que aumenta más rápido sus ganancias en publicidad y llegó a un porcentaje de 20.34%.

Una vez que hemos hecho una comparación de las características de los medios de comunicación llamados tradicionales, nos vendrá de forma inevitable y comprometedora una aproximación de la radio al medio digital, Internet. Este último empuja a los primeros y se ha convertido en el medio favorito por excelencia en el mundo de la información y de la comunicación de nuestros días. El desarrollo de la tecnología digital y las consiguientes posibilidades del ordenador y de su comunicación en red ha logrado avances vertiginosos. Internet corre como un tren de alta velocidad para los que quieran embarcarse en él corriendo incluso más rápido que los demás con el fin de aprovecharse de todos los recursos que el nuevo medio proporciona. Los receptores se comunican a través de los llamados hipertextos, que se constituyen como un tipo electrónico de textos, cuya emisión no es lineal ni secuencial sino multilineal y multisecuencial, lo que permite una recepción multialternativa gracias a una serie de vinculaciones entre distintos textos.

Hipertexto, cuya aplicación se ha convertido en la piedra angular de una nueva forma de tratamiento del texto que favorece el intercambio y el procesado de información, se debe a las primeras aportaciones de Vannevar Bush y Theodor Holme Nelson. Aquél en 1945 intentaba aclarar *how we may think* o cómo pensaríamos. Él cree que el almacenamiento tradicional del conocimiento es demasiado limitado y no debe ceñirse a coordenadas temáticas, alfabéticas, espaciales o cronológicas que implica no sólo una limitación sino también un ejercicio de un poder que decide lo que debe o no debe saberse o lo que permanece visible o invisible, y no corresponde a la verdadera forma de pensar del hombre (Fernández Rodríguez: 2005b). Él afirma:

> The human mind does not work that way. It operates by association. With one item in its grasp, it snaps instantly to the next that is suggested by the association of thoughts, in accordance with some intricate web of trails carried by the cells of the brain. It has other characteristics, of course; trails that are not frequently followed are prone to fade, items are not fully permanent, memory is transitory. Yet the speed of action, the intricacy of trails, the detail of mental pictures, is awe-inspiring beyond all else in nature. (Bush, 1945: http://www.csi.uottawa.ca/~dduchier/misc/vbush/section6.html)

En este sentido Theodor Holme Nelson en 1965 propone el nombre de hipertexto a un texto que va mucho más allá, y es una concentración de textos, donde uno remite a otros. Por la transformación conceptual y el último estado que presenta del Hipertexto, preferimos recitar a continuación la definición que aporta Amelia Fernández en su artículo "La creación argumentativa del Ciberespacio" (2005b):

> Hypertext is the presentation of information as a linked network of nodes which readers are free to navigate in a non-linear fashion. It allows for multiple authors, a blurring of the author and reader functions, extended works with diffuse boundaries, and multiple reading paths. The term "hypertext" was coined by Ted Nelson, who defined it in his self-published Literary Machines as "non-sequential writing" (0/2). (Keep & Mclaughlin & Parmar, 1993-2001: http://www.iath.virginia.edu/elab/hfl0037.html)

Podemos concluir que

> Las investigaciones aplicadas van de forma paralela a las reflexiones teóricas. De una red de ordenadores interconectados con fines militares hasta el Internet de nuestro día, se ha llegado a construir a través de hiperlinks un mundo que abarca todo lo posible e imaginable. En un trabajo memorable J. Hillis Miller comparó la lectura de una misma obra en formato tradicional y en formato electrónico y mostró las diferencias entre el texto y el hipertexto trasladándolas a cambios globales en la recepción.

> La "ética del hipertexto" abre el camino a la creación del significado frente a la recepción pasiva del texto tradicional, que impone su interpretación y autoridad, y anula la libertad de elección: The text makes a demand on me to read it. (Fernández Rodríguez, 2005b).

Las nuevas relaciones entre el emisor, el mensaje y el receptor que genera este contexto hipertextual influyen decisivamente en el proceso comunicativo de los medios tradicionales. La cantidad de informaciones y sus posibilidades de conexión exigen un control por parte del receptor que debe seleccionar y estructurar los textos escritos, sonoros y visuales. En el campo de la comunicación, Internet muestra la riqueza de conocimientos y la diversidad de perspectivas y niveles de textos sin que suponga a priori una confusión entre los medios, ya que la señal digital es capaz de conducir todo tipo de información, pero al final ésta tendrá alguna forma de representación, de modo que elementos diferenciadores de los medios son los lenguajes: "El usuario lee, escucha, ve o interrelaciona todos ellos. Pero cada medio sigue con sus peculiaridades expresivas. La tecnología no define el medio sino los procesos comunicativo-expresivos que genera". (Cebrián: 2001, 220)

En la integración de la radio a Internet y los ordenadores, es evidente que los profesionales necesitarán habilidades para desenvolverse por las redes de la información y enfrentarse a las nuevas tecnologías para que así puedan comunicarse en nuevos contextos e interactuar con los nuevos lenguajes de comunicación.

Las ventajas comunicativas de Internet generan cada vez una mayor influencia en la comunicación, que supera todo tipo de límites, temporales y espaciales, adquiriendo una superioridad de posición respecto a otros medios y constituye un reto en la era de información digital. Sin embargo, su generalización todavía es escasa y de poco alcance por el analfabetismo generalizado en el uso de las tecnologías pertinentes y la implicación económica. Gracias a su florecimiento, los programas radiofónicos consiguen su nuevo canal de transmisión en el inmenso espacio que brinda Internet, lo que permite no solamente repetir tantas veces como se quiera los programas preferidos, sino también aumentar la interpretación escrita y las imágenes como medios auxiliares, por tanto, se ha ampliado su cobertura con un mejor efecto sin modificar sus propias características mediáticas.

Aunque la televisión y los medios escritos también cuentan con sus versiones en Internet y han ensanchado su capacidad de difusión, han pagado con sus propias funciones comunicativas, lo que, en cierto sentido, significa un sacrificio de sus ventajas respectivas: para la televisión, las imágenes; para los medios de imprenta, las letras, elementos esenciales que se ven obligados a modificar en Internet por los propios requerimientos del medio. En este sentido, la radio se adapta mucho mejor a Internet como medio de transmisión.

Además, la radio se caracteriza por el coste de producción y transmisión relativamente más bajo, por la emisión con mono-señal, por la madurez tecnológica y por la facilidad de uso. De esta manera lo que era el aparato tradicional se convierte en uno nuevo, el ordenador. Lo que cambia en todo caso es la facilidad en la recepción ya que, en principio, no es lo mismo trasladar un transistor que un ordenador, sea éste fijo o portátil. Generalmente se puede emitir señales radiofónicas permanentemente durante largo tiempo, especialmente en las circunstancias de urgencia, como hemos visto, es el medio más conveniente por su rapidez y agilidad. Su dispositivo de recepción se puede instalar fácilmente en otros aparatos de emisión sonora, por ejemplo, los receptores radiofónicos de coches, teléfonos móviles o MP3, etcétera. Así la radio puede adaptarse a los modos muy cambiantes de conexión mediática, la transmisión a través de Internet es un ejemplo más, de entre los muchos, de su versatilidad y de su capacidad de adaptación.

Por otro lado, el modo de comunicación, la recepción por mono-canal en el que sólo intervienen los oídos es en lo que la radio se diferencia de Internet, sin embargo, este modo especial de comunicación ofrece a su audiencia mayor espacio libre para la imaginación, creatividad personal por menores interferencias externas. Además, también es bien sabido el sencillo acceso al mundo radiofónico, en este sentido, la radio está abierta a la integración social de los seres humanos en mayor magnitud y sobresale por su función de optimizar la estructura social.

La flexibilidad y compactibilidad de este medio ofrece más oportunidades y posibilidades de desarrollo. En el futuro, aunque se integren en un mismo cuerpo la palabra, la voz, la imagen e Internet, la radio seguirá teniendo su propio espacio de desarrollo, gracias a la mayor compatibilidad del oído humano comparado con el de la de la vista. La radio dispone de mayor flexibilidad espacial, y el sonido, en la mayoría de casos, no afecta a la gente en otras actividades, más bien incluso las favorece. La radio se escuchó en un primer momento a través de aparatos fijos que ocupaban un lugar preeminente en las casas como ahora lo ocupa la televisión. Después llegó el transistor que permitió oír la radio en cualquier lugar, era una radio de bolsillo. Con el medio digital volvemos de alguna forma al pasado, para oír la radio por el ordenador es necesario estar fijos en un lugar. Sólo es una cuestión de avance en la tecnología que esto cambie, ya que lo que permanecerán serán las condiciones de recepción privilegiada de lo emitido por las ondas.

A manera de conclusión, la radio, frente a la televisión, la prensa escrita o el medio digital, ejerce un gran poder sobre la imaginación. La voz es un medio poderosísimo para transmitir y despertar los sentimientos más variados en comunicación permanente con el receptor. Según Xosé Soengas (2003, 157-158) las características principales de la comunicación radiofónica son las siguientes:

1. *Inmediatez.* Es decir la transmisión es simultánea a la recepción.
2. *Fugacidad*: el mensaje dura en tanto se encuentra en antena. A medida que se transmite, se desvanece. Es irreversible, salvo que se utilice elementos complementarios; no se puede volver a "oír" a voluntad si no se registra por cualquiera de los procedimientos que ofrece la tecnología.
3. *Amplitud de cobertura*: teóricamente, una sola emisora podría cubrir todo el mundo.
4. *Simplicidad técnica.* El conectar y desconectar el aparato y cambiar de onda y de frecuencia son operaciones técnicamente fáciles y rápidas.
5. *Multiplicidad de la oferta.* El número de canales de radio es muy superior en todo el mundo al de la televisión. Ofrece al oyente diversas alternativas hasta que se encuentre la frecuencia que se adapte mejor a su gusto.

6. *La actividad compartida.* La radio se puede oír y escuchar mientras se realiza cualquier otra actividad. De hecho, una parte muy importante de la audiencia trabaja, estudia o viaja mientras la escucha.

7. *La imaginación e imágenes auditivas.* Se trata de un factor fundamental puesto que:

   a. La radio se configura así como un medio poderosísimo capaz de crear un verdadero universo en la mente del receptor, reconstruyendo los hechos y las referencias visuales en forma de imágenes auditivas codificadas a partir de lo que se escucha y se comprende.

   b. Los estudios actuales sobre este tipo de comunicación están realizados por teóricos de la comunicación, semiólogos y en menor medida, filólogos. La retórica como ciencia que explora la capacidad humana de comunicación puede arrojar nuevas perspectivas de estudio.

Capítulo 2

Hacia una configuración retórica de la comunicación radiofónica

Se esboza sintéticamente la perspectiva teórica y práctica del sistema retórico constituyéndose en un aporte importante en el sentido general del papel del orador en la eficacia comunicativa. Se presentan principalmente las partes del arte retórica, las partes del discurso, los géneros retóricos y los estilos oratorios. Además, se aborda el planteamiento metodológico de la investigación desde la combinación y complementariedad de los enfoques teóricos y prácticos de la Retórica y de su incidencia sobre la comunicación radiofónica. Se propone y justifica cómo sería una configuración retórica del discurso radiofónico y cómo la Retórica podría servir para describir y analizar tanto el discurso radiofónico como la comunicación radiofónica, así como orientar las actividades comunicativas de los profesionales.

2.1. La Retórica. El sistema retórico del discurso

La Retórica es una disciplina tan antigua como moderna, decimos que es antigua porque nació en los tiempos greco-latinos, cuando la oratoria y la argumentación constituían una parte vital de la política de la ciudad-estado y de la vida democrática, por eso casi era una competencia imprescindible de la élite de aquella sociedad; decimos que es moderna, porque, después de un largo tiempo de desintegración, se ha recuperado el esplendor del pasado en su resurgimiento excepcionalmente grandioso hasta la mitad del siglo pasado y gracias a la atención general que vuelve a prestarle el campo académico, se está convirtiendo en una de las disciplinas más influyentes en nuestra época.

En cuanto al destino de toda la historia de la comunicación y todo el arte del lenguaje, no hace falta reiterar el valor y la importancia de esta disciplina. Todas las obras clásicas sobre la misma necesitarán una interpretación contemporánea en pleno siglo XXI, para conocerla mejor su uso en la construcción del discurso.

2.1.1.- La Retórica: aplicabilidad actual de una disciplina clásica

Retórica, es un término griego que significa "el arte del *rhetor*" y el *Rhetor* era el orador. Pasó a Roma con el nombre de Oratoria. Es el arte de persuadir y convencer, propio del orador. En el siglo V a. C. se produjo su establecimiento gracias a Córax, quien en la ciudad siciliana de Siracusa llevó a cabo una cierta sistematización de la argumentación para la comunicación persuasiva. Este incipiente sistema fue llevado a la Grecia metropolitana por Tisias, discípulo de Córax. En sus primeros pasos la retórica griega se encuentra unida a los sofistas, al ser considerada, desde un punto de vista filosófico y moral, como una técnica al servicio de la obtención de un fin determinado, con independencia de la verdad.

La Retórica de Aristóteles es la primera piedra sólida y documentada, y con esta obra maestra la Retórica queda plenamente implantada como disciplina en el siglo IV a. C., en la Antigüedad clásica. Esta obra es fundamental para la consolidación histórica de la Retórica, por una parte, porque la define aclarando su función, y por otra, porque establece categorías imprescindibles para sistematizar sus conceptos, como son el propio concepto de discurso, sus géneros, las operaciones del orador, las diferentes funciones de los oyentes del discurso en relación con éste (Albaladejo: 1989, 23-25). Además, frente a los planteamientos sofistas, Aristóteles determina que esta disciplina es en realidad una técnica auxiliar de las demás, la cual había alcanzado su última sistematización antigua en la suma de Quintiliano, después de que los griegos la transmitieron a los romanos: "una historia de amplificaciones parciales y de reducciones, de adquisiciones y pérdidas, de redistribución de las partes y de cambios en las relaciones de fuerza en el interior de un gran mecanismo". (Mortara: 1991, 63)

Hablando desde un ángulo macroscópico, los modelos discursivos, las estrategias comunicativas de nuestros días son toda una realidad directa del seguimiento, evolución, circulación y cambios, y la Retórica nos posibilita el reconocimiento de los patrones y contornos formales de su desarrollo, e ilumina su gran capacidad adaptativa, es decir, su aplicabilidad.

Muchos de sus preceptos son aplicables actualmente. Esto es así porque la Retórica se constituyó desde su origen como una "técnica", una "*techné*", es decir, una ciencia basada en la observación de aquellos recursos que conseguían que un discurso fuera persuasivo. Práctica y teoría actúan juntas en la medida en que también se reflexiona sobre las estrategias y tácticas de persuasión. En palabras de Tomás Albaladejo la Retórica es a la vez un arte y una ciencia. Es arte o técnica en tanto que sistematiza el conjunto de reglas que permiten construir un tipo de discursos cuya codificación permite influir persuasivamente en el receptor. Es una ciencia por cuanto se ocupa del estudio de dichos discursos, tanto en sus niveles internos y externos, como en sus aspectos constructivos y en sus aspectos referenciales y comunicativos. Para Albadalejo, "la Retórica ha desarrollado a lo largo de su historia un completo instrumental teórico de total validez para el tratamiento del discurso persuasivo, pero también apropiado para el estudio de otros tipos de textos". (Albaladejo: 1989, 7)

La Retórica, la consideramos hoy como arte de lenguaje y ciencia de comunicación, en realidad nunca fue una teoría, un saber teórico. Era un conjunto de técnicas observadas por los expertos con especial capacidad para persuadir y convencer. Gracias a la recuperación del pensamiento histórico desde la mitad del siglo pasado, el concepto de *Rhetorica recepta* se viene incluyendo necesariamente todas las partes de dicho programa, organizado como sistema que corresponde a una realidad global. Tal y como plantea Tomás Albaladejo, su constitución y su amplitud nos permiten considerarla como ciencia del texto, especialmente por su aportación metateórica e interpretativa de la Retórica general, con la utilización de categorías lingüístico-textuales y teórico-literarias junto a las de la *Rhetorica recepta*: "Como ciencia del texto, la Retórica actualizada y consolidada como Retórica general tiene el texto como centro de su objeto de estudio, pero no deja de atender al fenómeno lingüístico-comunicativo en el que está incluido el texto; en efecto, la ciencia del texto se ocupa del texto y del hecho comunicativo en el que éste es producido y recibido". (Albaladejo: 1989, 21) Un éxito destacado de la nueva Retórica es su renovación conceptual desde el planteamiento de que el ser humano es un ser que busca y se proyecta en la representación, o sea, que es esencialmente un ser retórico. Tal definición no solamente despierta el interés de los estudiosos hacia nuevos temas, sino que también ha generado un cambio de actitud hacia el término clásico. La Retórica tradicional se consideraba como un arte de persuasión para convencer al receptor de acuerdo con la voluntad del emisor, así que de forma injusta y totalmente reduccionista la Retórica fue caracterizada por ser deshonrosa y hasta amoral. Gracias a la aceptación general de la redefinición del ser humano como ser retórico, la nube oscura que reinaba sobre este ámbito de estudio se va desvaneciendo. Pese a que las intenciones y las actividades retóricas siguen distinguiéndose entre buenas y malas, la propia Retórica ya deja de ser sinónimo de falso o engañoso para embaucar o seducir y, por el contrario, ha logrado convertirse en una disciplina respetable y respetada.

La nueva Retórica ayuda a la gente a conocer la esencia de la persuasión y de la comunicación, en definitiva, y a encontrar de nuevo la confianza en esta disciplina después de siglos de decadencia, así como ver con esperanza su pleno desarrollo disciplinario. Al mismo tiempo debemos reconocer el doble sentido de "ser retórico": aparentemente, las personas desconfían cuando se les habla de "retórica" y este término sigue teniendo un sentido peyorativo, sin embargo, esta palabra y todo lo que significa ha penetrado en el fondo de la humanidad, ésta lleva a cabo consciente o inconscientemente todas las prácticas de las que se ocupó la Retórica en sus actividades comunicativas.

En este mundo de los medios de comunicación, la Retórica -comprendida como reglas de las actividades discursivas y teoría perceptiva de las formas de comunicación– sigue siendo el poderoso mecanismo de confección del discurso persuasivo, la escuela capacitadora y entrenadora de las virtualidades y mejores características de los mensajes propios de los distintos medios de comunicación de masas, y ha vuelto a ser objeto de interés, objeto primordial de *marketing* en todo sentido.

A través de un acercamiento retórico a los fundamentos teóricos y prácticos de la comunicación radiofónica se podrá conocer de manera más amplia y profunda la capacidad difusiva y expresiva de su lenguaje. La amplitud del sistema retórico con todos sus componentes conectados hace posible la conexión entre Retórica (Albaladejo, 1989: 184) y comunicación radiofónica.

2.1.2.- El sistema retórico

El sistema retórico no es una estructura rígida que marque el límite de la capacidad creativa, sino que abre un camino hacia la meta deseada, por tanto lo consideramos como una guía que nos oriente en nuestro viaje por el mundo del lenguaje.

La Retórica nació en el mundo antiguo con el fin de sistematizar la actividad que se realizaba con los discursos preparados para producir en el destinatario un efecto persuasivo. Como James J. Murphy ha señalado, de los diversos pueblos forjadores de culturas en la Antigüedad, sólo los griegos se interesaron por analizar en tratados las normas subyacentes a los discursos y de aquéllos lo tomaron los romanos, como herederos del mundo griego, lo cual hace que ésta sea indudablemente una disciplina propia de la cultura occidental. (Albaladejo: 1989, 23)

El sistema se estableció para construir discursos cuyo fin era convencer al oyente. La Retórica no es sólo la contribución de Aristóteles, Cicerón y Quintiliano, lo que ocurre es que estos tres autores son muy destacados y representativos, y en todo momento son conscientes de que los discursos participan en un gran sistema que tiene sus propios principios y apartados que se van repitiendo. El primero que se repite es el de los géneros retóricos –o los tipos de discurso, el segundo es el de las partes *artis*- o las operaciones para elaborar un discurso y exponerlo ante el público, -el tercero es las partes *orationis*- o las partes que lo componen y estructuran.

2.1.2.1. Tres géneros retóricos

Por género retórico entendemos aquella circunstancia general en la que se puede dar un tipo de discurso determinado. La mayor contribución es la de Aristóteles en su *Retórica*, de tal manera que lo que dejó establecido en el IV a. C. Este gran autor intenta poner límites a los excesos de los sofistas, afirmando que la Retórica no es un fin en sí mismo sino una ciencia auxiliar que se basa en hallar los medios para persuadir en cada circunstancia concreta:

> Sea pues retórica la facultad de considerar en cada caso lo que puede ser convincente, ya que esto no es la materia de ninguna otra disciplina. Cada una de las otras se refiere a la enseñanza y a la persuasión de su propio objeto, como la medicina respecto a lo saludable y a lo nocivo para la salud y la geometría respecto a las propiedades que se dan en las magnitudes y la aritmética respecto a los números, y de modo similar las demás disciplinas y ciencias. La retórica en cambio parece que puede considerar lo convincente sobre cualquier cosa dada. (Aristóteles, *Retórica*: 1355b)

Al no tener un fin específico como el resto de las ciencias trata de definir en qué circunstancias debe utilizarse ese conjunto de técnicas. Deja muy claro que en el discurso hay tres elementos *orador, discurso* y *receptor* adelantando así los tres ejes básicos del esquema comunicacional que distingue entre *emisor, mensaje* y *receptor*:

> Y es que en el discurso se implican tres factores; quién habla, de qué habla y para quién, y es este mismo, es decir, el oyente, quien determina su objetivo (Aristóteles, *Retórica*: 1358b)

La clasificación de los géneros de discurso se establece desde el receptor porque el objeto principal de la Retórica es persuadirle y así hay dos tipos de receptor:

> Y el oyente es forzosamente o espectador o juez, y el juez ha de serlo de lo que ya ha ocurrido o de lo que va a ocurrir. Ejemplo de quien juzga sobre lo que va a ocurrir es el participante en la Asamblea, y de quien juzga sobre lo ocurrido, el juez, de modo que por fuerza tendría que haber tres géneros de discursos retóricos: deliberativo,

> forense y de exhibición...y para el que hace una exhibición, el más apropiado es el presente, pues todos alaban o reprueban acontecimientos actuales, aunque recurren muchas veces a recordar lo sucedido y a conjeturar sobre lo venidero. (Aristóteles, *Retórica*: 1358b)

Así quedan establecidos los tres géneros de discurso, o los tres posibles discursos según las circunstancias. El género forense establece lo que ocurrió en el pasado, juzga y reconstruye los hechos; el género deliberativo mira hacia el futuro porque se trata de tomar decisiones; y el género de exhibición o demostrativo se queda en el presente y ante el espectador que no debe tomar decisiones. Aunque mire hacia el pasado o prevea el futuro no busca una decisión por parte del público.

A partir de la clasificación de los discursos en tres géneros Aristóteles plantea el uso de la Retórica desde la Ética. Para el género forense debe haber un uso bajo de las técnicas retóricas, se debe utilizar lo menos posible para manejar al auditorio y se debe centrar en esclarecer la verdad, lo que convence no deben ser las palabras sino las pruebas, los mismos hechos. También plantea que por este uso bajo de la Retórica lo que domina es el pasado, lo que ha ocurrido ya antes y no se puede cambiar. Esto lo plantea desde el principio mismo de la *Retórica* frente al abuso de los sofistas:

> Y es que no se debe alterar al juez induciéndolo a la ira, al odio o a la compasión, pues sería como si uno dejara torcida la regla que va a usar. Además, es evidente que a las partes en un juicio no les compete más que demostrar si un determinado hecho es o no es, si ocurrió o no ocurrió. (Aristóteles, *Retórica*: 1354a)

En el género deliberativo y en el género demostrativo, sí es lícito un mayor uso de la Retórica porque en el deliberativo, cuando queremos convencer, nosotros estamos convencidos de lo que decimos y en realidad hay pocas verdades absolutas. El género deliberativo se proyecta hacia el futuro, por unas decisiones que afectan a los hechos que vayan sucediendo. La mayoría de estos argumentos son llamados de tiempo u orden. El género de exhibición o demostrativo se asimiló muy pronto a la literatura porque al no esperar una respuesta del receptor, lo que importa es el dominio y el lucimiento del orador.

En el caso de la radio, cabría proponer algunas consideraciones sobre la postura que el público adopta ante los mensajes radiofónicos y que generalmente no se limita exclusivamente a decidir sobre la calidad artística del discurso o del orador mismo. El público toma también decisiones sobre el contenido del discurso tanto informativo como persuasivo y forma una opinión.

Los géneros aristotélicos no se refieren sólo a circunstancias precisas, analizan también las formas de comunicación humana en la que intervienen el emisor, el mensaje y el receptor. En términos del lenguaje radiofónico aquí podemos distinguir entre las dos facetas que conviven en la radio, por un lado, la informativa y por otro la de programas. En aquélla de los informativos el ideal del periodista es ante todo informar sobre los hechos, debería estar cercano a la objetividad del discurso forense, es lo que ocurre en los llamados “boletines informativos” o en los “diarios de información” donde el periodista no opina sobre lo que está diciendo.

El tiempo de la tertulia, sobre todo de tema político, parece cercano al género deliberativo porque en este caso los tertulianos muestran sus opiniones intentando influir sobre la opinión pública aunque al final será el oyente el que juzgue y forme su propia opinión. Y finalmente el área de programas, de entretenimiento, parece más cercana al género demostrativo o de exhibición, en este caso el esfuerzo por un logro artístico y cuidado es mayor.

Los géneros discursivos ofrecen mecanismos que permiten establecer un estilo propio y adecuado al tratar los contenidos que el comunicador quiere transmitir. Cada género busca un efecto determinado, y tiene modos respectivos de estructurar lo que va a contar y ponerlo en antena en un estilo apropiado para ser elocuente. Su conocimiento y dominio forma parte de la formación retórica del comunicador radiofónico.

2.1.2.2. Las partes artis

El otro gran fundamento del sistema retórico son las partes *artis*, que están establecidas desde antes de Aristóteles. Se organiza en el estudio de cada una de las partes que son operaciones para construir y exponer un discurso ante la audiencia. El orador ha de contemplar en primer lugar a qué género -forense, deliberativo, demostrativo- pertenece su discurso para después elaborarlo en concreto siguiendo las operaciones o las partes del arte, en el sentido de la técnica retórica.

Las partes *artis* se han mantenido en todos los manuales de la Retórica como cita obligada, de ahí que sean tan interesantes y se recojan en todos los manuales antiguos y modernos. Una muy buena sistematización puede hallarse en la obra pionera en el *Manual de retórica literaria* de Heinrich Lausberg para la recuperación de la Retórica clásica. En términos plenamente actuales y siguiendo las observaciones de Tomás Albaladejo (1989) consideramos oportuno hacer una breve exposición de cada una de ellas.

La primera de las partes *artis* es el paso para construir un discurso, es hallar las ideas, temas, argumentos que deberán conformar el discurso: *Inventio* (invención), recoge el espíritu de inventar en el sentido de hallar soluciones. Dentro de esta operación los tratadistas observaban una operación previa que se llamó *Intellectio.* En algunos manuales queda destacada como una operación aparte de ahí que no pertenezca a las cinco operaciones clásicas, mencionadas una y otra vez en todos los manuales.

La *intellectio,* o inteligencia general del discurso, es una operación previa que analiza las condiciones generales del hecho retórico, de todas sus circunstancias. En la tradición clásica se analiza el grado de defendibilidad de la causa, o en otras palabras, el grado de dificultad ante un público determinado. Así desde la *intellectio* se elaboró la teoría de los géneros de la causa, o una clasificación de las dificultades de defensa. La *intellectio* constituye en realidad una verdadera estrategia previa ya que el orador deberá ir eligiendo todos los elementos que compondrán su discurso en función de la supuesta reacción del público.

La segunda consiste en crear una estructura para esas ideas que hemos encontrado. En principio es un esquema mental que nos permite memorizar el discurso y por otro mantener la atención de la audiencia ya que la vamos guiando. A esta se la llamó *Dispositio* (estructura), es la disposición de las ideas. Esta operación es muy importante para generar una buena estructura que permita por un lado mantener la atención del público y por otro la correcta memorización posterior del discurso. De la importancia de la *dispositio*, la estructura del discurso, en la comunicación oral, da cuenta el que en esta parte esté la teoría de las partes *orationis*, que son las partes textuales de un discurso, la estructura que configura un texto concreto. Desde el principio de la Retórica se prestó mucha atención a las partes de un texto.

La tercera consiste en dar una expresión lingüística a las ideas halladas por la *inventio* y estructuradas por la *dispositio*; consiste en elegir las palabras adecuadas para cada registro teniendo en cuenta al público, en ser conscientes de que en la comunicación oral es necesaria la sencillez sintáctica. Consiste en cuidar gramaticalmente la norma para evitar errores o vulgarismos, además, hay que conocer los recursos del idioma. Se conoce como *Elocutio*.

El cuarto paso es memorizar el discurso que ya está elaborado. Se trata de comentar técnicas que nos ayuden a transmitir a un público todo el trabajo que hemos hecho. Se le llamó *Memoria*.

El quinto paso es el de exponer nuestro discurso ante una audiencia o cómo decirlo para lograr el efecto deseado. Se trata de elaborar estrategias para que la dicción sea más clara y precisa, el discurso sea más convincente, estrategias como dominio y aprovechamiento de las inflexiones de la voz, dominio "expresivo", cuidado de gestos y vestimenta. La Retórica clásica planteó que un discurso no llega sólo a la mente sino también a los oídos y a los ojos. Esta fue la llamada *Pronuntiatio* o *Actio*.

2.1.2.3. Tres estilos oratorios

El estilo no constituye parte del sistema y se liga más al resultado y al efecto directo de la clasificación de los géneros y las operaciones retóricas.

Tres son los tipos de estilo oratorio: el *sublime*, el *tenue*, y el *medio*, de acuerdo con los fines del discurso (*docere*, *movere*, *delectare*) y los argumentos que usa el orador:

> Los fines predominantes del "estilo humilde" son enseñar (docere) y demostrar (probare). Las virtudes propias son la *puritas* y la *perspicuitas*.
>
> El fin del "estilo medio" es deleitar, esto es, procurar placer, distracción, etc., al oyente. En la oratoria, este fin se logra mediante una conducta moderada que compone el *éthos*.

> El fin del "estilo sublime" es conmover (movere), esto es, sorprender, suscitar pasiones fuertes. Su instrumento y su efecto es el *páthos*. (Mortara G.: 1991, 319).

El orador perfecto no es el que sobresale en un estilo determinado sino el que lo hace en los tres estilos. En palabras ciceronianas, los oradores del estilo sublime deben ser grandilocuentes, con gran profundidad de pensamiento y elegancia de palabra, vehementes, variados, abundantes, serios, competentes y preparados para mover y arrastrar los ánimos y esto unos lo hacen con frases rudas, feas, toscas, mal construidas e inacabadas, y otros con frases pulidas, bien construidas y acabadas, lo que se puede considerarse como dos subtipos del estilo sublime.

En el lado opuesto, los del estilo tenue o humilde son sencillos y agudos, lo demuestran todo y lo exponen con claridad, no con amplitud, pulidos en una especie de estilo sobrio y apretado; también en este tipo hay dos subtipos de oradores: unos son armoniosos, agradables, incluso brillantes y ligeramente elegantes, y otros, son hábiles, pero rudos y dando la sensación por propio deseo de ser incultos e imperitos.

El estilo medio, en cierta forma moderado, una armonía de estilo simple y elegante (Mortara: 1991, 320), que no recurre a la agudeza de los últimos ni a la amplitud de los primeros, limítrofe entre ambos, sin sobresalir ni en un sentido ni en otro, partícipe de ambos o desprovisto de las cualidades de los otros dos; éste fluye al hablar en un curso continuo, no aportando otra cosa que su facilidad y su uniformidad, o añadiendo sólo, como si de una corona se tratara, algunos festones y distinguiendo todo su discurso, con moderadas figuras de palabra y de pensamiento. (Cicerón, *Orator*: 20-21)

Según este análisis del estilo discursivo, podemos decir en algún sentido que el estilo de Aristóteles es grave por ser de carácter filosófico, el de Cicerón es sublime por ser orador, y el de Quintiliano es intermedio, moderado, por ser instructor.

Cualquier orador que ha alcanzado el dominio de un estilo podrá lograr gran éxito y será ejemplo para otros. Sin embargo, lo que pretendió Cicerón y buscamos nosotros es un modelo ideal del orador perfecto, quien debe saber mezclar los tres tipos y hablar con elegancia y majestad y al mismo tiempo con agudeza y sobriedad (Cicerón, *Orator*: 22). El ideal de Cicerón se ha logrado realizar en la radio de nuestro tiempo, un orador elocuente que es capaz de decir las cosas sencillas con sencillez, las cosas elevadas con fuerza, y las cosas intermedias con tono medio. (Cicerón, *Orator*: 100, 102)

> En todo tiempo, el gusto del auditorio ha sido la medida orientadora de la elocuencia de los oradores. Efectivamente, todos los que buscan la aprobación tienen en cuenta los gustos de los oyentes y se pliegan y acomodan a ellos, a su arbitrio y sus gestos (Cicerón, *Orator*: 24).

El estilo ático es un estilo sencillo, bajo cuyo modelo es el lenguaje normal, pero más cercano en realidad a la elocuencia de lo que normalmente se cree. Por eso, quienes lo escuchan, aunque sean incapaces de decir una palabra, creen, sin embargo, que ellos pueden hablar de esa misma forma. Efectivamente, la precisión de este estilo parece ciertamente imitable, al menos cuando uno lo juzga, pero en absoluto lo es cuando uno lo pone en práctica (Cicerón, *Orator*:76).

Esta alucinación errónea ocurre también con la improvisación en la comunicación radiofónica, y parece que no hay mucha diferencia entre hablar ante el micrófono y hablar cotidianamente, sin embargo, la claridad, la precisión, la fluidez de expresión que exige el medio no es tan fácil de dominar. La improvisación en la radio puede considerarse como un estilo con cierta libertad, pero no con desorden, de manera que dé impresión de que presenta libremente, pero no de que va de un lado para otro sin ley (Cicerón, *Orator*: 77), y se exige un cierto descuido cuidadoso. (Cicerón, *Orator*: 78)

Cicerón ha resumido cuatro tipos de estilo de orador: estilo de los filósofos, de los sofistas, de los historiadores y de los poetas (Cicerón, *Orator*: 68), que, a nuestro parecer, corresponden respectivamente a los cuatro tipos de locutor: de discurso divulgativo, publicitarios, informativos y dramáticos. En la radio, para conseguir la elocuencia, los profesionales deben adoptar un tipo de estilo adecuado a los oídos de sus oyentes, que son delicados y cada vez más exigentes, y de toda manera desean escuchar algo que sea agradable y elegante. El presentador, generalmente habla con tono modesto y humilde, y mide con cuidado el peso de cada palabra de su discurso. Cuando más éxito consigue en su programa es cuando recurre a los procedimientos de la alta elocuencia. (Cicerón, *Orator*: 111)

2.1.3.- El análisis retórico y la comunicación radiofónica

La Retórica, desde sus orígenes se ha ocupado de estudiar los mecanismos y recursos que canalizan su poder comunicativo para convencer y persuadir. La atención de los estudiosos retóricos se ha dirigido principalmente a las tres operaciones constituyentes del texto retórico: la *inventio*, la *dispositio* y la *elocutio*, es decir las ideas, su estructuración y su forma lingüística, por medio de las cuales es construido el discurso tanto oral como escrito, por ser estas operaciones fundamentales, ya que de ellas depende la obtención del texto con el que se produce la comunicación retórica. Las dos operaciones restantes, *memoria* y *actio*, han sido menos atendidas porque han sido consideradas complementarias de las anteriores y continuación lógica del proceso retórico una vez que el texto retórico ha sido construido.

Además, *memoria* y *actio* son dos operaciones necesarias para la comunicación oral de un discurso, no para su comunicación escrita. De ahí que las tres operaciones más importantes sean *inventio, dispositio* y *elocutio* en la medida en que son indispensables sea cuál sea el medio comunicativo. Sin embargo, en el tema que nos ocupa es fundamental la última de las operaciones, *actio*, o acción debido a la naturaleza peculiar de la comunicación radiofónica.

A pesar de que, con la nueva Retórica, su estudio se ha integrado en muchos ámbitos como la literatura, la música, la imagen, la arquitectura, preferiríamos regresar al campo de origen donde nació esta disciplina: la comunicación oral, la palabra hablada o la oralidad de comunicación, por ser la esencia de la comunicación radiofónica.

La vinculación entre oralidad y Retórica ha sido subrayada por Tomás Albaladejo, quien ha observado además cómo esa estrecha relación consanguínea se refleja en los términos elegidos:

> La relación de la retórica con la oralidad es evidente desde sus orígenes y está apoyada por las denominaciones mismas que han recibido históricamente los distintos componentes de la comunicación retórica: *rhétor* es la palabra que designa en griego al orador, *akroatés* es el oyente y *lógos*, relacionado con *légo* (decir), es el discurso. *Rhétor* es traducido al latín por *orator, akroatés* por *auditor* y *lógos* por *oratio*. Por su parte, el nombre griego de la disciplina, *tékne rhetoriké*, es traducido

> al latín por *ars oratoria*, así como los sustantivos españoles *retórica* y *oratoria*, funcionan como expresiones equivalentes. La retórica es definida por Quintiliano como *ars bene dicendi* (Quintiliano, *Institutio oratoria*: 2, 17, 27), como arte o técnica de hablar bien, con la consiguiente asociación a la oralidad. (Albaladejo, 1999: 1)

La propia historia de la Retórica se traslada al uso de los términos. A partir del siglo XX distinguimos entre Retórica y Oratoria sabiendo que en esencia significan lo mismo. La Retórica se usa para el estudio teórico de las técnicas que consciente o inconscientemente utilizamos para convencer en diferentes ámbitos, judicial o político, o de negociación, publicidad, etc.; y la oratoria estudia las actividades prácticas de dar un discurso, especialmente en las elecciones políticas y los parlamentos de sistemas democráticos. En este sentido es muy importante observar cómo los nombres para denominar a la disciplina se especializan desde claves de explicación relacionadas con la oralidad:

> La divergencia entre 'retórica' y 'oratoria' tiene sus implicaciones en la asociación con la oralidad. Mientras que el sustantivo 'oratoria' mantiene en exclusividad su relación con lo oral, el sustantivo 'retórica', que no pierde dicha vinculación, adquiere también relación con la escritura, y se presenta así como un término más amplio que 'oratoria'. (Alabaladejo, 1999b: 2)

La oralidad de la Retórica o el que se desenvuelva en un ámbito oral explica muchas de sus exigencias prácticas y teóricas, siempre teniendo en cuenta que hablamos de una oralidad secundaria en el sentido de que surge en una civilización que conoce la escritura. De este modo, para Albaladejo, la oralidad de la Retórica se aleja de aquella oralidad primaria propia de las culturas que desconocen la escritura. (Albaladejo: 1999b, 2-3)

En este sentido, la oralidad de la comunicación radiofónica, como oralidad secundaria, puede integrarse perfectamente a la Retórica, una disciplina completa del discurso, tanto oral como escrito. Kennedy también hace una división entre una retórica oral, primaria y una retórica textual, secundaria. La primera es práctica y la segunda teórica (Kennedy: 1987, 16). Esto puede explicar cómo lo interesante en este momento es contemplar la Retórica en su aplicación a la comunicación radiofónica desde un punto de vista práctico, oral y primario frente a los desarrollos teóricos y secundarios.

Además, según Tomás Albaladejo debemos distinguir entre el texto o discurso retórico y el hecho retórico o las circunstancias que rodean a la producción y a la recepción del discurso. El hecho retórico está formado por el orador o productor, el destinatario o receptor, el texto retórico propiamente dicho y el contexto en el que tiene lugar.

Entendemos que el hecho retórico se refiere a la realidad comunicativa constituida por la construcción, comunicación e interpretación de los discursos. Los elementos del hecho retórico son el orador, el oyente, el texto o discurso retórico, el referente de éste, el código, el canal y el contexto de la comunicación, propuestos como adaptación del esquema de la comunicación lingüística de Jakobson (1975, 352-353), quien cree que en cualquier acto comunicativo mediante la palabra participan seis elementos esenciales: emisor, contexto, mensaje, contacto, código y receptor.

El hecho retórico prototípico es aquel en el que la comunicación es oral, encontrándose envueltos en la oralidad todos los elementos que lo componen. Este tipo requiere que el orador y el oyente estén en posesión del código lingüístico con todos sus mecanismos de oralidad. Es también muy importante tener en cuenta la doble dimensión teórica y práctica de la Retórica ya que toda manifestación final de un discurso posee una fundamentación teórica para construirlo y para analizarlo, y todo discurso se realiza desde técnicas prácticas que aseguran su eficacia persuasiva. Del mismo modo que la Retórica en su dimensión teórica está estrechamente relacionada con la oratoria o retórica práctica, toda práctica oratoria tiene un soporte teórico retórico, asumido por el orador de forma consciente o inconsciente. (Albaladejo: 1999b, 2)

En una comunicación oral, generalmente, tanto los oyentes en la oratoria como los espectadores en el teatro son, en realidad, oyentes-espectadores, pues escuchan y ven (Albaladejo: 1999b, 11), sin embargo, los radioyentes sólo escuchan, no pueden ver al orador y el contexto en que habla. Como una actividad de la comunicación oral, la retórica oral del comunicador radiofónico también es un acto discursivo adecuando sus palabras a las condiciones contextuales del programa. James J. Murphy (1989:9) propone la Retórica como "análisis sistemático del discurso humano que busca disponer de preceptos útiles para el futuro discurso", de lo que se puede inducir la necesaria relación que hay entre la construcción de los discursos concretos, en el ámbito de la oratoria, y la teorización retórica. Por tanto, la Retórica sustentará sin duda la construcción del discurso radiofónico, como uno de los discursos orales concretos. (Albaladejo: 1999b, 2)

En cuanto a la comunicación radiofónica, el punto de partida es la emisora o el comunicador (el orador) como emisor del mensaje, y el término es la audiencia o el oyente como el receptor del mensaje, el mensaje radiofónico o el discurso, a través del canal en forma electrónica, establece contactos entre el comunicador (el emisor) y el oyente (receptor). En el proceso de contactos, el mensaje se representa en forma de códigos constituidos por palabra, música, efectos sonoros y unos espacios de silencio, además, no podemos pasar por alto la existencia del contexto radiofónico, en el que participa cierto contexto determinado para la producción del sentido del mensaje, por tanto, el contexto radiofónico también tiene función de generar sentido.

Dentro del hecho retórico está el contexto, es decir las circunstancias históricas y espaciales que rodean la comunicación de manera que es necesario reconstruir cada momento histórico para saber qué era por ejemplo lo que convencía a una sociedad determinada. Muy importante para nosotros es el *canal*, o el medio a través del cual se produce la comunicación, si para la Retórica clásica el canal era oral, en nuestros tiempos es audiovisual y esto quiere decir que el mensaje se puede modificar o llegar de diferente forma según el canal utilizado. (Fernández Rodríguez, 2002: 92-93)

Frente a la Retórica clásica lo que ha cambiado son los canales y medios para transportar el mensaje, sobre todo si partimos de la novedad radical que han impuesto los modernos medios de comunicación. Como ha observado Tomás Albaladejo se produce una colaboración entre la Retórica y las tecnologías, de modo que tanto la radio como la televisión contribuyen a potenciar el discurso retórico y sus efectos, así como a la ampliación de su auditorio y por tanto de su difusión. (Albaladejo: 2001, 14)

La Retórica se creó como técnica de capacitación para construir y comunicar, entre otros, los discursos públicos de tipo oral. Es precisamente la tecnología la baza principal de los nuevos discursos en su adaptación al canal. Siempre fue y es "retórica en sociedad", por lo que se está produciendo una adaptación a las nuevas exigencias comunicativas que se derivan de los cambios que experimenta la sociedad. "En definitiva, la tecnología permite la potenciación de la propia retórica, cuyas posibilidades comunicativas son desarrolladas y cuyos ámbitos de recepción son ampliados de manera sustancial gracias a aquélla". (Albaladejo: 2001, 18)

Es fundamental tener en cuenta el canal a través del que se establece la comunicación. En el caso de la Retórica clásica ese canal era oral y como tal se ajustaba; en el caso del medio radiofónico hablamos de una canal audiovisual en el que la diferencia radica en que el orador no está presente y además no puede prever las reacciones del público, en este caso, la audiencia. Oral y audiovisual son términos que pueden acercarse salvando todas las distancias, pero coincidiendo en un punto, la necesidad de mantener la atención del receptor a través de la palabra dicha y no escrita. (Fernández Rodríguez, 2002: 81)

La comunicación radiofónica es, en su totalidad, un hecho retórico prototípico en el que la comunicación es oral. El comunicador radiofónico, como orador moderno, siempre debe tener en cuenta tres cosas: *qué decir, en qué orden y cómo decir*, se hace necesario tener claro qué es lo mejor de cada uno de estos puntos. Como advertía Cicerón:

> No pretendemos dar ninguna regla determinada, sino que ilustraremos la imagen del orador ideal y el tipo de la elocuencia perfecta; tampoco expondremos cómo se consigue esa elocuencia, sino cuál nos parece que es ella. Así será porque la retórica, junto con su sistema discursivo de maravilla puede enseñar a los profesionales y los aficionados a la palabra los preceptos y abrir el camino que les llevará a una elocuencia ideal. (Cicerón, *Orator*: 43 y 141)

La integración de los estudios retóricos en el ámbito de la comunicación radiofónica nos permitirá analizar una de las dimensiones esenciales de su objeto y finalidad: su dimensión como discurso retórico, es decir, como discurso persuasivo, por el que el orador intenta influir en los pensamientos, conocimientos, emociones de los oyentes, de tal modo que les persuada y le lleve a actuar de un modo deseado, y busca la elocuencia de los mismos a través no sólo de componentes de orden lógico-argumentativo, sino también psicológico, estético, etcétera. (Calvo Revilla: 2003, 1)

Tal y como hemos expuesto, la comunicación radiofónica plantea nuevos interrogantes y nuevos campos de exploración a la Retórica. Al menos tres son las cuestiones centrales que deben tenerse en cuenta:

1.- La comunicación en ausencia, propia de los medios audiovisuales, requiere un mayor esfuerzo imaginativo por parte del radioyente.

2.- La necesidad de mantener la atención del receptor dada la fugacidad del mensaje transmitido. Si la televisión "captura" la mirada del televidente, la radio puede acompañar al radioyente sin necesidad de que éste fije su atención permanentemente en ella.

3.- La importancia de la voz como nexo de unión entre el emisor y el receptor en la comunicación oral.

Es obvio que a la comunicación, para ser efectiva, le hace falta aprovechar los recursos retóricos para contar con la constancia de la voluntad y mantener la credibilidad de lo que se comunica. La Retórica surgió en el inicio de la civilización occidental como una ciencia que asumía desde un primer momento lo que hoy entendemos por un acercamiento semiótico al lenguaje. También confirió desde muy pronto una atención integral que recorría todos los elementos que actualmente identificamos en el proceso comunicativo. Desde su origen se adaptó al canal de transmisión, en principio oral (Albaladejo: 2001). Supone un nuevo reto analizar desde sus parámetros, convenientemente actualizados, el reto moderno que implica la transmisión de una voz por la radio y las posibilidades de convencer en ausencia del emisor.

Al radioyente le resulta muy fácil desentenderse y cambiar de frecuencia al momento de perder interés. Captar su atención y provocar su interés es la condición primera y principal del comunicador radiofónico, sin la cual todo el proceso comunicativo se viene abajo. De poco sirve que la información sea extremadamente relevante si no se consigue captar la atención de la audiencia. De ahí que el comunicador tenga que valorar permanentemente el impacto auditivo de su discurso y procurar que el oyente no tenga la sensación de estar escuchando algo rutinario sino interesante. Esta voluntad de interesar no es otra cosa que afán por persuadir; no en el sentido de que el oyente acabe pensando como el profesional, sino desde la perspectiva de la atención: a la audiencia hay que interesarle, debe quedar seducida, de manera que, en la medida de lo posible, preste toda su atención al mensaje que se le brinda.

A la vista de todo lo anterior es fácil deducir que atraer la atención y el interés, ejercer influencia en la percepción del oyente, es algo fundamental que se encuentra en las antípodas del simple hecho de llenar minutos con sonidos y ruidos. Unas veces será el contenido el que le atraiga y otras, la forma de presentación, pero siempre ha de haber al menos un elemento que reclame la atención hacia el mensaje. En este sentido, la comunicación radiofónica es retórica y ha de ser retórica, es decir, debe emplear eficientemente los recursos sonoros -palabras, voces, músicas, efectos sonoros y silencios- con finalidad expresiva y de acuerdo con las exigencias propias de este canal. (Merayo: 2002, 61-62)

En fin, proponemos la Retórica como la base teórica y el sistema retórico como un marco práctico para analizar este tipo de comunicación tal y como plantearemos de manera más concreta en los siguientes apartados.

2.2. Contexto retórico de la comunicación radiofónica, una comunicación en ausencia

El comunicador debe prestar mucha importancia al contexto, que es una dimensión esencial del estudio de la Retórica. Sus actividades comunicativas, como transmitir mensajes, expresar opiniones, elaborar programas, intercambiar ideas con la audiencia, siempre se realizan dentro de un determinado ambiente social y cultural, que sirve como el fondo de los sucesos tratados, un contexto concreto configurado por el programa, y su propio estado psicológico y los de otras personas que implican en el programa, como el entrevistado sentado frente a él o los oyentes en el otro lado del receptor que no puede ver, lo que exige que el comunicador conozca muy bien las características de todas estas circunstancias con el fin de escoger y utilizar formas expresivas que son adecuadas para cada tipo de contexto.

Gracias a la intervención del factor contextual, son bastantes las estrategias retóricas de la expresión oral a través de la radio, por ejemplo, utilizar un contexto especial producido con música y efectos sonoros para dar un sentido nuevo a la palabra o un matiz sentimental; o provocar un interés que no tiene la propia palabra.

Comparada con la comunicación interpersonal, la radiofónica es una comunicación en ausencia. Es decir, en la comunicación interpersonal, las personas se ven cara a cara, e incluso pueden tocarse. Mientras se dirigen palabras, el lenguaje corporal también interviene y les ayuda a entenderse mejor, y unas pequeñas alusiones no verbales pueden conseguir directas reacciones, en este sentido, el *feedback* es inmediato.

Además, en el proceso interpersonal se permite recrear total o parcialmente el contexto para facilitar la descodificación, el receptor, a la vez que escucha la voz del emisor también mira al receptor, por lo cual se enriquece el contexto de comprensión mutua. Sin embargo, el objeto comunicativo de la radio tiene un público amplio, que queda distante sin ver al emisor, éste se arriesga a emitir mensaje a un destino indeterminado o posiblemente a ser mal interpretado. El receptor no puede responder inmediatamente como se hace en la comunicación cara a cara, y el emisor tampoco tiene una manera eficiente de observar y controlar las reacciones del receptor.

Aunque la escritura y después la comunicación de letras de imprenta y la comunicación audiovisual de la televisión, como modelos de comunicación masiva, también pertenecen a la comunicación en ausencia, la primera se apoya con gráficos, figuras, fotografías como instrucciones añadidas para letras, y su proceso de decodificación es repetible y el lector puede elegir un ambiente y un tiempo adecuados para la lectura sin preocuparse por decodificar el mensaje en un instante. Aunque haya habido cambios en la comunicación escrita y podamos hablar de antiguos y de nuevos lectores (Fernández Rodríguez, 2003b) y de diferentes modos de recepción lectora, lo que permanece es el mensaje conservado por el soporte y la capacidad de éste para reproducir en cualquier momento lo escrito. (Fernández Rodríguez, 2003b)

En cuanto a la televisión, con la participación de imágenes y subtítulos, su mensaje es más fácil de ser decodificado por el telespectador, en la mayoría de casos, éste puede ver el emisor en la pantalla y logra captar más detalles a través del lenguaje no verbal como la apariencia, gesto, miradas del emisor. Puede haber cambios en la producción televisiva, cambios que se basen en los gustos de los espectadores y que oscilen entre una gran perfección técnica que refleje las imágenes de manera artificial o pretendidamente espontánea (Fernández Rodríguez, 2002) pero lo que permanece es la fuerza de la imagen como medio que fija la atención del espectador.

La comunicación radiofónica es unisensorial y el sonido es su único medio, sin apoyo de imágenes ni letras. El receptor radiofónico, quien no puede ver al emisor, tampoco disfruta de la misma condición del lector de releer el mensaje o encontrar informaciones en los gráficos o fotografías. Mientras tanto, el oído, comparado con los ojos u otros sentidos no registra ventaja por sus restricciones de recepción. Como consecuencia es mucho mayor la probabilidad de deficiencia o fracaso de la comunicación radiofónica.

El contexto retórico de la misma es imitativo. En la época de oro del medio radiofónico, para resaltar su autoridad de discurso, los locutores debían hablar de una manera diferente de la ordinaria y mantenían una distancia psicológica con el oyente. Con la irrupción de la televisión después de la II Guerra Mundial, especialmente después de la década 50, el índice de recepción radiofónica descendió notablemente y la radio se convirtió en un medio secundario y un medio de fondo.

Durante la búsqueda incesante de la salida para la radio, las propiedades del medio han experimentado dos cambios: uno es la intensificación de la característica acompañante privada e íntima y otro, su agilidad, flexibilidad y rapidez al tratar la información frente a la televisión.

Es precisamente por estos dos cambios que la radio presta cada vez más atención a la interacción con el oyente y a establecer nuevas relaciones entre el emisor y el receptor, así que se ha atribuido gran importancia al estudio del receptor con el fin de mejorar el efecto comunicativo del medio. Uno de los frutos más destacados del estudio es enfatizar la construcción de un ambiente o un contexto imitativo al de la comunicación interpersonal para el discurso radiofónico, es decir, el locutor o el presentador "habla verdaderamente con el oyente en ausencia como si estuviera presente". ¿Cómo llega a hacer una comunicación en presencia de la que es esencialmente unidireccional y en ausencia?

Una de las técnicas es que cuando el locutor o el presentador se pone ante el micrófono, imagina que el objeto determinado en la redacción del texto o la preparación del programa está ante sus ojos, empieza a hablar con él, cara a cara, e incluso utiliza las manos u otro lenguaje corporal para dar señales. En realidad, cada receptor tiene abundantes experiencias de conversaciones y sabe emparejar unas entonaciones, ritmos o pausas determinadas con sus correspondientes sentidos, miradas, ademanes, acciones o posturas, que ya son identificados a través de la práctica común, igual que al momento de hacer llamadas telefónicas, casi no le cuesta nada a la parte que escucha juzgar el gesto, la emoción, o el movimiento de la parte que habla.

Por tanto, en la comunicación radiofónica, se exige que el comunicador imite todos los detalles que pasan en la conversación de la vida cotidiana, una sonrisa, un guiño, un movimiento de la cabeza, una señal de mano..., y reaparecerán en el ambiente de la conversación imaginado y sentido por cada oyente. Si se pasara por alto la importancia de estos métodos auxiliares del lenguaje, el contexto comunicativo de la radio sería incompleto y el comunicador se alejaría del receptor. En una atmósfera de íntima libertad, uno se siente vinculado a la totalidad de servicio y desarrolla el genio creador hasta llegar a la plenitud de comunicación entre almas.

Es cierto que existe una "asimetría" en los papeles comunicativos que es subsanada por el texto en el que se concentra la relación establecida con el ausente. Si bien la cita es larga, refleja muy bien las repercusiones discursivas en los medios de comunicación de masas, sean de la naturaleza que sean:

> La asimetría de los papeles comunicativos, con consiguientes distinciones de competencia comunicativa entre emisor y receptores, hace la regulación interlocutiva -ausente en la situación de comunicación de masas (a nivel de transmisión)- fuertemente predeterminada en el texto. En éste, por tanto, se acentúan en primer lugar los aspectos que se refieren al destinatario-modelo (es decir, al tipo de destinatario previsto por el emisor y que el texto prefigura), en segundo lugar, los elementos de conocimiento compartido presupuestos por el texto, por último el carácter casi normativo de las condiciones de aceptabilidad de los textos (establecidos por su integración en formatos muy rígidos). Este último elemento está relacionado con el papel fundamental que revisten los géneros en la comunicación de masas, ya sea en sus distintas formas de reconocimiento como en la dinámica de transformación de su sistema global. (Wolf, 1991: 148)

En el caso de la radio y de la comunicación establecida por este canal, el impacto si cabe es aún mayor como hemos visto más arriba. El discurso radiofónico se compone de cuatro elementos; la palabra, la música, los efectos sonoros y el silencio, siendo la palabra el hilo conductor pero pudiendo ocupar la música también un papel predominante. La palabra hablada tiene una enorme capacidad de sugerencia y una gran fortaleza para movilizar la imaginación. La habilidad del comunicador para entretejer las palabras desde concepciones estéticas, mezclando lo útil con lo agradable, es lo que determina el atractivo y, en consecuencia, el éxito de la producción. El caso extremo es la utilización de la música y su especial efecto en los oyentes. Es un rasgo característico y profundamente artístico de la comunicación radiofónica, ya que, como arte acústico puro, se orienta a representar el mundo para el oído a través del material creativo, ya sea la música como los sonidos naturales.

Esta cualidad especial de la radio frente a otros medios artísticos descubre nuevas perspectivas que incluso pueden llegar a la creación de un nuevo "arte sonoro" basado en una intensificación de un vocabulario auditivo basado en la estrecha relación entre el sonido artificial y el natural:

¿Qué es más real, el mundo que es o el que vemos o escuchamos? El eco del sonido contra las paredes del estudio produce un efecto de resonancia, de lo que se requiere muchas veces para construir el contexto para la emisión del discurso radiofónico, por ejemplo en las adaptaciones de obras literarias o cuentos para niños, sin embargo, se necesita evitar ese efecto de resonancia en determinadas emisiones en el estudio, por ejemplo en el caso de los programas musicales, informativos, entrevistas presentadas por un locutor, puesto que no es conveniente revelar la existencia de un espacio que no tiene motivo alguno de ser para el oyente. La radio elimina la sensación de espacio por cuanto crea un verdadero espacio auditivo que ocupa la mente del oyente.

Las condiciones para la representación de un programa radiofónico son mucho menos complejas y se pueden preparar mejor que los programas televisivos o las obras teatrales y cinematográficas, además son más fáciles de describir con palabras, ya que no necesita construir el complicado mundo visual en forma tridimensional. Dentro de la unidimensionalidad del tiempo, la distancia espacial se marca con distintos tipos de resonancia del sonido, y las características de un efecto sonoro, o un ritmo musical pueden especificar el ambiente gracias a sus conceptos vivamente comprensibles. La efectividad del mensaje acoplado al medio se aumenta con un ingrediente estético y afectivo, en una dinámica que piense en el receptor que escucha como alguien cercano a través de las ondas. "La auténtica comunicación radiofónica debe tener un componente afectivo además del componente conceptual; debe movilizar no sólo el estrato pensante del preceptor, sino también su estrato emocional. (Haye: 1999, 20)

En el capítulo primero hemos tratado de las cualidades de la voz y sabemos que la calidad de una buena voz depende esencialmente de la articulación óptima y su resultado deseable, y la emisión de la palabra con claridad y limpieza para que puedan ser fácilmente identificada por el oído y esa identificación se debe a la interacción entre las diferentes cualidades de la voz.

El inadecuado uso de la voz dificulta la comunicación oral, algunas veces por una mala articulación de la palabra o la frase, que las hace difíciles de entender, aún más de decodificar, otras por costumbres de pronunciación o acentuación que no son inteligibles. Muchas pequeñas omisiones o errores de expresión oral que no se perciben como defectos en el habla cotidiana, sí lo son para la locución o el uso profesional de la voz en los medios audiovisuales, particularmente en la radio. Porque el habla cotidiana siempre se realiza en un contexto concreto, dos o más interlocutores pueden saber o intuir lo que va a decir la otra parte según la circunstancia, también pueden reemplazar las palabras con gestos o movimientos corporales o hacer preguntas cuando tengan dudas, sin embargo, en la comunicación radiofónica toda la información tiene que incluirse en el sonido.

Las características expresivas de la voz sugieren una manera de interpretar la información contenida en la sintaxis gramatical con el objetivo de sorprender, impresionar, conmover, convencer, y hasta conseguir algún tipo de acción por parte del receptor como resultado de la comunicación. En este sentido, la comunicación oral es algo más que articular bien y sonar lindo, algo que da sentido a la palabra a través de la voz y siempre de acuerdo con la intención o el objetivo de la comunicación. Por tanto, podemos analizar la voz desde la perspectiva de la Retórica, que dotará, como arte y ciencia de comunicación, a la voz de rasgos destinados a informar, conmover, convencer y deleitar a la audiencia, completando el sentido del discurso. (Guevara: 2003, 90)

Las características de la voz suelen asociarse con unas determinadas intenciones del hablante y transmitir al oyente ciertas sensaciones, por ejemplo, la voz grave generalmente se asocia con una actitud seria, o íntima o relajada de quien habla y provoca por consiguiente esa sensación a quien escucha; otro ejemplo, para mostrar la alegría no se consigue con una locución grave y lenta sino con teñirse la voz con un tono más agudo y una velocidad más rápida.

A veces para inducir al humor o denotar ironía, se usan rasgos opuestos al significado con que se lo asocia, lo podemos comprobar diciendo lentamente y en un tono muy grave "qué feliz estoy". De hecho, estos rasgos de la voz nos parecen tan familiares que los utilizamos naturalmente como algo innato. Cuando uno habla con alguien que le gusta, por ejemplo, quiere que la voz suene afectuosa y cariñosa, y si es con alguien que le molesta, habla con una voz fría y seca, haciendo las variaciones de voz sin necesidad de pensar expresamente en ellas. Sin embargo, unos lo hacen mejor que otros y logran comunicar más claramente sus intenciones. Para los profesionales de voz, como el locutor o presentador de los medios audiovisuales, el dominio de estos rasgos y su aplicación consciente será una habilidad ligada a la eficacia de la comunicación.

Los rasgos retóricos de la voz, según Alejandro Guevara, indican el sentido del que habla, marcan un camino, señalan cómo deberá interpretarse (2003, 92). Ellos pueden completar la información al contenido sintáctico, por ejemplo, cambios de narrador o personajes en un relato; expresar emociones, mostrar intenciones apelativas o imperativas o de interrogar, en que "un mandato puede denotar un determinado estado de ánimo, o que una pregunta puede reflejar un estado de deseo". (Huertas y Perona: 1999, 106)

Al mismo tiempo la voz contribuye a aclarar o especificar el significado de las palabras y obtener también información autónoma, es decir, los mensajes independientes del texto, como los datos personales sobre quien habla: sexo, edad, nivel socio-económico, su estado anímico, su actitud, etc. Encontrar los rasgos retóricos es encontrar el sonido justo de cada término para cada situación (Guevara: 2003, 102), condición previa de la consecución de la elocuencia comunicativa.

Los rasgos retóricos de la voz son importantísimos para la comunicación radiofónica, una comunicación en ausencia en la que el oyente no ve al comunicador ni la situación de los sucesos que informa, y los rasgos retóricos hacen posible la imaginación más completa que pueda alcanzar el receptor. Para encontrar el sonido deseado para cada situación, como el resultado de la voz ideal con una combinación armoniosa de sus cualidades, también es necesario apoyarse en la combinación, la variación o la ausencia de los mismos elementos como: tono, volumen, velocidad, timbre, ritmo o inflexiones.

Según las descripciones de Guevara (2003, 95-101) un volumen sostenido da una señal de dominio sobre la propia musculatura, si le suma un timbre resonante, transmite seguridad y calidez al oyente y el volumen alto propone una distancia mayor con el auditorio que el volumen bajo. El volumen alto combinado con un tono agudo se asocia con la alegría, con el terror o las emociones violentas, provocando inestabilidad. Bastante por debajo del volumen medio se asocia generalmente con una intención intimista, de calma o secreta. También se asocia el volumen bajo con falta de energía o introversión, si se combina con tonos graves y velocidad lenta, provoca el aburrimiento. En la locución será muy útil para romper la monotonía o el canto un brusco aumento de volumen, que llama fuertemente la atención del oyente. La locución radiofónica exige un buen control de respiración para sostener bien el volumen en los finales de frase, que es una prueba de seguridad y dominio.

Generalmente se asocian los tonos graves con serenidad, solemnidad, o lentitud y transmiten la sensación visual de oscuridad. Un tono grave combinado con un volumen medio y una elocución sostenida refleja seguridad y credibilidad. Esta es la voz preferida por la locución informativa; pero si se encuentra con una velocidad lenta, entonces provoca tristeza y si lo hace con un timbre resonante, infiere afecto o calidez. Y los tonos agudos se asocian más con locuciones alegres, dulces, felices, rápidas y transmiten la sensación visual de luminosidad, pero a veces la agudización del tono implica mayor distancia tanto física como psicológica entre el emisor y el receptor. Si se combinan con un volumen alto se asocian con la histeria o la excitación; si con un ritmo irregular, con la angustia. Las inflexiones hacia el agudo se asocian con emociones alegres, si se lo hace en los finales de frase dejan abierto el discurso con un interrogante. Y las inflexiones hacia el grave se asocian con estados de ánimo serios, pesados o relajados.

La velocidad alta como cualidad sobresaliente del rasgo se asocia con rapidez, vértigo, nerviosismo, excitación o euforia; y la velocidad baja, con lentitud, tristeza, reflexión, tranquilidad, apatía. La variación de velocidades es un valioso recurso para romper la monotonía y también favorece el cambio de ambiente comunicativo. Los distintos géneros de locución radiofónica se pueden identificar con sus respectivas velocidades más o menos estandarizadas, por ejemplo, para dictar un boletín informativo, o relatar un partido de fútbol, o comentar una pieza de música, se usan diferentes velocidades. En la radio varía la velocidad incluso en función del horario de emisión: la de la mañana es más rápida que la de la tarde y mucho más que la de la noche, de esta manera las voces se adaptarán a los estados de ánimo y al ritmo de la vida cotidiana, dando sensaciones cercanas y formando el estilo del programa. El ritmo frenético de la mañana, y hasta la crispación, dan paso a las voces sosegadas e intimistas de la noche, más cercanas al susurro.

El ritmo de la locución resulta agradable cuando se consigue una distribución armoniosa de los sonidos en el tiempo y es una muestra de la capacidad del comunicador de controlar óptimamente la situación comunicativa. En la publicidad, los creativos prestan especial atención a la musicalidad del discurso para producir agrado e impresionar al oyente e incluso hasta buscan palabras cuya rima refuerce el contenido del mensaje.

El timbre de la voz depende de las características físicas del aparato fonador de cada individuo, por lo cual está directamente relacionado con los datos personales del hablante, y según el timbre, los oyentes pueden no sólo deducir fácilmente el sexo y la edad del hablante sino también imaginar sus otros rasgos de apariencia, carácter, estado de ánimo hasta que componer una figura en la mente. El timbre resonante se asocia más con seguridad, seriedad, credibilidad, aplomo y poder que el timbre brillante, por eso se prefieren las voces masculinas graves para la dicción de discursos sobre temas serios para transmitir seguridad y confianza.

Además, marcar palabras clave de cada grupo fónico es importante para afinar el sentido de las palabras según su carga subjetiva, una intervención personal en la información. Cada género de locución está cargado de cierto grado de subjetividad que se expresa a través de los rasgos retóricos de la voz y la palabra. Para notar la incidencia de la palabra clave en el resto de la frase, se coloca el peso de la frase en dicha palabra y marca la diferencia en su rasgo retórico que involucra las cualidades de la voz. Resulta más sencillo y con mayor naturalidad dar una sensación interior o un estado de ánimo con los rasgos retóricos de la voz mediante la puesta en situación a partir de la identificación de los sonidos asociados.

Todas las palabras pueden sonar diferente según el contexto del habla, y nos parece complicado distinguir sus rasgos, en realidad todos somos capaces de comparar e interpretar las voces que escuchamos según nuestras experiencias acumuladas sobre sus asociaciones a las imágenes auditivas que implican sentidos respectivos, por ejemplo: decir "¡qué me importa!" se asocia con el movimiento de levantar los hombros, decir "estoy muy cansado" con expresiones largas y graves hasta acompañar a un suspiro, decir "hombre" como interjección para expresar sorpresa, duda, molestia con diferentes tonos según circunstancias. Hay una lista muy larga sobre los sonidos cuyo significado se ha ido cristalizando por el frecuente uso en el habla cotidiana, y su utilización consciente aportará frescura y naturalidad al discurso y a la locución.

El silencio, que es la materia prima de las pausas, se considera como una cualidad muy notable de la voz (Guevara: 2003, 107) por sus funciones que cumple en el habla: no sólo permite la respiración necesaria, separa los grupos fónicos que dan forma al habla espontánea, y marca articulaciones gramaticales con pausas, sino que también genera expectativas, da tiempo para encontrar la palabra conveniente y organizar las ideas encontradas o simplemente para reflexionar y transcurre para dejar correr las emociones despertadas en la audiencia y también las propias, infiriendo desconcierto, reprobación o indignación.

Las pausas no tienen reglas de tiempo y se extienden hasta que el hablante considera que han cumplido la función asignada. Entre ellas, solo hay un cincuenta por ciento que corresponde a las articulaciones gramaticales, es decir las pausas producidas por los signos de puntuación, además de las cuales, habrá otras apoyadas por la variación de las cualidades de la voz: tono, volumen o velocidad. Cada pausa marca un espacio de silencio, y para el oyente, la información disponible durante ese lapso dependerá del sentido de las palabras dado por el hablante antes de hacer la pausa. Con una inflexión en la palabra anterior se puede decir muchas cosas: terminar una idea, dar tiempo para que el oyente imagine lo que acaba de escuchar, estar buscando una palabra justa para describir o interpretar algo, dejar lugar a la emoción del hablante o del oyente, o alertarle de que está preparándose para algo importante o particular. Sin embargo, también hay pausas que no indican nada definido, que producirán incertidumbre o curiosidad, dejándose la puerta abierta para esperar, sorprender.

El dominio de los rasgos retóricos de la voz es imprescindible tanto para el uso profesional de la voz en los medios audiovisuales como para la aplicación en cualquier ámbito de comunicación oral. Mediante prácticas conscientes se logrará que los recursos retóricos favorezcan notablemente a la expresividad del discurso y se adapten naturalmente a cada género de locución en busca de la mayor elocuencia. En cuanto al género, el tipo de locución deberá tener características y reglas específicas, por ejemplo, el género informativo supone la máxima aproximación a la verdad y a la realidad y es de baja carga subjetiva frente al publicitario que conlleva elementos creativos para matizar el texto, de alta carga subjetiva que tiende a la actuación y a la persuasión. La voz tiene una riqueza expresiva con todos sus matices e inflexiones, e implica una presencia humana y pese a que es parcial, completa el mensaje con las consiguientes imágenes auditivas que sugiere su propia naturaleza. El profesor Cebrián Herreros destaca la fuerza expresiva de la voz en la radio y considera que este medio ha de sacar plenamente provecho de este elemento fundamental: "La radio mantiene su fuerza expresiva en las voces de relatores, protagonistas y testigos. Es la capacidad comunicativa oral con toda su riqueza fonética y paralingüística la que ejerce el atractivo. Contenido y voz son inseparables. La información siempre llega a través de la voz de alguien con toda su expresividad. Es el ser humano puesto en expresividad plena. La radio sabe sacar provecho de esta aportación". (Cebrián: 2001, 221)

Hallar la voz adecuada para un texto o un programa es importantísimo. El sentido del texto no sólo se transmite mediante el propio texto, sino que también se interpreta con el carácter de la voz. Nadie soportaría, por ejemplo, una voz chillona y demasiado flexionada. En el caso de la comunicación radiofónica, la voz del emisor se convierte en el lazo que une a quien la emite y a quien la recibe. En la voz radiofónica se marca la intención comunicativa del emisor.

La palabra radiofónica que nace de un proceso comunicativo no deja de ser por su misma naturaleza humana una exteriorización de un pensamiento, una emoción o un sentimiento. En los boletines informativos se prefiere la intervención de un locutor y de una locutora cuyas voces se diferencian muy claramente para conseguir un equilibrio de voces y una clara división entre las noticias. La palabra está decorada con músicas y efectos sonoros que recrean ambientes y escenarios, el impacto es mayor en la medida en que forma parte del propio ser humano y de su relación consigo mismo y con el mundo. "Hasta cierto punto, este arte sonoro retrocede a los tiempos prehistóricos, en los cuales, mucho tiempo antes de la invención del lenguaje, el reclamo y las llamadas de aviso entre las personas solamente eran comprensibles como expresión sonora, tal como ocurre en la actualidad con los sonidos emitidos por los animales". (Arnheim: 1980, 24)

La voz radiofónica es sugerente y seductora y da pistas de algunos rasgos de la personalidad del emisor. Una voz tan dulce como la miel, que implica un estilo muy alejado del periodismo, no es conveniente para contar noticias; sin embargo, para la prevención de la drogadicción se dirige al destinatario en un tono muy exigente, en el que apela a su responsabilidad. La personalidad madura será también un signo de autenticidad para el oyente. Todos estos son rasgos propios de la comunicación radiofónica, de manera que sea preciso crear diferentes climas con la voz, destinados a informar, convencer, conmover o entretener.

A veces no es necesaria una formación especial, sino que es el propio talento del comunicador el que de forma intuitiva es capaz de crear este tipo de escenario sonoro en la mente del receptor, al fin y al cabo, "los tonos de la voz salen del corazón, entre las obras sonoras, ha de brillar con todos los colores del sonido, pues el camino para entender el sentido de las palabras pasa por el oído". (Arnheim: 1980, 25)

El español es un idioma rítmico, suena agradable y cuenta con un vocabulario extensísimo. Se usa como lengua materna en más de veinte países, por tanto, se ha formado una gran variedad de pronunciación y expresión. El español de los medios de comunicación de los países donde se habla este idioma como segunda lengua siempre se caracteriza por una modalidad neutra de articulación bien cuidada, gramática estricta y precisa, y palabras generales, es decir, no regionales o dialectales. Las grandes cadenas radiofónicas y televisiones, como la BBC, la CNN, prefieren contratar a los locutores y presentadores de los países iberoamericanos, quienes tienen abundantes experiencias en la comunicación oral en ausencia, son capaces de mantenerse alejados de las variedades dialectales y modismos muy regionales, y utilizar un lenguaje más común y de mayor circulación de una manera conversacional y agradable para que el mensaje radiofónico llegue al público con toda claridad y expresividad.

Aristóteles afirma que el discurso consta de tres cosas: el que habla, sobre lo que habla y a quién, que equivalen a los términos modernos de la teoría de comunicación: el emisor, el mensaje y el receptor son elementos fundamentales que intervienen en la comunicación, a los cuales se ha agregado el contexto o la situación en que se desenvuelve la comunicación.

La comunicación radiofónica podemos definirla de la manera siguiente: el emisor se refiere a un conjunto de personas que participan en el proceso de producción de un programa: un productor, realizador, redactor, locutor-presentador; y el receptor es el oyente al que llegue el discurso en un momento y un lugar determinado, que también constituye parte del contexto. La emisión del discurso tiene como objetivo atraer e influir en el oyente.

En los apartados que siguen observaremos la configuración retórica de estos tres elementos imprescindibles. Atenderemos en primer lugar a las características retóricas del discurso radiofónico en la medida en la que se plasman las principales peculiaridades de la comunicación en ausencia. En segundo lugar, hablaremos de la interacción entre emisor y receptor desde la configuración de este discurso y finalmente nos detendremos en el papel del emisor, creador del discurso, como punto final del recorrido. Siempre tendremos en cuenta la interacción entre receptor y emisor facilitada siempre por la peculiaridad del canal impuesto a la comunicación radiofónica, comunicación en ausencia y en el que otros elementos igualmente poderosos como la música, por ejemplo, intensifican el efecto sobre el receptor.

El orden que establecemos es distinto al habitual que ofrece una orientación lineal emisor-mensaje-receptor. Desde nuestro punto de vista, y dada la configuración retórica de este discurso, preferimos en primer lugar detenernos en las peculiaridades de la comunicación en sí, de su orientación hacia el receptor y finalmente en las estrategias elaboradas por el emisor. La linealidad establecida por emisor-mensaje-receptor es la base de un modelo telegráfico de la comunicación que en nuestra opinión da cuenta de una concepción demasiado limitada para fenómenos tan complejos, aunque se incluyeran después otros elementos adaptados a la comunicación humana. Aunque la cita es larga resume muy bien las diferencias entre el modelo lineal clásico y la nueva concepción orquestal de la comunicación humana:

> Según explica Yves Winkin el modelo es sencillo, el sistema general de comunicación se entiende como una cadena de elementos: *... la fuente de información que produce el mensaje (la palabra en el teléfono), el emisor, que transforma el mensaje en señales (el teléfono transforma la voz en oscilaciones eléctricas), el canal, que es el medio utilizado para transportar las señales (cable telefónico), el receptor, que construye el mensaje a partir de las señales, y el destino, que es la persona (o la cosa) a la que se envía el mensaje. Durante la transmisión, las señales pueden ser perturbadas por "ruido" o chirrido en la línea.* Este modelo matemático de la comunicación influirá rápidamente en otras ciencias. Así Roman Jakobson a partir del modelo de comunicación propuesto por Shannon elabora el modelo de comunicación verbal clásico con funciones y elementos de sobra conocidos; emisor, contexto, mensaje, canal, código y receptor. Este modelo de comunicación verbal sigue siendo aceptado y se toma como base privilegiada para explicar el proceso de comunicación humana y

> sin embargo surge más de una dificultad en su rendimiento explicativo. En primer lugar, no deja de ser un modelo telegráfico de la comunicación. Un modelo que además concibe a los seres humanos como teléfonos gigantes dotados de dos orificios, dice Winkin, uno para emitir sonidos y otro para descifrarlos. (Fernández Rodríguez, 2005:1)

Es preciso partir de un modelo orquestal de la comunicación, además, en el que todos los elementos forman parte creando una red muy compleja.

2.3. Características retóricas del discurso radiofónico

En la producción del discurso radiofónico queda resaltada la unión entre los elementos de los que hablaba Aristóteles en su *Retórica*. Los tres elementos que observa en la comunicación son el que dice, lo que dice y a quién se lo dice. Los tres pueden ser fuentes de persuasión aunque para Aristóteles es más importante el mensaje, lo que se dice. No sería bueno que nos convenciera sólo una imagen -el que dice- o que nos dejáramos convencer porque el orador ha sido capaz de remover nuestras pasiones y nuestros miedos como receptores.

Ahora bien, es fundamental a la hora de elegir y de presentar la información tener en cuenta a los destinatarios, siguiendo la vieja máxima periodística de que es noticia aquello que afecta a más personas, pero también teniendo en cuenta a qué tipo de audiencia se prevé llegar.

Luisa Santamaría Suárez, refiriéndose en general a la labor del periodista, aunque se refiera en concreto a la prensa, divide el discurso en tres partes: el *que habla*, *sobre lo que habla* y *a quién*. Considera que éste es el germen de la *Retórica*, que Aristóteles va desarrollando a lo largo de sus tres libros, centrándose sobre todo en el *quid*, aquello sobre lo que habla. [...], aunque sin olvidar la importancia de a quién se habla, "porque si el periodista -entendiendo esta palabra en su sentido más noble como servidor de la verdad-, no sabe ponerse en el lugar de lector, está perdido, por más brillante que pueda ser su argumentación. Una vez que se ha entendido esto, habrá que poner el discurso ante los ojos evitando la ambigüedad". (Santamaría Suárez: 1997, 89-90)

El canal condiciona la elaboración del mensaje. El discurso radiofónico con su único instrumento auditivo establece un diálogo invisible entre el emisor y el receptor. Es muy interesante en este sentido incorporar la noción de intradiscursividad en el sentido de diálogo interno tal y como lo ha establecido Tomás Albaladejo. La comunicación radiofónica permite un diálogo interno en el oyente en el que reconstruye la situación comunicativa, mientras que el comunicador radiofónico intenta abarcar en el discurso compuesto el diálogo con el oyente. De acuerdo a Albaladejo, existe una relación entre varios discursos, pudiendo hablarse de una polifonía retórica, una suerte de diálogo interdiscursivo, un diálogo global de carácter oral cuyos componentes son discursos. (Albaladejo: 1999b, 18-19)

Es evidente que la comunicación radiofónica es un hecho retórico, y el discurso radiofónico es un discurso retórico. El discurso retórico significa objeto lingüístico de características textuales que el orador produce y dirige a los oyentes con el propósito de influir en ellos. La forma prototípica de realización del discurso retórico es la oral, de tal modo que es emitido por el orador en el canal situado sobre el eje acústico-momentáneo e interpretado por los oyentes. (Albaladejo: 1999b, 5)

La oralidad está asociada en una primera instancia a la inmediatez comunicativa, lo cual implica la coincidencia temporal y espacial de los contextos en los que se desdobla el contexto de la comunicación retórica, el contexto de la pronunciación y el contexto de recepción del discurso, a diferencia de lo que es normal en la comunicación escrita; no obstante, en una segunda instancia, con la traslación del discurso a la escritura o con la ayuda de los medios de difusión y de grabación visual y fónica existentes en la actualidad, esa inmediatez puede llegar a ser sólo temporal o sólo espacial e incluso desaparecer, no coincidiendo los contextos de pronunciación y de recepción del discurso (López Eire: 1995, 10-12). En la comunicación radiofónica, generalmente, el orador y el oyente se encuentran en diferentes contextos.

Cualquier cualidad o característica del discurso retórico es compartida por los componentes que comparten el hecho retórico formado por el orador, el oyente, el referente y el propio discurso. En este sentido, un elemento fundamental de la comunicación retórica es la *poliacroasis*, o audición múltiple, por la que el orador se encuentra con importantes diferencias entre los oyentes de su discurso, las cuales determinan sus interpretaciones, sus actitudes y actuaciones. (Albaladejo: 1999b, 6) La *poliacroasis* es un concepto basado en la oralidad del discurso retórico y, en definitiva, en la oralidad del hecho retórico. Si la *poliacroasis* se produce en relación con el auditorio de un mismo discurso, la polifonía retórica se establece en conjuntos de discursos retóricos como los que se pronuncian en situaciones retóricas diferentes, correspondiendo a cada una de las voces, a cada uno de los oradores que intervienen en las mismas, uno o más discursos. Esta polifonía retórica responde plenamente, como la *poliacroasis*, a la oralidad del discurso retórico: diferentes voces hacen sus propuestas oralmente en sus respectivos discursos, que son verdaderas manifestaciones verbales-estéticas de contenidos y posiciones ideológico-sociales enraizadas éticamente en los oradores (Albaladejo: 1999b, 7). La *poliacroasis* y la polifonía son justamente las características de la comunicación radiofónica, en que el discurso radiofónico ha de adaptarse a ellas. El orador, gracias a los medios de comunicación de masas, consigue ampliar el auditorio, y a la vez también aumentar la variedad del contexto de recepción en ausencia.

El discurso radiofónico, como discurso retórico, tiene su propia intención, técnicas expresivas y efecto deseado. La realidad construida por el mismo ha dispuesto de sus propias leyes de expresión-recepción y convenciones de codificación-descodificación, y las operaciones retóricas se establecen precisamente para identificar y reconocer primero, innovar o romper luego esas leyes y convenciones.

De hecho, el texto elaborado por el orador no puede cerrar su sentido final desde la perspectiva de la recepción, sino que va produciendo nuevos sentidos a través de la comprensión e interpretación por parte de la audiencia, en este sentido, podemos decir que esta interpretación es una configuración retórica continua del texto, y cada oyente de la audiencia construye psicológicamente su propio texto radiofónico comprendido y preferido a la luz de sus propios conocimientos y experiencias, su nivel cultural, su experimentación auditiva y sus gustos estéticos.

El texto radiofónico, como objeto para la interpretación de la audiencia, se caracteriza por su amplitud de recepción, grado de divulgación, contemporaneidad y popularidad, "a la moda" de su sistema de producción, por tanto, se exige que la elaboración de los programas sea cada vez más creativa y cambiante, y la integración de la Retórica brindará los medios más poderosos y efectivos para hacer de realidad dichas innovaciones y cambios deseados.

Si bien son limitados tanto los hechos periodísticos como los modelos narrativos, sin embargo, son ilimitados los medios expresivos del discurso concreto, las inspiraciones de pensamiento que aparecen una tras otra, los ánimos y emociones que se derraman continuamente, y los medios retóricos que son tan flexibles y ágiles, los cuales siempre acompañan a la vida de los seres humanos y satisfacen sus demandas estéticas. Es justamente por esta esencia inherente de la creatividad dinámica del discurso retórico que ha determinado que los programas radiofónicos no se limiten a transmitir informaciones, contar noticias, sino que también ofrecen a la audiencia un espacio poético para que experimente la brillantez del pensamiento y la riqueza del sentimiento, y por consiguiente despierte la atención y reflexiones interiores a la realidad exterior coherente con la existencia y el espíritu del hombre.

No obstante, lo que hemos expuesto para destacar la fuerza creativa de la Retórica no implica de ninguna manera un abandono o una ruptura total de las normas y reglas sino un desarrollo basado en una sucesión de lo esencial y una ruptura realizada bajo la premisa de las leyes generales, de hecho no habría la creación e innovación en sentido retórico sin la sucesión de los modelos discursivos hechos y las leyes expresivas consumadas.

Esto es así porque las funciones de la Retórica no sólo implican una pura producción y exposición unilateral del pensamiento y sentimiento de un individuo (el emisor del discurso), sino que además se retroalimentan por parte del receptor de aquella producción y exposición a través de una manera adecuada y original, y por consiguiente se alcanzará a una captación y coincidencia del intercambio mutuo.

Las formas de transmisión y recepción, como una refinada acumulación cultural histórica, se han convertido en un sistema normativo de comunicación. La llamada “adecuación” significa primero un reconocimiento de las tradiciones y convenciones. Por eso la creación en sentido retórico se debe establecer sobre el dominio suficiente de las consumadas leyes comunicativas, las convenciones culturales y las tradiciones históricas de los modos de exposición-recepción. El principio de la Retórica está justamente en permanecer en equilibrio dinámico entre lo viejo y lo nuevo, entre las reglas y la creación.

El discurso radiofónico se da siempre en determinadas circunstancias, por eso está abierto para adaptarse a cualquier cambio contextual, y contiene varios factores individuales del sujeto emisor, tales como su carácter personal, su estado anímico, forma de pensar, el genio, las habilidades de expresión; y por otra parte, su colaborador, el oyente, en la recepción del discurso, lo interpreta según su propia preferencia, y esta interpretación retórica por parte de cada oyente también penetra en el mismo discurso ampliando su sentido, de tal manera el texto radiofónico se transforma en un "inter-texto" que enlaza la sociedad, la historia, la cultura, la nación, la ideología y la moda, formando conjuntamente una red comunicativa sin límites temporales ni espaciales.

Un saludo sencillo y cariñoso por parte del comunicador podrá acortar la distancia sentimental con el oyente. En este sentido, esta comunicación no es nada misteriosa, simplemente es una forma comunicativa del ser humano: entre el estado, la nación, grupos y personas. Aunque la radio puede crear miles tipos de circunstancias para la comunicación y transmitir mensajes incontables, sigue siendo esencialmente como un "discurso" de la antigua Grecia, contando su conocimiento del sentimiento, la ética, el ideal, sus sensaciones, y esperando la resonancia, la evaluación e identificación por parte del oyente.

El discurso retórico implica una expresión artística, que se caracteriza por el énfasis del efecto comunicativo deseado a través de unas concretas estrategias retóricas. En cuanto a un concreto texto radiofónico, la principal función retórica se refleja en la intensificación o la atenuación del sentido del discurso según los gustos y necesidades de la audiencia, utilizando medios retóricos correspondientes a cada situación comunicativa, para que la conciencia personal, el pensamiento y la actitud mental del comunicador se destaquen en la presentación discursiva.

El discurso se basa en el sentimiento interior, o la pasión de hablar por parte del sujeto comunicador como la fuerza motriz de expresión, se exterioriza en formas personalizadas, tomando como referencia el sistema ideológico de la principal corriente social, teniendo como objetivo producir cierto efecto retórico en el público, con que el comunicador llegue a formar su propia personalidad discursiva y estilo comunicativo gracias a su capacidad creativa y sensibilidad retórica.

La Gramática lingüística contiene su sistema de reglas relativamente estables y la Retórica, en realidad, es una aplicación flexible de las reglas, hablando más concretamente, se dirige a un habla rica en pasiones, habilidades e implicaciones. Es el clásico "*ars recte dicendi*" de la Gramática frente al "*ars bene dicendi*" de la Retórica.

El mensaje radiofónico debe ser fácil de visualizar mentalmente durante la escucha de un programa. Desde la perspectiva de la semiótica, no solamente las lenguas tienen su vocabulario, el sonido, la imagen, las señales, hasta la indumentaria, los ademanes, la postura corporal también pueden tener su "vocabulario" de significado, pero su "vocabulario" es diferente en formas y métodos. Las palabras son conceptos indicativos de índole asociativa y el sonido es una percepción auditiva. Así que el atractivo del discurso radiofónico se edifica sobre la asociación conceptual de la palabra y la percepción auditiva del sonido.

El sonido es la unidad retórica básica del discurso radiofónico, la voz humana, la música y los efectos sonoros constituyen los elementos fundamentales del lenguaje radiofónico y el discurso radiofónico consigue sus medios y mecanismos de expresión gracias a la combinación y utilización de estos tres elementos, en cierto sentido toda la retórica de este discurso se configura a través de un dominio hábil y una adecuada proporción de énfasis de estos tres elementos, incluso el uso del silencio también se puede considerar como una ausencia de los mismos.

El sonido cuenta con abundantes elementos retóricos. La voz humana, la música, los efectos sonoros son signos comunicativos de la radio. La retórica del sonido brinda una gran variedad a la configuración discursiva, por ejemplo, el contrapunto, el contraste, la concordancia de la música, como medios expresivos, se pueden integrar adecuadamente al discurso radiofónico, y los efectos sonoros se aplican retóricamente para crear el ambiente comunicativo y producir cualquier efecto que convenga, sea inmenso, o terrorífico, o nervioso, o alegre, gracias a las tecnologías avanzadas, sobre todo, la de informática, que nos permite seleccionar, almacenar y elaborar todo tipo de datos sonoros.

La voz humana en la radio se presenta de manera más directa y viva que en las obras literarias, en cierto sentido, la palabra hablada, como un elemento retórico del discurso radiofónico, significaría un regreso de la oratoria clásica, que resiste y se aleja de la cultura escrita e impresa que predomina durante miles de años después de ella, pero la palabra radiofónica no es tan apasionada, elocuente, con la precisión lógica de los oradores antiguos, sino que se pega más a la palabra cotidiana, que es más natural y cercana, pero mantiene la mayor claridad y fluidez de expresión.

A propósito, en algunos programas no son pocas las representaciones directas de un "discurso" o "debate" con características auténticas de la oratoria clásica. Sin embargo, la voz humana de los programas radiofónicos, en general, es más íntima y afable, y de manera coherente, estrechamente con la misma vida diaria. Por tanto, aunque la audiencia no se encuentra en el mismo tiempo-espacio con el comunicador, sino como oyente en ausencia, se producirá un efecto de comunicación en presencia, es decir, cara a cara. Lo más importante es que la palabra hablada de los programas, en forma de diálogo o monólogo, podrá presentarse y enriquecerse de manera más artística desde la perspectiva retórica.

La aplicación retórica de los efectos sonoros es ubicua en la comunicación para describir y resaltar el ambiente. El efecto inmenso de las mareas del mar es sin duda un símbolo del poder de la naturaleza, el tictac del reloj realza la importancia del tiempo en este momento, un ritmo tocado con castañuelas de flamenco crea un paisaje exótico de la cultura andaluza, etcétera.

En la sincronización musical-verbal la palabra y la música se acciona de manera alusiva y complementaria enriqueciendo la codificación y decodificación del discurso radiofónico. Comparada con los efectos sonoros, la música tiene una función retórica más completa e integral. Se relaciona en mayor grado con la estructura del texto y la necesidad del tema, y juega el papel de atravesar el espacio y el tiempo, ajustar el ritmo, y expresar sentimientos. La música puede producir diversas sensaciones en el oyente, afectuosa, solemne, seria, humorística, alegre, o triste, y contribuye notablemente a la representación y profundización con fineza del tema, por ejemplo, el sonido del violonchelo cuadra genialmente con el tema triste y sienta una tónica sentimental para una circunstancia melancólica. Desde la perspectiva retórica, la música podrá producir efectos retóricos más concretos, como de contraste, ironía, etcétera.

La música y los efectos sonoros, al integrarse al tejido del texto retórico radiofónico, tienen una función retórica auxiliar e imprescindible que ayuda a provocar recuerdos y expectativas en el público. En vista de nuestro objetivo del trabajo principalmente sobre la eficacia de la palabra radiofónica, nos limitamos a hacer una breve introducción sobre las características retóricas de estos elementos fundamentales del lenguaje radiofónico sin mayor ampliación en detalles, sin embargo no pasaremos por alto de ninguna manera su permanente presencia para la elocuencia comunicativa. Es una confluencia e integración del arte y la ciencia, cuya elocuencia perfecta podrá realizarse en la dimensión de "presencia poética" de la vida cotidiana. Cuando hablamos de la observación estética o la constitución poética, debemos buscarlas en la vida real y siempre nos dirigimos al pueblo, y eso es aún más fundamental en cuanto al medio radiofónico y su arte de lenguaje, que nace para satisfacer los gustos del público y coincidir con la capacidad de comprensión de su audiencia.

Las filosofías verdaderamente profundas y las bellezas verdaderamente finas existen en nuestra vida cotidiana, y todas las expresiones estéticas, las narraciones filosóficas y presentaciones artísticas serán evaluadas por el público de acuerdo con sus preferencias para definir el efecto final y el sentido de aquéllas. En este sentido, la Retórica no es una teoría abstracta y profunda, sino un conjunto de operaciones de explorar y hablar de lo poético y lo bello encerrado en la vida, y transmitir las implicaciones estéticas y meditaciones filosóficas al público de una manera viva y expresiva, para que la audiencia experimente el sentimiento y el pensamiento implicados en la comunicación, provocando por consiguiente resonancias y ganas de dialogar.

La calidad masiva de los programas radiofónicos exige que su contenido sea popular y general para agradar a la audiencia y satisfacer su demanda real de consumo de productos culturales. Sin embargo, el sujeto comunicador insiste en dar realce a su aspiración periodística, ideal artístico y sus reflexiones cultas y refinadas. Esto produce un alejamiento de la audiencia, en esta medida el discurso radiofónico no cumple con las expectativas de eficacia determinadas por la Retórica.

Si el sujeto emisor intensifica más sus ideas e intenciones a través de los medios retóricos, más se aleja del sujeto receptor y pierde el sentido de la expresión. Un discurso demasiado personalizado, sin considerar las características de la audiencia general y su nivel de contemplación, no producirá verdadero efecto comunicativo aunque usen maravillosas palabras y excelentes técnicas. Por eso, tanto la innovación del lenguaje como la búsqueda del espíritu necesitan de una estrecha preocupación por los gustos de la audiencia y las demandas del mercado, que es la condición previa para que las estrategias retóricas adoptadas generen efectos deseados y obtengan un doble triunfo tanto para la audiencia como para la realización artística del comunicador.

Los programas radiofónicos, como productos culturales de índole institucional y social, no son juegos individuales y espontáneos, sino un proceso comunicativo y artístico. Lo ideológico, lo artístico, lo popular, lo creativo y lo retórico del discurso han de combinarse armoniosamente, es decir, la producción de un programa no sólo debe buscar nuevas ideas, bellas formas, sino también pensar cómo adaptar esas ideas y formas expresivas a la capacidad de comprensión de la extensa audiencia y satisfacer sus expectativas, sin olvidar otros factores contextuales de recepción. En otras palabras, el discurso radiofónico y su expresión han de armonizarse con el objetivo y el contexto social. Si se lo pasa por alto será difícil convertirse en un habla efectiva ni en una configuración discursiva de valor.

En la corriente principal discursiva de los medios se implican los criterios fundamentales de la política, la cultura y las concepciones de valor, por lo cual, bajo la premisa de satisfacer las necesidades psicológicas y sentimentales, los medios están construyendo, promoviendo e inculcando los criterios de las principales ideologías sociales. Es decir, se atrae y gana la audiencia no mediante la mera acomodación a los gustos del público sino a través de unas maduras estrategias retóricas e innovaciones artísticas basadas en las demandas de la audiencia y en el rendimiento económico. Esta operación es justamente como un discurso exitoso ante el público en los tiempos grecolatinos, lo primero que se hace es despertar el interés del oyente, retener su atención y dominar sus expectativas psicológicas, lo que posibilitará la siguiente exposición de sus opiniones y propuestas, la realización de su intención y la consecución de la meta del discurso.

Los programas exitosos y populares, por su originalidad, siempre dejan en la audiencia una profunda impresión auditiva y un impacto fuerte tanto mental como sentimental. El sujeto de producción se esfuerza conscientemente para concentrar la atención de la audiencia en el discurso y despertar todos sus sentidos para que sienta, piense y experimente impactos en el sentimiento y en el pensamiento generando a la vez meditaciones y acciones.

En realidad, el sujeto de contemplación del discurso retórico, como el oyente, ocupa siempre una posición favorable por ser de índole anónima y masiva, y efectuará activamente sus selecciones de escucha y reflexiones, sin embargo, los programas son escuchados y criticados.

2.4. Interacción retórica entre la emisión-recepción radiofónica

Hemos expuesto y analizado en los primeros apartados las características del medio radiofónico, el sistema retórico, el contexto comunicativo y el discurso radiofónico. Sea la invención del sistema retórico, o el empleo del medio, o la comunicación del discurso, son todos ejecutados y realizados por el ser humano, que es el sujeto de la acción. Por tanto, desde este apartado vamos a tratar especialmente las características retóricas del comunicador radiofónico y la formación integral de sus competencias retóricas.

2.4.1.- Las cualidades retóricas del emisor

A medida que se desarrolla el estudio del periodismo y la comunicación, se va llamando cada vez más la atención sobre la cuestión del rol que juega el comunicador en los medios audiovisuales y los factores que producen influencia menor o mayor en la recepción del mensaje, y nos preguntamos "¿quién será el mejor comunicador?" En realidad, ésta ya era una vieja pregunta, porque no sólo se hizo casi hace más de 25 siglos -¿quién será el mejor orador?- sino que también se encontró en algún grado la respuesta consiguiendo por lo menos describir "¿cómo será el mejor orador?", hasta proponer un plan completo de formación del orador perfecto.

La Retórica tiene como fin ético la felicidad del hombre, que corresponde con el anhelo humano por excelencia. Aproximarse a esta materia en las actividades profesionales de la comunicación puede ser un factor importantísimo para la formación integral del orador y su gusto estético.

Si analizamos las coincidencias que hay entre el orador de la *Retórica* de Aristóteles y el periodista radiofónico de nuestra era, podemos darnos cuenta de que no es ningún despropósito la pretensión de considerar a esa obra maestra como un manual de estilo para los periodistas, con la misma vocación de servir a la verdad.

En el capítulo IX Aristóteles observan las bases a partir de las cuales un orador es más persuasivo desde su propia personalidad, de manera que pueda ganarse la confianza de la gente sobre su propia excelencia y sobre la de otro. También afirma que la excelencia de personalidad -cuyos componentes son la justicia, la valentía, la moderación, la magnificencia, la magnanimidad, la liberalidad, la afabilidad, la sensatez y la sabiduría- es la nobleza que además de ser buena es digna de elogio, y resulta placentero, considerándola como una capacidad de generar bienes y de conservarlos y una capacidad creadora de múltiples y grandes beneficios de toda clase y referidos a todo (*Retórica*: 1366b). Esta excelencia es una de las cualidades que desea conferir al orador.

También hay muchos escritos sobre las similares cualidades que deben tener los periodistas, aunque sea una profesión que ha ido cayendo en el descrédito. El oficio del periodista se basa en la misma excelencia elogiada por el gran filósofo, a la vez se caracteriza por la responsabilidad, la sinceridad, la rapidez, la curiosidad y la capacidad de observar lo que es importante en medio de la actualidad y lo que a su vez puede ser de interés para el oyente. A los periodistas siempre les respetan por su seriedad, su sinceridad y su profundidad de pensamiento en la narración y el comentario de los hechos.

Por ejemplo, en los programas informativos de opinión, a nuestro juicio, el valor fundamental estará en el papel del comentarista o tertuliano, cuyas cualidades y competencias deberán reflejar un alto nivel en su ámbito. Un buen comentarista percibe las noticias con perspicacia, las entiende e interpreta con precisión y a la vez crea elementos añadidos al valor periodístico. Es decir, no sólo sabe informar y comentar las noticias, explotar la verdad de los hechos, sino que también puede orientar al oyente con sus nuevas perspectivas y puntos de vista ofreciéndole nuevas formas de pensar y modelos de interpretar. El efecto comunicativo dependerá directamente del prestigio y autoridad del comunicador, por lo que se produce la fuerza para influir sobre los demás. Este llamado prestigio y autoridad comprende dos aspectos, uno es su dominio del conocimiento, el otro es su nivel moral, o su personalidad; el primero sólo demuestra su capacidad de memorización y reproducción de los conocimientos estudiados, porque el disponer de conocimientos abundantes no significa necesariamente el disponer de pensamiento profundo y personalidad noble. Desde lo abundante del conocimiento hasta lo profundo del pensamiento existe un proceso de acumulación de experiencias y competencias retóricas.

Las competencias retóricas se basan en los conocimientos generales: la sensibilidad, la compasión, la capacidad de apreciación, la experiencia social y un espíritu plenamente desarrollado, donde florecen todas las virtudes que se exigen para ser un auténtico comunicador, un orador moderno: "Sin la filosofía, nadie puede hablar con amplitud y abundancia sobre temas de envergadura y variedad" (Cicerón, *Orator*: 14).

En el caso del medio radiofónico la exigencia es todavía mayor porque se trabaja solamente con el sonido, con la inmediatez de la noticia y en este caso es fundamental la capacidad de improvisación además del dominio técnico, que se considera como la principal virtud del comunicador radiofónico. Las innovaciones en el medio digital y la creación de programas de edición nos muestran a periodistas radiofónicos que a la vez son redactores, productores, locutores y realizadores de la noticia, así como de la elaboración de un programa de entretenimiento. Se exige que sea pulido y elegante tanto en pensar como en hablar, mostrando naturalmente la fuerza de su pensamiento y la riqueza de su vocabulario. El comunicador radiofónico sobresale por su propio estilo de hablar, con o sin adornos, con sencillez o abundancia pero siempre con fuerza.

Si bien es muy habitual la reflexión sobre los límites éticos de los medios de comunicación, lo cierto es que apenas se repara en la función social del orador, en términos retóricos. Al hablar del "*ethos*" del orador, que juega un papel tan básico como factor persuasivo en la retórica aristotélica, conviene distinguir los conceptos de prestigio y autoridad, cualidades que a veces se confunden. Según González Bedoya, "el prestigio es una cualidad del *ethos* del orador, capaz de inducir a los oyentes a la adhesión. *El ejemplo de los Grandes es tan buen Retórico que persuade hasta a las cosas más infames*. Por el contrario, la mala fama puede hacer que una persona pierda credibilidad en todo lo que dice". (González Bedoya: 1990, 56)

La credibilidad es el principal activo de los medios de comunicación y va ligada a su prestigio ante las diferentes audiencias. La "personalización" que se adquiere en el medio radiofónico es muy grande, dado que es una voz la que transmite la reflexión o la información frente al medio impreso y al medio televisivo. En este sentido desempeñan un papel importantísimo no sólo la credibilidad sino también el prestigio del emisor, del locutor radiofónico. Hay cualidades intrínsecas como las del propio discurso que dice, pero también y frente al receptor son fundamentales las características de la propia voz, ya que es el único vínculo que puede establecerse entre ambos.

Desde la retórica aristotélica, hay tres especies de recursos retóricos para ser utilizadas en la comunicación retórica, que siempre se hace con cierta finalidad. Estos son: el *ethos*, es decir, el comportamiento del que habla; el *pathos*, se refiere al estado de ánimo del oyente por el discurso; y el *logos*, el propio discurso. Sobre el *ethos*, es el primero que comenta Aristóteles, lo que implica su mayor importancia:

> Cuando el discurso se pronuncia de forma que hace al que habla digno de crédito, pues damos más crédito y tardamos menos en hacerlo a las personas moderadas, en cualquier tema y en general, pero de manera especial nos resultan totalmente convincentes en asuntos en que no hay exactitud sino duda. Eso también debe ser efecto del discurso y no de que se tengan ideas preconcebidas sobre la calidad humana del que habla. Y es que no hay que considerar, como hacen algunos de los tratadistas de la disciplina, la moderación del hablante como algo que en nada afecta a la capacidad de convencer, sino que su comportamiento posee un poder de convicción que es, por así decirlo, casi el más eficaz (*Retórica*: 1356a).

Esta conclusión manifiesta claramente que el *ethos,* o lo que llamamos la personalidad retórica del orador es el factor decisivo para una exitosa persuasión. Esto es así porque si el orador puede proyectar, ante el oyente, una imagen honrada, sincera, digna de respeto y confianza, influirá con mayor facilidad en las acciones del oyente; en cambio, si el orador no consigue reconocimiento ni admiración por parte del oyente, su exposición de los "hechos" causará dudas y disputas, lo que le haría perder su eficacia persuasiva. Cicerón y Quintiliano también coinciden con Aristóteles y creen que una persona debe ser primero buena gente, con cualidades excelentes y luego será posiblemente un orador auténtico a través de una serie de instrucciones y técnicas.

Esta personalidad retórica actúa subrayando lo que se dice con elementos que van desde la gravedad de la voz, la capacidad para sostenerla sin vacilaciones y hasta la propia respiración que puede dar la impresión de seguridad o de ansiedad. Aunque son elementos muy importantes y característicos de una comunicación como la radiofónica, la reflexión sobre el *ethos* va más allá y tiene que ver con toda la estructura social, de modo que la profesión del orador también es decisiva en la configuración de su *ethos.* (González Bedoya: 1990, 55)

Además, debe tenerse en cuenta la propia competencia profesional. En el caso del medio radiofónico, que requiere unas exigencias muy concretas, diferentes a las provistas por otros medios de comunicación, porque se trabaja solamente con el sonido, con la inmediatez de la noticia. Las innovaciones en el medio digital y en la creación de programas exigen a los profesionales que sean polivalentes, con una alta adaptabilidad al ambiente de trabajo. Para el moderno periodismo radiofónico las funciones del periodista, redactor, realizador, locutor y presentador ya no están separadas, como las del compositor y el director de orquesta, donde uno crea las notas musicales y el otro las interpreta, en nuestro tiempo la radio exige muchas veces que ambas las asuma una misma persona, quien entrevista, redacta, presenta y comenta, tratando de hallar el modo adecuado de emitir el mensaje con el fin de conseguir la expresión deseada y la mayor eficacia comunicativa, lo que implica una capacidad de nivel superior del dominio de la palabra. Además del dominio técnico, se exige que sea pulido y elegante tanto en pensar como en hablar, mostrando naturalmente la fuerza de su pensamiento y la riqueza de su vocabulario. El comunicador radiofónico sobresale por su propio estilo de hablar, con o sin adornos, con sencillez o abundancia pero siempre con fuerza.

Frecuentemente se dice que algo sólo puede percibirse y no se puede expresar en palabras. Sin embargo, desde el punto de vista de la Retórica, todo lo que pueda ser percibido podrá ser expresado verbalmente, sobre todo en el mundo de la radio se debe disminuir hasta eliminar a toda cosa el terreno al que no llegue la palabra.

Un periodista radiofónico ha de saber escuchar, qué preguntar y cómo hacerlo, y cuál es la forma más adecuada y el momento más oportuno, y debe ser capaz de adaptarse a las limitaciones temporales y espaciales del medio. Además, debe conocer bien las características de la audiencia de *target* para su programa, su gusto, su preferencia psicológica, su nivel socio-cultural, etc., por ejemplo, para hacer una entrevista en el estudio de locución, o por teléfono, debe tener un buen conocimiento de la personalidad del entrevistado, las razones de sus actos, las motivaciones de su comportamiento y actitudes.

En un contexto productivo como el que encuadra la narración radiofónica, cuyos contenidos siempre están temporal o espacialmente limitados, el periodista radiofónico ha de saber explicar a su audiencia lo más importante de un suceso en el tiempo y espacio que predetermine la estructura productiva del medio. Ésa es una de las pruebas de validación de la competencia profesional en el periodismo radiofónico y en cualquier otro ámbito periodístico.

El medio radiofónico tan inmediato requiere altas dosis de creatividad e iniciativa, siempre teniendo en cuenta que el oyente debe adaptarse a patrones fijos para no desorientarse en un canal como el procurado en este tipo de comunicación. Si bien los tiempos son fijos y marcados por la aparición de ráfagas o de recordatorios para el oyente y si bien en los programas de la naturaleza que sean la estructura siempre es la misma, es necesario no obstante variar dentro de la semejanza, renovar “los contenidos” -en términos periodísticos- de manera que el oyente se sienta siempre atraído, a la vez que seguro, oyendo la radio.

No sólo se trata de renovar esos contenidos sino también dentro de las limitaciones impuestas procurar una verdadera renovación en las formas, proponiendo nuevas ideas. En este sentido la publicidad radiofónica es un ejemplo, se ha avanzado mucho demostrando que es posible crear nuevas sensaciones, algo muy apreciado por el oyente que lo puede llegar a ser durante muchas horas en un día. Es ésta una necesidad que se apunta como una constante y un requerimiento del propio oficio, tratando de innovar e investigar, buscando alternativas haciendo compatible el interés de los contenidos con las formas en que éstos se presentan (Balsebre: 1998, 64).

Junto a esta necesidad que recubre el espacio radiofónico, es también fundamental la capacidad de improvisación, nivel superior de la comunicación oral. El comunicador debe conocer perfectamente las peculiaridades del medio y ser capaz de aprovechar eficientemente la voz y la palabra, así como encontrar la forma más adecuada de hablar para cada contexto comunicativo. Balsebre pone el acento en la improvisación verbal, la que considera un factor determinante de la competencia lingüística del "locutor". El trabajo periodístico en la radio va mucho más allá de la simple lectura de noticias y exigie una figura profesional más completa, lo que supone un buen nivel de formación integral en todos los ámbitos de producción, redacción y locución (Balsebre: 1998, 64)

El comunicador radiofónico debe ser un verdadero artista, que sepa cómo capacitar un medio para que emplee o libere la energía de otro mezclando ingeniosamente todos los elementos comunicativos de diferentes medios, así como Chopin adaptó exitosamente el pianoforte al estilo del baile clásico, y Chaplin combinó fantásticamente el ballet y el cine (McLuhan: 1996, 74). En el campo de la comunicación radiofónica, la forma más sencilla es la técnica empleada por los profesionales en mezclar el lenguaje coloquial con otros elementos sonoros del medio, como la música y los efectos sonoros.

Los profesionales deben estar capacitados para entender el lenguaje radiofónico con el objetivo de poder aprovechar plenamente todos los medios expresivos que brindan la radio y sus factores representativos que resulten esenciales para la creación. Este tipo de comunicación ofrece una invitación a los oyentes para formar parte de un grupo sin conocerse y construir un mundo de reconocimiento e identificación.

El comunicador debe ser capaz de trabajar con todos los elementos de este lenguaje radiofónico –música, efectos sonoros, locución y presentación, silencio– y saber aprovechar los recursos técnicos del medio y hacer un uso eficaz de las figuras del montaje radiofónico, cuanto mejor conozca la dimensión técnica del medio, mejor sabrá pedirle al equipo de producción el efecto que desea y así logrará una mejor creación. Esta demanda de los conocimientos básicos sobre el aspecto tecnológico de la radio es imprescindible para que el comunicador esté atento a las posibilidades y las limitaciones del estudio de sonido con el que va a grabar y transmitir.

El caso de Orson Welles nos brinda el ejemplo paradigmático de lo que significa un dominio perfecto del medio tanto lingüístico-artístico como tecnológico, nos mostró la más creativa utilización de las posibilidades del medio y el más enriquecedor desarrollo del relato de una historia mediante el montaje, el sonido y los diálogos, como variantes expresivas, sorprendiendo e impactando a sus oyentes que llegaron a creer que lo que se les estaba contando era real. De esto se deduce otra competencia que ha de albergar un comunicador radiofónico, sea redactor, locutor o presentador: pensar en sonidos y crear imágenes sonoras del mismo modo que el guionista y el director de televisión y cine deben pensar y crear imágenes visuales. El estudio de las tendencias musicales, las del arte dramático y cinematográfico y de los avances tecnológicos en el control del sonido son favorables y necesarios para emplear elocuentemente la palabra y la voz, la música, los efectos sonoros y los silencios y optimizar al máximo el efecto de la comunicación y de la persuasión sonoras.

Según Cicerón (*Orator*: 113, 118), el orador perfecto no sólo tiene la cualidad que le es propia, sino que también debe aprender de otras ciencias, tales como la dialéctica, la filosofía. Además, el mismo autor enfatiza que el orador elocuente debe poner en práctica la sabia habilidad de adaptarse a las circunstancias y a las personas y será elocuente aquel que pueda acomodar su discurso a lo que es conveniente en cada caso, decir cada cosa como hay que decirla según pidan la naturaleza de la causa y las circunstancias del momento. (*Orator*: 123, 125)

2.4.2.- El modelo retórico de la audiencia radiofónica

En toda su filosofía de la retórica, Aristóteles enfatiza repetidamente: "es el oyente el que determina el fin del discurso y el tema". En todo caso, el orador debe adaptar su discurso, su dicción a su audiencia. La atención al oyente será el factor fundamental en la comunicación y decidirá el triunfo o el fracaso del orador.

Entonces, en la comunicación radiofónica, ¿quién está del otro lado de la comunicación? ¿Cómo es este sujeto receptor del mensaje que se emite por la radio? El discurso debe adecuarse al nivel cultural auditorio, y "esta consideración pragmática de las circunstancias del discurso y de los elementos y factores de la situación comunicativa es un buen motivo para asignar a los estudios perelmanianos un puesto relevante en las teorías contemporáneas de análisis del discurso". (Mortara: 1991, 59).

En este apartado analizamos, en el marco más amplio de la comunicación retórica, la naturaleza pragmática de la audiencia radiofónica, uno de los componentes fundamentales del hecho retórico de la comunicación radiofónica. Al orador se le exige, aparte de la posesión del conocimiento del funcionamiento de los mecanismos lingüísticos, la competencia de identificar los intereses de los oyentes con el fin de lograr su persuasión o convicción.

En términos generales, la audiencia se refiere al conjunto de la población potencial o efectiva de recibir los mensajes de los medios de comunicación, y el auditorio se refiere al público efectivo que sigue la emisión de un programa radiofónico o televisivo en un momento concreto, en el caso de la radio, se denomina el radioyente o radioescucha, o simplemente el oyente. La audiencia es un elemento fundamental que interviene en el proceso de comunicación de la radio, algo que tuvo muy en cuenta la Retórica desde su propio origen. Así Aristóteles en su tratado incluía una reflexión sobre cómo han de ser jóvenes, adultos y ancianos de manera que el orador pudiera orientar su discurso y utilizar argumentos aptos para cada edad. Arnheim se pregunta, o nos preguntará, qué habría sucedido si los griegos de la Atenas clásica hubiesen podido disponer de este invento, donde uno habla sin poder oír y donde todos los demás oyen sin poder hablar. (1980, 160)

Él cree que el radioescucha tiene un carácter pasivo. En este proceso comunicativo sometido a ciertas condiciones técnicas, el oyente puede escuchar, pero no responder mientras que el comunicador, ante el micrófono, no puede ver las reacciones de los oyentes, lo que conduce a un alto grado de pasividad. Por nuestra parte creemos que el sujeto receptor, o sea el oyente, no es un objeto pasivo y manipulado por los medios sino activo y preocupado de su relación con los medios. Todo el proceso de comunicación tiene como objetivo llegar al destinatario, atraerlo y lograr su reconocimiento. En la escucha, el oyente puede escoger su papel, o como juez o como espectador, de acuerdo del contenido o la forma del programa o según su estado anímico del momento. Por tanto, la audiencia se convierte en el centro para la producción de un programa, y decide luego si mantiene o retira el programa de la parilla de programación.

Umberto Eco hizo una clasificación entre el lector modelo y lector empírico, y aconsejó que el autor debería poder prever un Lector Modelo capaz de cooperar en la actualización textual de la manera prevista por él y de moverse interpretativamente, igual que él se ha movido en la etapa generativa (U. Eco: 1987, 80). El lector empírico se ubica en el plano del consumo y es objeto de estudio de la sociología. En cambio, del lector modelo se ocupa la semiótica, dado que no se trata tan sólo de una presuposición del autor, sino que él, sus competencias y sus circunstancias se encuentran inscritos en el propio texto. En definitiva, mientras éste forma parte del discurso, el lector empírico es el que efectivamente consume el discurso.

¿Quién estará en el otro lado de la comunicación mientras el comunicador presenta ante el micrófono? O ¿a quién quiere invitar a escuchar o conversar? El comunicador debe poder prever un oyente ideal y capaz de colaborar en la actualización discursiva de la manera presupuesta por él. Se trata de una presuposición de quiénes lo escuchan o a quiénes quiere que le escuchen, su apariencia, sus competencias y sus circunstancias, aunque sea borroso ese dibujo mental, se trata de una imagen diseñada según los deseos, intereses o las propias proyecciones del comunicador y orienta su producción. Este perfil del oyente ideal es una noción subjetiva que puede coincidir o no con el de los "oyentes reales".

Debido a las características del medio que emite el discurso, aparentemente el receptor está condenado a recibir pasivamente el mensaje sin poder dialogar con el emisor. Sin embargo, el texto se crea adecuando su contenido y forma al perfil de un grupo de receptores posibles que se interesan por la escucha, al que podemos denominar receptor ideal, a esta figura mental le corresponde al otro lado de la comunicación el emisor ideal, que es la imagen que tiene el receptor real de quien está en el origen del mensaje. Cada receptor real entiende e interpreta el mensaje en forma personal, muchas veces busca identificarse con el emisor ideal. Por eso decimos que en la comunicación radiofónica existe en realidad un diálogo activo y constante entre el emisor ideal y el receptor ideal, éste participa psicológicamente cuando escucha el programa, aunque a veces lo haga inconscientemente, por ejemplo se siente animado o desanimado por el contenido del discurso, o se acuerda de un momento especial o una persona querida del pasado por una pieza de música. Cuando escucha conscientemente un programa, es decir, con mucha atención al contenido y ánimo de participar a través de llamadas telefónicas, cartas o mensajes en el foro de *chat* colgado en Internet, el comunicador conseguirá acercarse más al oyente y lograr mejores efectos comunicativos.

El motivo por el que escuchamos la radio parte sin duda del deseo o la necesidad de información, entretenimiento y conocimiento. El discurso radiofónico debe seguir un esquema sencillo, fácil de entender y ser agradable de escuchar. Para la potenciación de su efecto debemos aprovechar todas las posibilidades del medio. Quienes reciben la comunicación la estructuran en términos de sus propias experiencias. En sentido más directo: toda comunicación trae aparejado un proceso creativo-interpretativo.

Resulta claro que la palabra que apela únicamente a lo racional tiene menor capacidad movilizadora que aquella que también pone en juego las emociones, sin embargo dada la peculiar naturaleza de la comunicación radiofónica el discurso no va desligado de las emociones que causa en el receptor. Como ya hemos visto en términos de comunicación existen cuatro géneros, los informativos, persuasivos, formativos y de entretenimiento. Los informativos se limitan a la transmisión del mensaje. Los contenidos persuasivos, por su parte, pretenden cierto grado de convencimiento sobre los sujetos receptores y hasta una cierta modificación en sus opiniones y actitudes. Los formativos, o también culturales, se orientan al enriquecimiento intelectual y artístico del oyente, y por último los contenidos diversivos buscan el entretenimiento y la diversión.

En principio el oyente identifica cada uno de ellos como entidades aisladas. Las cadenas distinguen en su programación lo que corresponde a cada uno y sin embargo cada uno incorpora rasgos de los otros. Así un informativo puede incorporar el entretenimiento a través de la elección de músicas para resaltar una noticia y un programa formativo o divulgativo puede incorporar noticias de actualidad. Los géneros radiofónicos no existen de forma "químicamente pura" sino que se entremezclan en el mensaje (Haye, 1975: 64). Los géneros sin embargo permanecen nítidamente en la programación, se convierten en verdaderos géneros comunicativos que requieren además un intercambio entre el comunicador "saber producir" y el oyente "saber oír". Al mismo tiempo, cada género desarrolla sus propias normas, llegando a constituir verdaderos códigos comunicativos entre el emisor y el receptor.

Los géneros se adaptan a las más variadas audiencias que son las que al fin y al cabo en el caso de las cadenas comerciales generan un mercado para la publicidad. De esta forma se produce una adecuación entre el perfil de la cadena y el público para el que se dirige. En la medida en la que se especialice o en la medida en la que ambicione un público amplio habrá logrado su objetivo.

Tal y como plantea Martínez Arnaldos, "la comunicación de masas implica un auditorio grande, heterogéneo y anónimo". (1990, 168)

Es muy interesante la división entre un auditorio "inmediato" y un auditorio "mediato" propuesta por Tomás Albaladejo ya que permite distinguir en una comunicación como es la radiofónica dos posibilidades de presencia y de ausencia y por lo tanto de ajuste del comunicador a lo que transmite a través de las ondas. La comunicación en presencia del público puede permitir que el locutor afine su mensaje, algo muy necesario para quien dirige en realidad su discurso a una suerte de vacío. Una de las primeras enseñanzas que recibe un comunicador radiofónico es la de imaginar a un posible receptor, de manera que su discurso gane en espontaneidad y en cercanía. Tengamos en cuenta que la transmisión multiplica el número de oyentes, y aun dirigiéndose a un auditorio inmediato, al mismo tiempo lo hace a otro en la distancia, el cual es mucho más numeroso y menos conocido para el orador. Para Albaladejo, el orador "ha de tener presente en su comunicación discursiva el auditorio inmediato y el auditorio mediato, ha de hablar para los oyentes que ve y también para los oyentes que no ve porque reciben su discurso por medio de una tecnología interpuesta que permite superar la fragmentación espacial (y temporal en el caso de transmisiones diferidas o de grabaciones) del contexto de la comunicación retórica". (2001, 14)

Siguiendo su razonamiento, es cierto que fijar el auditorio es tarea fundamental de la Retórica clásica por cuanto atiende a la eficacia del discurso sobre alguien. Los *mass media* implican fijar de nuevo esa audiencia que lo es también, como dijimos antes, en términos de negocio y de publicidad. Sólo si el discurso es el adecuado los oyentes elegirán esa cadena y por lo tanto harán aumentar las posibilidades de negocio.

La ausencia física en los medios de comunicación audiovisuales implica que el emisor-orador deba integrarlos en su propio discurso, presuponiendo sus gustos y atendiendo siempre a los gustos expresados por los oyentes a través de llamadas telefónicas, mensajes a móvil o cualquier otro medio que permita configurar el público al que la cadena se dirige o que elige precisamente esa cadena. Esta necesidad de fijar el auditorio conlleva un esfuerzo añadido en el discurso y en la comunicación por cuanto el comunicador debe representarse en todo momento la parte ausente del auditorio. Perelman y Olbrechts-Tyteca han escrito: "nos parece preferible definir el auditorio, desde el punto de vista retórico, como el conjunto de aquellos en quienes el orador quiere influir con su argumentación. Cada orador piensa, de forma más o menos consciente, en aquellos a los que intenta persuadir y que constituyen el auditorio al que se dirigen sus discursos". (Perelman, C. y Olbrechts-Tyteca: 1989, 55)

A pesar de que la irrupción de los medios de comunicación de masas basados en poderosos avances tecnológicos nos haga pensar en fenómenos y en retos nuevos, lo cierto es que esta comunicación en ausencia es tan antigua como la escritura, por ejemplo, y que el esfuerzo y la necesidad por integrar al auditorio en el propio discurso es un fenómeno al que atendió la Retórica clásica. Un concepto como la *poliacroasis* (la multiplicidad de la audición) establecido por el profesor Tomás Albaladejo integra también sin dificultad las peculiaridades de la comunicación en ausencia propia de los medios de comunicación de masas. La *poliacroasis* se amplía en la medida en que se amplía la potencialidad del número de receptores e intensifica la necesidad de integrar a esos oyentes en el propio discurso. "Y esta mayor *poliacroasis* incrementa, a su vez, la necesidad de que los oradores tomen en consideración las distintas posibilidades de interpretación del discurso retórico cuya difusión se ha visto facilitada y potenciada por la tecnología". (Albaladejo: 2001, 15)

En la radio, los oyentes son jueces y pueden decidir escuchar o no el programa. Se trata de una de las formas que adopta la *poliacroasis,* la que distingue entre los oyentes que pueden tomar decisiones ante los discursos retóricos y los que no están facultados para ello.

No se puede obligar o imponer para que se decide, sino que invita con sinceridad a escuchar sus programas y espera de forma compresiva y paciente que tome una decisión. Según los datos sobre estudio de la audiencia de radio en España, que nos ofrece los libros verdes elaborados por ARCE Media Universal McCann (2005, 14), durante los últimos años ha crecido la audiencia de radio habiendo conseguido su mayor audiencia en la primera ola de 2004 con 21.986.000 oyentes.

Este incremento se debe en gran medida a las cadenas temáticas y a que la audiencia de las cadenas generalistas se ha mantenido bastante estable. Según el lugar de escucha, la audiencia en el hogar se ha mantenido y ha crecido en el coche y en el trabajo. En casa se escuchan preferentemente las cadenas generalistas, en el coche y en el trabajo se prefiere escuchar las cadenas temáticas. Una característica destacada del medio radiofónico es la posibilidad de poder realizar otras actividades al mismo tiempo que se escucha la radio: conducir, trabajar, aseo personal, tareas domésticas, etc., y esto unido a la portabilidad de los receptores proporciona a la radio un potencial que todavía está por explotar. Las cadenas generalistas lideran la audiencia desde las seis de la mañana a las once. A partir de esta hora y hasta las diez de la noche acumulan más audiencia las temáticas. Finalmente, y a partir de esta hora vuelven a ser líderes las cadenas generalistas.

La audiencia de la radio es ligeramente masculina aunque lo es en mayor medida la radio generalista. Respecto a la edad, los mayores niveles de audiencia se dan entre personas maduras, aunque las temáticas sean juveniles. Además, el público que prefiere la radio es de status medio-alto y de estudios de mayor nivel. En general las cadenas tienen un buen nivel de segmentación, lo que permite a los planificadores localizar a su target a unas horas y en unas cadenas. La radio es un medio de gran audiencia. En el año 2004 cada día la escuchaba el 56,8% de la población de más de catorce años. Por cada persona se ha escuchado de promedio al día 115 minutos, es decir, casi dos horas. Los datos recogidos por Balsebre en 1998 arrojan que los veinte millones de españoles mayores de catorce años la escuchaban habitualmente, y lo hacían durante una media de noventa minutos diarios, repartidos entre anuncios publicitarios, noticias, música, consejos, análisis, confesiones y revelaciones, "que hacen presentes en nuestra imaginación los rostros de muchos sujetos hablantes y las formas visuales de múltiples paisajes". (Balsebre: 1998, 14)

Frente al impacto de la televisión, debe tenerse en cuenta esta presencia permanente de la radio, en la vida diaria, conformando un público muy extenso y variado que recibe los programas informativos o de entretenimiento incluso con una mayor intensidad que los que puede transmitir la televisión o la prensa. La extensión de la radio y de su audiencia se debe, como hemos visto, a la propia circunstancia de su emisión, mucho más inmediata que la de los otros medios de comunicación y que viene favorecida por el soporte, el receptor radiofónico y por las condiciones de escucha, prácticamente todas, ya que para ello no es necesario sentarse delante y permanecer atento en todo momento.

2.4.3.- La interactividad entre emisor y receptor de la radio

A través de los resultados estudiados sobre la cantidad y la composición de los oyentes de una emisora en un momento, se ha tenido en cuenta que la radio no se puede contemplar ya básicamente como fenómeno de masas, sino de grupo formado por personas aisladas entre sí, las cuales perciben el mensaje individualmente, aunque de modo simultáneo.

Este tipo de comunicación es la más semejante a la comunicación interpersonal. Los intercambios técnicos del medio entre el emisor y el receptor apenas desvirtúan la forma de presentación de los mensajes: la palabra llega tal como la percibiría si el que habla se hallase en el lugar del aparato receptor. Por eso se dice que la radio es un medio caliente, el más íntimo de todos los medios de comunicación. Esa calidez no es unilateral, sino compartida. Los profesionales radiofónicos que han trabajado también en la televisión saben que en aquel medio se siente más cercana la presencia de los oyentes. No es ajena a esta proximidad la importante función de compañía que desempeña. Por una parte, como medio para paliar la soledad en un mundo tenso y propenso a la incomunicación personal. Por otra, por la necesidad de identificación del ser humano. El receptor de cualquier medio colectivo tiene el deseo de contactar con alguien que comparte sus ideas y sentimientos y encontrar compañía contra la soledad. Este deseo de compartir encuentra su más inmediata satisfacción a través de un medio como la radio. La proximidad es favorecida, asimismo, por la cercanía de los contenidos. Las emisoras locales se unen más estrechamente con sus oyentes, pues sus mensajes les atañen más.

El término *feed-back* procede de la cibernética, pasó a ser utilizado en psicología y hoy se usa universalmente en materia de comunicación social. Los psicólogos aplican esa expresión a la percepción social o mecanismo de retrotransmisión en el proceso de comunicación interhumana. Es también una nueva forma de observar la comunicación. Ésta no debería responder a un modelo telegráfico sino en un modelo orquestal en el que el receptor influye sobre el emisor y viceversa. (Winkin: 1994, 16)

Los medios de comunicación son un buen ejemplo de *feed-back*, influyen en la opinión pública pero también se dejan influir por ella. Pueden provocar por ejemplo la alarma social, pero a la vez tienen que refrenarla. Esa idea de la comunicación como una orquesta está también en la Retórica clásica, el orador influye en el público de la misma manera que la reacción del público puede hacer variar su discurso. De ahí que para la Retórica sea tan importante la improvisación.

A la mayoría de la audiencia le interesa estar bien informada. Es importante conocer y escuchar sus preferencias, pero siempre hay que tener en cuenta que son las propias radios las que diseñan las programaciones y no es aceptable en ningún caso que se limiten a aplicar las numerosas sugerencias que les llegan desde los distintos sectores. Los informativos deben servir para elevar el nivel cultural de los oyentes, además de mantenerlos informados. (Soengas, 2003: 211)

La radio, con un estilo de alta calidad para persuadir a los oyentes a escuchar, pensar y decidir, constituye un espacio ideal para ellos, donde sus inquietudes serán atendidas, sus ilusiones serán realizadas.

El deber de los medios y de los comunicadores es enriquecer la información que se brinda a los públicos, ayudarlos a desarrollar sus propias capacidades y habilidades para usar la información y, principalmente, impulsar su capacidad argumentativa para formarse una opinión propia y sustentada y, de este modo, generar corrientes de opinión dominantes y promover acciones transformadoras.

Esta reflexión e investigación pretende mostrar nuevas formas y alternativas en que los medios de comunicación puedan potenciar su funcionamiento y apoyar la participación real y activa del público. El fin de la Retórica en este caso era el de adaptar los argumentos a cada sector de la población como ahora hace también el *marketing*, por ejemplo. En síntesis, a los jóvenes les convienen los argumentos "de futuro" porque les queda todo el tiempo por delante:

> No tienen mal natural, sino bueno, porque aún no han conocido muchas perversidades. Son confiados porque aún no les han engañado muchas veces, y esperanzados, porque tienen un calor natural, semejante al que sienten los borrachos, además de porque aún no han fracasado muchas veces. La mayor parte de su vida está llena de esperanza, porque la esperanza se refiere al porvenir, y el recuerdo, al pasado, y para los jóvenes el futuro es largo, y el pasado, corto; en el primer día, por así decirlo, no se puede recordar nada y sí esperarlo todo. (Aristóteles, *Retórica*: 1389a-1389b)

Mientras que a los ancianos les convienen los argumentos que hagan referencia al pasado, y sobre todo en los que se insista en la seguridad y en el miedo ante el porvenir:

> Y viven más de recuerdos que de esperanzas, pues lo que les queda de vida es poco y lo ya vivido, mucho, y la esperanza se refiere al porvenir, y el recuerdo, al pasado, lo cual es motivo de su charlatanería, ya que están continuamente hablando de lo que les ocurrió, pues disfrutan al recordarlo. (Aristóteles, *Retórica*: 1390a)

Este tratado de las edades fue muy importante para la literatura porque a través de las descripciones de Aristóteles se podían construir personajes literarios, como el joven caballero o el anciano avaro, por ejemplo. Pero el fin no era éste sino ayudar al orador a encontrar los argumentos para persuadir a públicos de diferentes edades. También hay que tener en cuenta el fin doble de la Retórica, Aristóteles explica al final de este tratado que conocer las inclinaciones del público según su edad es una buena forma de saber qué nos puede convencer a nosotros mismos, de manera que podamos defendernos de la manipulación:

> Tales son, pues, los modos de ser de jóvenes y viejos. En consecuencia, como todos aceptamos los discursos acordes con nuestro modo de ser y semejantes a nosotros, no es difícil saber cómo debemos usar los discursos para producir una determinada impresión de ellos y de nosotros mismos. (Aristóteles, *Retórica*: 1390ª)

Lo más interesante de la Retórica en este punto es que desde el principio buscó no sólo al orador sino la forma de adaptarse al público que tiene delante porque intenta influir en él de alguna forma. Desde el punto de vista informativo la tarea del periodista pasa por intuir qué será importante o noticiable para su audiencia. Desde el punto de vista del entretenimiento deberá saber cuál es su audiencia. El comunicador radiofónico no habla al vacío, sino que como el antiguo orador debe saber qué conviene a qué tipos de audiencia. En la comunicación radiofónica, el oyente y el presentador o el locutor son objetos comunicativos muy activos el uno para el otro.

Las relaciones entre el orador y el oyente están conectadas comunicativamente por el discurso y su eficacia retórica depende fundamentalmente de una recepción perfecta que implica la comprensión plena de las expresiones del orador con el fin de llegar a la comunicación y la persuasión. Por lo cual, se necesita tener en cuenta un concepto como el de la *poliacroasis* o audición múltiple por la que el orador se encuentra con importantes diferencias entre los oyentes de su discurso.

Las estrategias de acercamiento a la audiencia se desarrollan principalmente investigando y estudiando sus intereses que son base de todo acto comunicativo. En el caso de la radio, el periodista ha de conocer bien el perfil de la misma y valorar profesionalmente su existencia en la medida adecuada. Un buen conocimiento de la naturaleza de la audiencia, factor fundamental del contexto comunicativo de su discurso, refleja su nivel de profesionalidad.

Por ejemplo, en una entrevista, el doble espacio comunicativo que se establece entre entrevistador y entrevistado, pero también entre ambos y el oyente, implica una mayor complejidad de la estructura comunicativa. Por tanto, el entrevistado, que participa directamente en el programa, también ha de hablar con claridad y fuerza para que su voz sea escuchada y sus palabras, inteligibles.

Aunque se trate de una comunicación en ausencia y teniendo en cuenta que el auditorio puede configurarse como un público mediato, lo cierto es que se produce una doble vía de comprensión en el sentido de que el oyente está también capacitado para descodificar la comunicación. Podemos decir que de la misma manera que el comunicador radiofónico se dirige a una audiencia que desconoce, ésta también está acostumbrada a oír la radio y posee su competencia -no profesional necesariamente- de receptor de medios de comunicación, en este caso el radiofónico, de manera que la interactividad ejercida y la comprensión del medio queda facilitada. Se establece por tanto una interactividad, y hasta una complicidad, con el oyente familiarizado con este lenguaje.

En el estudio sobre las audiencias posibles para una cadena de radio se ha observado esta peculiaridad, la capacitación no profesional del oyente para la comunicación radiofónica que le permite habituarse al propio medio. La radio favorece la capacidad de descodificación del mensaje en términos casi profesionales y colabora a restablecer el déficit de capacidad auditiva frente a la capacidad visual estimulada permanentemente. Esta actividad auditiva necesita de un aprendizaje que ayude al oyente a discriminar mejor entre distintas fuentes sonoras y mejorar su umbral de sensibilidad auditiva. La psicología de la comunicación y la estética acústica promueven en este sentido una pedagogía de la escucha que "intenta desarrollar las facultades de concentración, atención, aprender a hacer la diferencia entre oír, que consiste en percibir por el sentido del oído, y escuchar, que es prestar la oreja de manera activa para oír mejor". (Balsebre: 1998, 66)

La capacidad de escucha está íntimamente ligada a la comprensión del mensaje. Es muy interesante la perspectiva que va más allá de la comprensión del mensaje para analizar las interferencias que el propio canal genera en el oído del receptor. Esta capacidad está estrechamente relacionada con la inteligibilidad del discurso radiofónico (Balsebre: 1998, 66) más allá de que el oyente "preste atención" en la idea de que una cosa es "prestar atención" y otra entender el contenido. Los estudios arrojan el siguiente dato significativo:

> Comprendiendo solamente un 20% de las sílabas de las palabras de un discurso, un oyente es capaz de entender globalmente el 80% del significado de ese discurso; si la mitad de las sílabas son entendidas, el nivel de comprensión global del discurso sube al 95%. El oído se acostumbra a escuchar parcialmente y a prestar poca atención a esas unidades del discurso que son las sílabas, sabiendo que no impiden comprender globalmente el discurso, en función de distintos contextos (previsibilidad, familiaridad con el tipo de habla del sujeto, etc.). El incremento de la atención en el proceso comunicativo supondrá también un aumento de la capacidad de escucha. (Balsebre: 1998, 67)

A pesar de la habilidad de los profesionales del medio radiofónico y de los avances tecnológicos que permiten una mayor pureza e inmediatez en la transmisión, la capacidad auditiva humana y, en suma, su capacidad de concentración está limitada por lo que se ha llamado la "fatiga auditiva" y en este sentido, su umbral se sitúa entre los siete y diez segundos. Superado ese punto, se deja de prestar atención a un estímulo sonoro de frecuencia e intensidad constante. Sin embargo, en el discurso hablado, el cálculo del límite temporal de la fatiga auditiva tiene que contemplar otros muchos factores, como la inteligilidad, el interés prestado al tema y el grado de implicación emotiva con el locutor o la agradabilidad de la voz.

La radio estimula esa capacidad auditiva a pesar de la fatiga por cuanto estimula de manera constante la atención del oyente. En este sentido se configura como un poderoso medio para favorecer una verdadera imaginación sonora, creando imágenes acústicas a través de la concurrencia de diferentes elementos que dependen tanto de factores psicológicos y culturales del individuo, como de su nivel de adiestramiento auditivo. En todo caso, la implicación comunicativa se incrementa con la activación de la imaginación.

La interacción entre emisor y receptor va más allá de un sistema lineal como planteábamos al principio. Se trata de una comunicación mediada tecnológicamente en la que el soporte tecnológico determina la comprensión final del discurso. En este sentido debe valorarse la competencia radiofónica no sólo del comunicador, también debe tenerse en cuenta la del propio receptor y con las limitaciones y estímulos propios de su capacidad auditiva. En términos puramente comunicativos debe integrarse la tecnología en el análisis del discurso y de la comunicación. La voz que escucha el radioyente a través del aparato receptor no es exactamente la misma que emite ante el micrófono, ya que ésta sufre un proceso de transformación resultado del proceso tecnológico al que se somete. Por esta razón, y con el fin de minimizar estas inevitables alteraciones y conseguir la mayor calidad del programa, debe controlarse tanto la toma de sonido como hacer un uso correcto de los equipos técnicos, especialmente del micrófono y los auriculares.

A partir de la propia competencia tecnológica del comunicador radiofónico y de su conciencia y dominio del canal, se establece una serie de protocolos comunicativos destinados no sólo al aprovechamiento del canal sino a la recepción de lo transmitido. Las convenciones lingüístico-retóricas empleadas por el comunicador simulan un espacio comunicativo natural-real, al mismo tiempo que crean un clima adecuado a los objetivos propuestos en los diferentes contextos de programa. En esta definición y a nuestro parecer nos hallamos ante una verdadera limitación de la Retórica que como es frecuente, por otra parte, y desde ámbitos ajenos a la especialización se reduce al ámbito elocutivo. Lo interesante en todo caso de esa definición es por un lado la necesidad de crear un espacio que sea lo más parecido al ámbito real o natural, y por otro el deseo de vincular este propósito a la eficacia final, que no es otra que la de mantener atento al oyente, o al entrevistado, ajeno por lo tanto a la mediación tecnológica. La importancia del contexto en este sentido es vital en la medida en que condiciona la selección de cada protocolo dependiendo de los factores contextuales. El comunicador reproduce ante el público ausente o ante el entrevistado presente aquellos rasgos que permiten crear un ambiente de complicidad a la vez que un propósito de eficacia en la comunicación. Podemos hablar de cinco factores principales que determinan los protocolos comunicativos empleados, los cuales están en función de las convenciones sociales de cada momento histórico y lugar, los diferentes códigos socio-culturales ligados a cada comunidad, el rol dramático que adopta el comunicador, el estatus social del oyente, e incluso su edad, y por último el tipo de programa.

Así por ejemplo un protocolo concreto es el tratamiento elegido para el oyente, de manera que el comunicador establece un diálogo en la lejanía y en la ausencia, de tú a tú o de usted a usted. La elección de un determinado tratamiento, por ejemplo, implica una percepción distinta por parte del que escucha, ya que en el primer caso se percibe una gran familiaridad y proximidad y en el segundo puede interpretarse como una distancia hacia la audiencia.

Esta sensación de cercanía que es única en un medio como la radio tiene también su reflejo en los estudios sobre los motivos que declaran los oyentes para oírla. En estos estudios también se destaca que uno de los factores principales que le llevan a oírla es la necesidad de compañía, en la medida en que se escucha en solitario. A pesar de este dato la inmediatez, así sentida, por el oyente, resalta su función comunicativa. De hecho, existe un género de programas habitualmente nocturno basado en la intervención de oyentes que desde donde estén establecen un vínculo con la voz que suena al otro lado del receptor y en definitiva con la comunidad de oyentes que siguen la emisión.

La interactividad proporcionada por el medio radiofónico ha existido siempre e incluso ha ido por delante de la televisión o de la prensa. En estos dos casos las limitaciones tecnológicas imponen una distancia mayor. En el caso de la televisión por las necesidades técnicas de producción y emisión de los programas y en el caso de la prensa por su condición de producción diaria. Si bien se entiende como género televisivo el denominado "*talk-show*", en términos radiofónicos este género de confesiones en directo es mucho más antiguo. En la radio española se ha demostrado como fórmula de éxito, el formato integrado en un programa "magazín" dirigido por un comunicador que se convierte en la "estrella" de la cadena, y en principio en su marca distintiva, en el sello de la casa.

La intervención de los oyentes, más allá de la programación nocturna clásica, es el principal modelo de la función comunicativa de la radio según A. Balsebre (Balsebre: 1998, 41) y se caracteriza por adaptarse a los más diferentes requerimientos de la audiencia, basando su eficacia en la consecución de diferentes objetivos, como la comunicación bidireccional, la sustitución de la ausencia de comunicación interpersonal, la simulación del debate democrático integrando diferentes opiniones y puntos de vista, la interrelación entre el sistema social y el sistema mediático o satisfacer la demanda de información con la mayor fiabilidad e inmediatez.

La eficacia de favorecer la participación de los oyentes se basa en reproducir de manera artificial el contexto comunicativo en presencia. En realidad, el oyente siente, percibe, lo que establece un vínculo con la voz que sale del receptor. La posibilidad cierta de hablar telefónicamente con esa voz, o la de intervenir en el programa permite reproducir ese ámbito natural ausente en la realidad del oyente. De hecho, el éxito de los magazines, por ejemplo, se basa en su capacidad para reproducir el contexto comunicativo natural de la comunicación interpersonal, basándose en la necesidad del oyente de sentirse acompañado, por un lado, y por otro sentirse informado de lo que pasa en cada momento.

En esta ilusión de comunicación cercana y presente es también muy importante la capacidad de escucha del propio comunicador radiofónico, bien ante el entrevistado, bien ante aquellos oyentes que hablen con él. Lo importante es crear un diálogo que al menos así se perciba basado en la armonía entre el entrevistado y el entrevistador, o entre el oyente y el comunicador, percibido así por el oyente que de una forma u otra se siente partícipe de esa comunicación en ausencia o que percibe el ambiente creado como un lugar acogedor propicio a la comunicación. Aunque siempre se insiste en su capacidad para expresar y en definitiva para comunicar, igualmente importante es su capacidad de escucha, lo que favorece en definitiva la creación del espacio acogedor que percibe el oyente. Prestar atención a lo que dice el entrevistado o el oyente que participa por teléfono desarrolla una mayor sensibilidad hacia el mundo de los sonidos, contenidos y emociones con los que trabaja.

Los profesionales, ante el micrófono, y los oyentes al lado del aparato receptor, mediante las ondas en el aire, establecen un puente de comunicación que es retórica e interactiva, ya que es una comunicación de la boca al oído, de corazón a corazón.

El diálogo exige que los interlocutores intervengan activamente en el habla y la escucha. En este sentido, hablar y escuchar no son términos activo y pasivo respectivamente de una actividad. El sujeto en sus turnos de oyente ha de mostrar que está escuchando mientras que en sus turnos de hablante también debe evidenciar que ha escuchado y comprendido las intervenciones de los demás. En realidad, en este proceso interactivo, el que escucha tiene más opciones en la comunicación, puede escoger la manera de participación, sea sólo escuchar, hacer llamadas, escribir cartas o mandar un SMS, o dejar mensajes en el foro de la página Web que cuelga la emisora... porque la radio ya no es como antes, una caja cerrada, sino una puerta abierta.

2.5. Operaciones retóricas realizadas por el comunicador radiofónico

Las operaciones retóricas realizadas con éxito son una proyección global de las competencias retóricas del comunicador, entre las cuales, el *ethos* (la personalidad retórica) es un requisito previo, la de pensamiento y sus conocimientos constituyen la base, y la capacidad de emplear el lenguaje según las circunstancias será una señal marcada de "saber hablar". Esta capacidad de adaptar la lengua al cambio situacional comunicativo representa el talento de una persona. Como en cualquier actividad discursiva en la que se muestren las destrezas personales se plantea el antiguo debate retórico entre el *ingenium* y el *ars*, o entre el talento natural y el aprendizaje de una técnica. En el caso radiofónico el emisor puede verse favorecido por una excelente voz, pero también ha de saber modularla además de aprender a incorporar las técnicas propias del periodismo y de la comunicación.

La excelencia de un comunicador radiofónico depende, además, de sus cualidades morales, actitudes de trabajo, principalmente al realizar las operaciones retóricas, si tiene un pensamiento lúcido y hábil, si sabe resumir y sintetizar, si puede razonar de manera escrupulosa y cuidadosa, transformar rápidamente las ideas interiores en el lenguaje exterior, así como si es capaz de seleccionar adecuadamente las palabras y la sintaxis adecuada, y expresarse con claridad de vocalización, precisión de significado y naturalidad de entonación y reaccionar ágilmente ante casos inesperados y tratarlos convenientemente mediante su discurso. Su producción no es un decir solo consigo mismo ante el micrófono, sino que acompaña a cada palabra la retórica oral, por tanto será significativa una observación desde la perspectiva del proceso de la producción discursiva del comunicador, en que aparece el motivo de transmitir mensaje, se determina el objetivo de expresión, se codifica el lenguaje interior, se organiza y presenta la narración, lo que coincide perfectamente con las operaciones retóricas realizadas por un orador clásico. Lo que es preciso tener en cuenta, desde la Retórica clásica, es la adaptación al canal inmediato que asegura la eficacia persuasiva, fin último de esta disciplina. En el tratamiento de cada una de las operaciones retóricas seguiremos atentamente el sentido de la oralidad, el principio por el que el canal se pliega al discurso y establece sus exigencias, en palabras de Tomás Albaladejo:

> En las operaciones constituyentes de discurso, que hacen posible la existencia del discurso retórico en cuanto a su referente -*inventio*-, en su nivel macroestructural -*dispositio*- y en su nivel microestructural -*elocutio*- y que son previas a la *memoria* y a la *actio/pronuntiatio*, no radica la oralidad de la retórica de manera tan directamente como en éstas. Para las operaciones constituyentes de discurso la oralidad supone una influencia o condicionamiento en la realización y en el resultado de cada una de ellas, en la medida en que estas operaciones son activadas para producir un discurso que va a ser comunicado oralmente. Igualmente, la *memoria* y la *actio/pronuntiatio* influyen en dichas operaciones. (Albaladejo: 1999b, 16-17)

De la misma manera que antes hablábamos de la competencia de emisor y de receptor en el descifrado y comprensión del discurso radiofónico, también ocurre en la oralidad abordada por la Retórica esa mutua comprensión del contexto comunicativo:

> La conciencia de la oralidad del discurso que tiene el orador actúa en las diferentes operaciones retóricas constituyentes de discurso determinando la configuración de éste en los niveles discursivos correspondientes a dichas operaciones. La conciencia de la oralidad funciona como ahormadora del discurso, conduciéndolo a la construcción más idónea para la comunicación oral, tanto en lo referencial como en lo textual. Por su parte, la interpretación que, desde su perspectiva de oralidad discursiva, lleva a cabo el oyente está vinculada también a su conciencia de la oralidad de la comunicación en la que participa. Esta conciencia forma parte de la conciencia retórica, gracias a la cual el orador construye y pronuncia un discurso en una variedad diafásica con entidad propia. (Albaladejo: 1999b, 16-17)

Desde esta perspectiva, desde la necesidad permanente de contemplar el canal comunicativo y de evaluar desde aquí las aportaciones de la Retórica para el comunicador radiofónico y el oyente, exponemos las peculiaridades de cada operación retórica aplicadas en concreto al discurso radiofónico.

2.5.1. - La intellectio

> La *intellectio* puede ser considerada una operación no constituyente de discurso, en la medida en que su funcionamiento no produce directamente discurso retórico, a diferencia de la *inventio*, la *dispositio* y la *elocutio*. Esta operación es decisiva para la puesta en marcha de la serie de operaciones retóricas constituyentes y no constituyentes de discurso y regula el funcionamiento de todas ellas. La *intellectio* continúa activada en la pronunciación oral del discurso, durante la cual el orador examina las reacciones de los oyentes a su discurso, en función de las cuales puede reconducir el mismo, modificando no sólo la pronunciación, sino incluso estructuras y elementos referenciales y textuales que ha obtenido en su realización de las operaciones constituyentes de discurso. (Albaladejo: 1999b, 15-16)

La *intellectio* considerada como la primera de las operaciones retóricas, también acompaña todo el proceso de producción del discurso, y lo expresado en la cita anterior por Tomás Albaladejo es aplicable en este caso.

La única diferencia es que en el caso de la comunicación radiofónica ésta se produce en ausencia y el orador no puede advertir las reacciones de los oyentes ante su discurso. Como tal puede modificarlo después, dependiendo por ejemplo de las llamadas en directo, o de los mensajes a móvil o incluso en determinados programas a través de *chats* abiertos por la página web en Internet de la emisora. A pesar de esta interactividad el periodista permanece sólo en el estudio ante el micrófono y ante los técnicos que vigilan la grabación o la emisión en directo. En este sentido, y como hemos visto, incorpora en su discurso las posibles reacciones o bien las prevé o las condiciona según la audiencia que cree tener para su programa.

A pesar de que el interlocutor no esté presente es posible configurar un discurso teniéndole en cuenta o, en otras palabras:

> La expansión del auditorio no debe traducirse en la constitución de un auditorio inabarcable por el orador con su discurso; es evidente que esta ampliación hace patente la necesidad de incrementar los niveles de atención al auditorio, así como la necesidad de la reflexión sobre el mismo en una responsable operación de intelección y del ejercicio del *decorum* o adecuación del orador al auditorio con su discurso. (Albaladejo: 2001, 15)

Esta responsable operación es el punto de partida del proceso textual-comunicativo retórico, por la que el orador examina la causa y el conjunto del hecho retórico en el que está situado para organizar sus actividades retóricas en las siguientes operaciones: la *inventio*, la *dispositio*, la *elocutio*, y la *actio*. Gracias a la *intellectio*, el productor del discurso retórico logra conocer en qué consiste la causa, es decir, cuál es su status, cuál es su grado de defendibilidad y a qué género aristotélico pertenece el discurso que se dispone a elaborar: judicial, deliberativo o demostrativo, en función de los hechos de la causa (Albaladejo: 1989, 66). El comunicador, antes de poner en marcha un programa, debe reflexionar sobre sus objetivos, sus medios, sus modos y su estilo adecuado, con el fin de tener globalmente entendida la causa del mismo. Tal entendimiento es el núcleo de la operación de *intellectio*, porque

> ... está asociado a la comprensión que del hecho retórico y de sus componentes proporciona la *intellectio* al orador, que examina por medio de esta operación su propia competencia retórica y su posición en el hecho retórico, la condición y la actitud del destinatario, el referente o posible referente del discurso, el contexto de la comunicación retórica, así como las necesidades constructivas del discurso que va a elaborar (Albaladejo: 1989, 70)

La *intellectio* impulsa el desarrollo de las demás operaciones del proceso retórico, y mantiene una relación de simultaneidad total o parcial, porque el orador no deja en ningún momento de atender a los cambios del hecho retórico, lo que ofrece al comunicador los materiales para la estrategia discursiva global para la producción de un programa determinado y permite establecer un contexto general que sea compartido por el destinatario y que funcione como código semántico-extensional que haga posible la comunicación. (Albaladejo: 1989, 70-71)

El requisito previo para hacer bien un programa es contar con un sólido saber normativo e interpretativo que aglutine un conjunto de procesos comunicativos y técnicas retóricas. La capacidad de obtención de producción de programas de calidad depende de la habilidad, del grado de preparación y de la práctica que posea el comunicador. Hemos tratado en el apartado 2.4.1 sus competencias comunicativas, su propia acumulación de conocimientos, formación lingüística, cualidades personales, capacidades perceptiva y cognoscitiva y sus características psicológicas, que constituyen conjuntamente un apoyo interior de la exteriorización verbal. Es la base fundamental para una comunicación eficaz que resalte el propio talento o siguiendo a Cicerón:

> No hay más fértil que la mente, sobre todo la mente cultivada en los estudios. (Cicerón, *Orator*: 48)

La operación retórica de la *intellectio* sirve como una inigualable herramienta comunicativa al productor del discurso. El examen del tema que va a tratar, el análisis de sus posibilidades de desarrollo, el estudio de la situación cultural, social y política que constituye el contexto en el que va a situarse el discurso, el conocimiento de las características del programa que se va a elaborar, el conocimiento de los oyentes de tal tipo de programa, así como de las expectativas de éstos, etc., que realiza el autor por medio de la *intellectio* constituyen la base de la producción del texto retórico de escritura periodística.

En el terreno de los informativos el periodista debe saber qué es noticiable o qué no lo es, dependiendo de la actualidad informativa y haciendo "previsiones" o qué será noticia en los días siguientes. En el ámbito de los programas hay que tener en cuenta qué tipo de receptores puede haber detrás y sobre todo a qué hora se emite. No es lo mismo el tono intimista de los programas de madrugada que el más dinámico de los de la mañana, por ejemplo. Tampoco puede ser la misma estrategia si va dirigido por ejemplo a personas mayores que a jóvenes. De ahí que también deba elaborarse la estrategia inicial dependiendo del receptor y de la hora en que recibirá la información.

La *intellectio* permite al autor del texto radiofónico activar el principio comunicativo del *aptum* o *decorum* adecuando dicho texto al receptor y al contexto. La importancia de la noción de conveniencia es evidente en la Retórica. Cicerón así distingue lo conveniente y lo obligatorio: esto tiende a la perfección de una profesión, siendo su uso necesario siempre y en todo, mientras aquello es algo así como lo apropiado y adaptado a las circunstancias y a las personas, siendo válido frecuentemente en los hechos y también en los dichos, y por fin en los gestos, en el porte y en los movimientos (Cicerón, *Orator*: 74). Como el orador ha de ver lo que ha de hacer en las causas y qué es lo conveniente en cada momento, el comunicador radiofónico procura saber cómo tratar de una forma u otra su discurso contando con la peculiar dificultad de que no tiene delante a sus oyentes, debe imaginarlos y adaptar su discurso a la audiencia posible. En definitiva:

> Efectivamente, de la misma forma que en la vida, también en los discursos lo más difícil es ver qué es lo que conviene. *Prepón* llaman los griegos a esto; nosotros lo podemos llamar más bien "lo conveniente"; sobre ello se dan muchos preceptos excelentes y el tema merece ser conocido; por desconocerlo, se cometen muchos errores con frecuencia no sólo en la vida, sino también en la elocuencia. (Cicerón, *Orator*: 70)

2.5.2.- La inventio

Platón, profundo autor y maestro, no sólo del pensamiento, sino también de la oratoria, llama "ideas" a las formas de las cosas y afirma que ellas no se engendran, sino que existen desde siempre y que están contenidas en nuestra razón y en nuestra inteligencia y las demás cosas nacen, mueren, fluyen, pasan y no permanecen largo tiempo en un único y solo estado (Cicerón, *Orator*: 10). Así que las ideas esperan ser descubiertas y encontradas al tratar cualquier cosa con un método racional e inteligente. La capacidad creativa se refiere a concebir una idea original para producir algo nuevo, algo que no va a repetirse, que será un producto único para que la radio suene diferente.

Para el comunicador radiofónico, encontrar y decidir lo que se va a decir es sin duda importante y algo así como el alma para el cuerpo. El orador perfecto conocerá los tópicos de la argumentación y del razonamiento. En todas las cuestiones que son objeto de una controversia o de un debate hay que plantearse qué es y cómo es: la existencia, mediante palabras; la esencia, mediante definiciones; la cualidad, mediante las divisiones del bien y del mal. (Cicerón, *Orator*: 44-45)

Siguiendo el magisterio de Cicerón nos parece interesante la referencia a Aristóteles y a la instrucción de los jóvenes no según la discusión de los filósofos sino según la facilidad de los "rétores". Cicerón incorpora ya su propia visión para un orador perfecto, pero es interesante, a nuestro parecer, que subraye el sentido de la retórica más atento a la comprensión por parte de los receptores que a la discusión en sí. La importancia concedida a la *inventio* no sólo está en el hecho de que escribiera todo un tratado -*De inventione*- sino en la importancia concedida a esta operación como factor determinante en la persuasión final por cuanto en ella radica el logro del efecto persuasivo:

> Aristóteles instruyó a los jóvenes, no según la práctica de la sutil discusión de los filósofos, sino según la facilidad de los rétores, para que pudieran hablar elegante y abundantemente en uno y otro sentido; él mismo enseñó los "lugares" que son como las "etiquetas" de los argumentos, lugares de los que se pudiera sacar todo lo que se va a decir en uno u otro sentido. [...] El orador sabio y perfecto procurará, puesto que se le ofrecen "lugares" definidos, recorrerlos todos, utilizar los apropiados y hablar en general; de ahí sacará también lo que se llaman argumentos generales o "lugares comunes". (Cicerón, *Orator*: 47)

La sabiduría no sólo consiste en una cuestión de "cantidad" sino que está apoyada en un criterio retórico también muy importante que es la cualidad de saber elegir en cada momento, o el criterio de la elección como guía:

> El orador debe sopesar y escoger entre la abundancia de "lugares", ya que ni siempre ni en todas las causas la fuerza de los argumentos se basa en los mismos lugares. El orador hará con discreción la selección de los lugares de los cuales salen argumentos de peso y son adecuados a las causas de lo que va a decir. (Cicerón, *Orator*: 49)

En el caso del comunicador radiofónico, como cualquier comunicador, estas ideas siguen vivas, aunque hayan pasado siglos y los avances tecnológicos hayan procurado nuevos cauces comunicativos. Para el comunicador radiofónico el conocimiento del medio es vital para sacar todo el posible rendimiento de sus capacidades y posibilidades. Al periodista que informa le debe acompañar el criterio para saber qué es o no es noticia, dado el escaso margen de tiempo, qué puede interesar a un mayor número de personas o incluso a la audiencia que se prevé para su emisora. Y al periodista de programas, al periodista creativo, le cabe hallar lo conveniente para entretener a su audiencia y crear en ella la ilusión debida para que se mantenga atenta.

El propio medio favorece también que no sea necesaria la improvisación por cuanto mucho del material se emite grabado, algo que no ocurre en el caso de los informativos, desde la actualidad política a la deportiva. No obstante, no se trata de una comunicación espontánea, aunque a nosotros así nos lo parezca, sino que es una comunicación mediada tecnológicamente en la que se reduce al máximo posible el espacio para la improvisación.

Antes de la presentación, no se espera ni exige una improvisación real, la radio presenta las noticias, programas de una forma viva, lógica sin riesgo de ningún tipo de errores. Pueden inspirarse con toda libertad, haciendo bosquejos y dejan las fuerzas naturales o instintivas que les conduzcan a ideas originales, donde se halla precisamente el verdadero valor del discurso.

Concedemos un gran valor a esta operación, que da vigor al discurso. La *inventio* puede ser de una importancia decisiva, pero necesita una forma adecuada y definitiva para ordenar las ideas y componer el discurso. El arte se basa en bosquejos, a partir de ellos se realiza la producción de calidad.

La *inventio* no significa la invención de un tema: cuando uno se pone a preparar un discurso, se supone que el tema ya está inventado. En esta operación el redactor tiene que buscar ideas y argumentos acerca de un tema o de un caso preexistente y debe ver las posibilidades de su elaboración, tratándolo desde una nueva perspectiva, es aquí donde reside el espíritu de innovación.

Para ello tiene que contar con el apoyo de los *loci,* los lugares. Los lugares constituyen un catálogo de puntos orientativos para el descubrimiento de las distintas facetas sobre un tema. El hexámetro formulado por Matthieu de Vendome en el siglo XII enumera siete loci: *quis, quid, ubi, quibus auxiliis, cur, quomodo, quando.* Para construir bien un argumento se necesita saber quién, qué, dónde, con qué medios, por qué, de qué modo, cuándo. Estas preguntas se corresponden con aquello que se necesita saber para comprender algo. Estas preguntas coinciden con una regla periodística básica que bajo el nombre de las 5 *Whs* se enseña en las Facultades de Periodismo y aplican los periodistas futuros. Es necesario que alguien al leer, ver u oír una noticia sepa: quién, qué, cuándo, dónde y por qué o *who, what, when, where* y *why.*

En cuanto a la elaboración de un programa radiofónico, también se requiere responder esas preguntas como una consideración general sobre estos lugares, que constituyen parte de factores contextuales de la comunicación: *Quis* (quién) se refiere a los dos sujetos de emisión y recepción: el comunicador radiofónico y el oyente, así como las relaciones entre ambas partes; *quid* (qué), el mensaje determinado que va a transmitir; *ubi* (dónde), la emisora o el estudio de locución, y el lugar de recepción por parte del oyente, éste, a la hora de escucha, está en coche, o en casa, o en algún ámbito público, la diferencia del ambiente y atmósfera afecta directamente el grado de atención e interés hasta el estado anímico del oyente; *quibus auxiliis* (con qué medios), los medios que necesitan para la elaboración, *cur* (por qué), la finalidad de la actividad comunicativa de la radio y la intención del discurso predeterminada por el comunicador, así como los motivos de escucha por parte del oyente; *quomodo* (de qué modo) a las formas de producción y realización y el estilo de la locución y presentación; *quando* (cuándo) es la hora u oportunidad para emitir el programa. El tiempo de emisión de un programa ya está generalmente marcado en la programación según el horario de la audiencia. Así por ejemplo en España, los oyentes acostumbran a escuchar la radio durante el desayuno en casa, en las horas que van o regresan de trabajo en coche, por la noche ven televisión, luego la medianoche o la madrugada también es hora de oro para la radio. De hecho, por la diversidad de los modos de vivir, cada franja horaria de las 24 horas dispone de cierta audiencia. Estos son los argumentos básicos para planear estratégicamente la producción de programas.

Los hechos son la materia prima con la que se construye una noticia y el periodista debe poseer los conocimientos necesarios para seleccionar únicamente hechos significantes y reflexionar a quién interesa; cuál es el número potencial de clientes; por qué hay que darla. En el caso de la radio la necesidad de claridad es todavía mayor que en los otros medios. El lector de un periódico puede releer una y otra vez la noticia, en el caso de la televisión el espectador tiene el apoyo de la imagen, pero en la radio lo único que vincula al periodista y al oyente es la sucesión de palabras. En esta medida el hallazgo de las ideas, estén éstas destinadas a informar o a entretener, es tan importante como las propias necesidades del medio, por cuanto lo que capta la atención del oyente es el interés y el atractivo que esas ideas pueden ejercer sobre él.

2.5.3.- La dispositio

La *dispositio* aborda el orden del discurso y es fundamental para la comunicación oral por cuanto el receptor puede disponer de un esquema que le permita ordenar mentalmente las secuencias que va escuchando.

Cuando a uno se le ocurre un tema o unas ideas para expresarse, siempre tratará de ordenar en un marco los códigos ambiguos y dispersos del pensamiento, elaborándolos sistemáticamente a través de signos psicológicos claros y seguros que se adapten al tema, el contexto y la finalidad del discurso, de esta manera consigue formar una red de expresión, con una distribución conveniente de todas las ideas encontradas, lo que constituye condiciones necesarias para la realización de las siguientes operaciones, es decir, la *elocutio*, la *memoria* y la *actio*.

Con el fin de realizar la finalidad del discurso, el comunicador no deja de seguir una estructura racional para su expresión, ajustándola cuando sea necesario según el cambio del contexto, sin olvidar que la esencia es comunicar con el oyente y mantener su atención. De ahí la importancia de esta operación retórica, ya que genera todo un ordenamiento discursivo en las llamadas *partes orationis* o partes del discurso, tal y como observa Tomás Albaladejo:

> Las partes *orationis* o partes del discurso retórico, vinculadas tanto a la *dispositio* como a la *inventio* (Albaladejo: 1989, 82-108), presentan una organización conectada con la comunicación oral del discurso. La sucesión de las partes del discurso responde no solamente a la estructura lógica del discurso, sino también a la linealidad de la oralidad, que, a diferencia de la linealidad de la escritura, no permite la vuelta atrás del receptor en su interpretación; así, el *exordium*, introducción del discurso, y, sobre todo, la *peroratio*, con su recapitulación, son partes estratégicamente situadas al comienzo y al final del discurso, respectivamente, en función de la interpretación del discurso oral, que es recibido por el oyente de modo lineal. (Albaladejo: 1999b, 16-17)

En este sentido el orden es fundamental en la comunicación radiofónica en la medida en que fija la atención del receptor y le permite sentirse seguro o al menos volver al orden establecido en un medio en el que el interlocutor no está presente y en un medio en el que el canal es oral. En este sentido se subraya siempre la necesidad de una secuencia ordenada para la comunicación radiofónica entre la introducción, el desarrollo y el desenlace, ya que las frecuentes traslaciones en el tiempo dificultan la comprensión de la historia, máxime teniendo en cuenta lo fugaz y efímero del mensaje oral.

En términos retóricos el desarrollo del pensamiento debe estar perfectamente claro y ordenado, y luego exponerlo y referirlo de manera que el mismo pensamiento resulte claro y comprensible. Una vez que se han encontrado las ideas adecuadas para el tema tratado, el orador debe estructurar de manera eficaz este material. La disposición se refiere en primer lugar a la eficacia persuasiva. Una noticia bien estructurada permite la recepción eficaz y esto es muy importante en la radio.

Hay varios mecanismos específicos que aseguran la recepción por parte del oyente. Así por ejemplo las ráfagas musicales, la sintonía que avisa al oyente de que comienza un espacio informativo. La estructura está cerrada para facilitar la recepción y la comprensión del mensaje, así primero va el sumario, o las noticias más importantes. Después se desarrolla cada una siguiendo un orden preestablecido: primero suele ir la política interior, a continuación la información internacional, seguida de la información social y cultural, a la que sigue algún apunte deportivo, para terminar con el pronóstico meteorológico o las informaciones sobre la lotería.

Puede haber variaciones, por ejemplo una emergencia meteorológica o un acontecimiento deportivo puede ocupar el primer lugar. Puede variar también dependiendo del ámbito de los informativos, así a primera hora de la mañana y en una información local puede ocupar el primer lugar la información del estado de las carreteras. Pero siempre habrá un orden y los oyentes -aunque no sean habituales- podrán entender mejor las noticias.

Si no estamos hablando de información pura sino de programas entonces entramos en otro ámbito. En este caso el orden puede variar, aunque en la radio siempre permanece la atención hacia la estructura. Un programa radiofónico, aunque trate cada día de cosas distintas, se presentará ante el oyente con una sintonía determinada para fijar su atención y seguramente mantendrá las mismas secciones. Ahora bien, en el caso de los programas entra una finalidad retórica distinta, la del deleite, la del entretenimiento. La doctrina de los afectos proporciona al orador o al redactor un gran abanico de posibilidades emocionales, tanto moviendo las pasiones, en el caso de los afectos patéticos, como tratando de ganar la confianza o la simpatía del público, en los recursos del *delectare.*

Tal y como decía Cicerón siglos atrás y sobre una realidad muy distinta a la favorecida por los medios tecnológicos:

> El orador ordenará con gran diligencia las ideas encontradas y hará una introducción suficientemente digna y un acceso claro a la causa para atraer la atención y provocar los ánimos de los oyentes en el primer contacto. De entre los argumentos más sólidos, unos los colocará al comienzo, otros al final, e intercalará los más débiles. (Cicerón, *Orator*: 50)

Un texto radiofónico bien estructurado facilita a la audiencia la captación y el entendimiento del mensaje. Puesto que el oyente suele compartir la escucha con otras actividades, el inicio del relato debe arrancarse para atraer su atención con el uso adecuado de los elementos expresivos del lenguaje radiofónico: música, efectos sonoros o palabra hablada y se considera conveniente plantear el tema que se va a tratar en esta parte para provocar su curiosidad o interés. Si se falla en este primer momento, el oyente perderá el interés sobre el resto del mensaje. A lo largo de desarrollo del relato de las ideas se debe mantener el interés de una manera coherente conforme a un orden natural como contar una historia. Y el final es tan importante como su inicio y es fundamental concluirlo con un redondeo para producir un buen efecto comunicativo. Los profesionales aconsejan que se acabe con una breve y clara recopilación de los puntos más destacados del relato.

El guión radiofónico es un elemento fundamental de cualquier programa, es la base para organizar la actividad de emisión del discurso, para distribuir los medios humanos y técnicos, para revisar todos los contenidos y las formas y especialmente para controlar el tiempo que dure el programa y cada sección integrada en aquél. Este guión determina una pauta detallada en que aparecen todos los contenidos ordenados, desde el minuto cero al final, e incluye también las instrucciones técnicas.

La formación de una estructura discursiva con las ideas claras proporciona la condición previa para la ulterior expresión clara, completa y fluida y adaptada siempre al canal mediado por la tecnología propia de la emisión radiofónica.

2.5.4.- La elocutio

Como hemos expuesto arriba, la *inventio* y la *dispositio* se ocupan fundamentalmente de construir la base del discurso y la *elocutio* es la operación dedicada a la confección lingüística que une concretamente *res* y *verba*. En términos de oralidad es una operación fundamental por cuanto es la materialización de las operaciones anteriores y de ella depende la eficacia final:

> La oralidad está presente en la *elocutio*, operación de la que depende la configuración final del discurso retórico como construcción textual. La *elocutio*, como operación principalmente asentada en la microestructura, produce el nivel textual en el que entran en contacto comunicativo el orador y los oyentes: este nivel es punto de llegada del orador en su elaboración textual y punto de partida del oyente en su interpretación. La inmediatez comunicativa que hace posible la oralidad implica una firme y directa confluencia entre orador y oyente en el discurso. (Albaladejo: 1999b, 16-17)

La *elocutio* se considera la operación más importante de la Retórica, también es la más complicada, porque en esta fase se elaboran las ideas halladas y estructuradas y se ordenan al objetivo final de la persuasión y de la elocuencia. Si su expresión lingüística es suficientemente adecuada, el discurso puede llegar a la elocuencia ideal, o por el contrario, perderla con el uso incorrecto de los recursos retóricos.

El comunicador radiofónico, en dicha operación, deberá seguir las normas de dos artes: una es el *ars recte dicendi*, que garantiza la corrección gramatical de la elaboración del discurso; y la otra, el *ars bene dicendi*, que trata de los preceptos retóricos que favorecen la consecución de la eficacia tanto persuasiva como estética. El comunicador podrá entrar en conflicto al cumplir con los objetivos de estas dos artes y tendrá que discernir entre ellos lo que tenga más peso y sea más adecuado en cada circunstancia.

Como hemos visto antes las palabras y la voz que las dice se unieron en la Retórica clásica y también de modo especial en la comunicación radiofónica. De manera que para que se construya el discurso de modo claro, correcto y elegante, deben también cumplirse las llamadas virtudes elocutivas: la claridad, la corrección y la belleza.

En primer lugar, está la necesaria claridad y en consecuencia la recta comprensión del discurso. La claridad de las ideas, y la claridad para ordenarlas son condiciones fundamentales para la claridad de la *elocutio*, la *memoria* y la *pronuntiatio /actio*.

> En el discurso dirigido a un auditorio particular, ser claro y comprensible es una cualidad sujeta a la valoración del que escucha: se es o no claro, se es o no se es comprensible para aquel a quien se habla. [...] la preceptiva retórica definía la *perspicuitas* y sus contrarios según el criterio principal de la adecuación al auditorio. La total oscuridad se consideraba el mayor "error por defecto" contra la *perspicuitas* (Mortara: 1991, 152).

La claridad se basa en las palabras elegidas que deben pertenecer a un registro cercano a la mayoría de los oyentes a quienes vaya dirigido la emisión. Si el programa va dirigido a jóvenes, es lógico que se utilice su argot; si va dirigido a economistas, es lógico que se utilicen tecnicismos, si va dirigido a un público en general, es lógico que se elijan las palabras más sencillas posibles.

La claridad tiene que ver también con la realización física, con la voz, de lo que vamos a tratar en el apartado la *pronuntiatio*. Sin embargo, en esta operación que es la *elocutio*, ya debemos tener el texto preparado con las palabras seleccionadas que sean fáciles de vocalizar y las oraciones construidas que sean sencillas de pronunciar, de tal manera cuidadosa garantizará que el mensaje llegue con total nitidez y naturalidad al oyente. Por tanto, hay que evitar la oscuridad tanto sintáctica como semántica en la selección de palabras y no se deben pronunciar con una dicción confusa.

La segunda virtud es la de la corrección (*puritas*). Se refiere a la corrección gramatical del idioma empleado en el discurso. El conocimiento de la Gramática en la Retórica clásica es previo al conocimiento de las técnicas retóricas. En este caso hablamos de un conocimiento normativo del idioma, de lo que es correcto y de lo que no es correcto. Esto es así porque si alguien comete errores hablando y utiliza mal su idioma perderá credibilidad ante un público que podrá suponer que no está preparado.

El criterio de corrección es el uso normal y estándar del lenguaje. De ahí que en el caso de la radio en España se elija a profesionales que no tengan un acento determinado en las emisiones de ámbito nacional para evitar que el oyente se fije más en su acento que en lo que está diciendo. Además, el periodista debe cuidar especialmente la gramática y evitar caer en los "vicios" elocutivos contrarios a las virtudes, es decir en los barbarismos (uso de palabras extranjeras innecesarias) y en los solecismos (falta de concordancia sintáctica).

En este momento en España hay un gran debate sobre el uso de anglicismos en el periodismo y en la sociedad en general. El problema de su uso en este caso y para los periodistas es que pueden no ser entendidos por los oyentes y dificultar así la comprensión del mensaje.

De todas maneras, debemos tener en cuenta que la radio es el modelo del uso correcto del idioma para la sociedad a la que se dirige. La oralidad de la radio frente al carácter visual de la prensa y la televisión, hacen que su influencia en la lengua de la sociedad resulte determinante. Además, la lengua hablada es más fácil de imitar, de reproducir por el oyente, ya que queda alojada en su mente como realización práctica de su propia expresión oral, frente a la letra que el lector acoge como concepto de escritura y a la imagen que el telespectador almacena a través de su retina.

Si el autor infringe las exigencias de la claridad y de la corrección idiomática entonces se producirá el defecto de la oscuridad, de manera que el mensaje se volverá incomprensible y por tanto ineficaz. Si sólo lo hace parcialmente, se produce la ambigüedad.

La belleza (u *ornatus*) es la virtud de la dimensión estética de la expresión. Mortara explica el *ornatus* de manera metafórica: "El *ornatus* sirve como condimentos que da sabor al discurso, como flores que da belleza al mismo, como lumbres que iluminan el discurso". (1991, 157)

Se refiere tanto al valor estético de las ideas como al de su expresión lingüística tanto escrita como oral. Palabras y voz van también en este caso unidas, y la Retórica, para cumplir ese valor del discurso, nos ha preparado los tropos, las figuras de pensamiento y las de dicción. Por ejemplo, el uso de los sinónimos sirve para variar una expresión, o hacerla más precisa o más viva, o evitar rimas molestas en el discurso, siempre adaptándose a las normas de claridad y de belleza formales y a las oportunidades pragmáticas. En la comunicación radiofónica, la repetición y la *energeia* (descripción) son otros recursos más usuales. Las expresiones repetidas siempre contribuyen a la eficacia argumentativa, la carga emotiva o al mérito estético del discurso (Mortara G.: 1991, 214). Y la *energeia* es el "poner ante los ojos, que 'hace ver' -que evidencia, precisamente- el objeto de la comunicación: se resaltan sus detalles característicos para concentrar en él la imaginación del oyente y su capacidad para representarse mentalmente lo que se dice, para traducir las palabras en imágenes". (Mortara: 1991, 272)

Esta figura ofrece al orador distintas técnicas para describir lugares, circunstancias, cualidades físicas y morales, virtudes y vicios, conductas, movimientos, etc. y para señalar las semejanzas y las diferencias entre las cosas o personas descritas, así como las formas para la puesta en escena para presentar el discurso de manera viva y animada. En el terreno de los informativos la voz debe carecer de adornos, de matizaciones e inflexiones para evitar un comentario subjetivo a la información objetiva. Sin embargo, en el terreno de programas de entretenimiento, la voz debe estar adornada, en el sentido retórico, tener "ornatos" o poseer la riqueza de inflexiones que comuniquen al receptor diferentes estados de ánimo. El ornato desde la Retórica es el mejor remedio para el *taedius*, el tedio, el aburrimiento y la monotonía.

Como se puede comprobar, se realiza hasta el final la antigua idea retórica de que la forma y el fondo van unidos, de manera que los estilos comunicativos lo son en la información, en el tono de la voz, en las palabras elegidas y en la forma de presentar las noticias. Aristóteles enfatiza el uso de los recursos retóricos al tratar de la *elocutio*: "... porque no basta saber lo que hay que decir, sino que es necesario también dominar cómo hay que decir esto". (1403b, 15-20) En este sentido, podemos decir que el uso eficiente de los mismos es una necesidad para alcanzar la elocuencia del discurso y formar un auténtico estilo del programa. "Estilo" nos parece un concepto sumamente complicado, sobre todo el de un programa radiofónico, como un producto de la labor colectiva, de hecho implica un estilo formado por una combinación de muchas fuerzas dedicadas a la producción radiofónica. La formación de un cierto estilo está bien ligada con los recursos retóricos del lenguaje radiofónico. Esto es así porque cualquier programa, si llega a contar con su propio estilo o destacarse por ciertas características de algún estilo, sin duda ha presentado una singularidad en la aplicación de los medios retóricos al discurso. Hablando en general, los hechos periodísticos informados en el programa son idénticos en lo fundamental y las estructuras narrativas del texto también son limitadas, sin embargo, las operaciones retóricas del lenguaje, o sea las figuras sonoras, son siempre cambiantes incluyendo infinitas combinaciones posibles. Por tanto, la expresividad enriquecedora de las mismas ha sentado la base para formar un estilo original del texto auditivo. El comunicador, si quiere crear un nuevo estilo del programa, necesitará una integración ingeniosa adecuando la elección y uso de las figuras sonoras al tema e intencionalidad del programa, lo que permitirá producir un discurso retórico verdaderamente espectacular con estilo propio, cuya actualización brindará al oyente un espacio más abierto y amplio para una interpretación retórica.

Así los estilos comunicativos en la radio unen contenidos y formas. Según Soengas, los posibles estilos comunicativos de la noticia son los siguientes:

El *estilo expositivo o neutro*: consiste en una descripción aséptica y distancia de los hechos, sin implicarse en ningún momento en el contenido de la información ni a través de la entonación ni mediante los términos lingüísticos empleados, evitando en todo momento adjetivos innecesarios que puedan contaminar la noticia con cualquier matiz subjetivo o tendencioso.

El *estilo crítico*: se utiliza a veces, pero no es propio de la redacción de una noticia porque implica posicionarse a favor o en contra de un tema o de un punto de vista, lo cual confronta con la objetividad y el distanciamiento que se requiere en todas las intervenciones periodísticas. Únicamente es admisible esta fórmula en los análisis de comentaristas que tienen algunas emisoras para crear una línea de opinión que exteriorice la política informativa de la empresa.

El *estilo tremendista*: Igual que en el caso anterior, es una modalidad antiperiodística porque supone exagerar los acontecimientos, creando incluso alarmas o precauciones innecesarias. Está muy relacionado con los supuestos que muchos redactores añaden indebidamente a las noticias, cuando se utilizan expresiones como "si hubiera llegado a ocurrir cinco minutos antes, la explosión habría provocado una catástrofe". Igualmente podría haber ocurrido dos horas después y causar menos daños, pero generalmente hay una tendencia a incidir con los aspectos negativos para espectaculizar la información, algo que va en contra de todas las normas profesionales.

El *estilo humanizante*: Tampoco se acepta como correcto en la reacción radiofónica porque supone teñir los acontecimientos de una implicación emocional que conlleva que el redactor sienta compasión por algunos sujetos o situaciones, lo cual impide tratar los hechos con objetividad.

El *estilo de la retransmisión en directo*: La retransmisión en directo también es un formato de noticia, tanto por su estilo como por la estructura. Desde el punto de vista redaccional y estilístico, guarda más similitudes con la improvisación que con el discurso elaborado de la noticia estándar. Hay más espontaneidad. (Soengas: 2003, 74-76)

En la radio, un medio sonoro, la escritura sirve como un asistente para la oralidad considerando que el texto escrito va a ser hablado a la vez que escuchado. La lectura del texto escrito enfría la lengua y aumenta la distancia entre el emisor y el receptor, eso es algo que saben muy bien los periodistas radiofónicos que a pesar de contar con textos y guiones procuran siempre transmitir espontaneidad e inmediatez a lo que dicen. De la misma manera que nosotros cuando hablamos con alguien no leemos textos, en la comunicación radiofónica se intenta salvar la posible distancia que pudiera establecerse. Se trata de "escribir para el oído", algo que no debe considerarse una limitación sino el ajustarse convenientemente al canal. Más que una limitación debe entenderse como un recurso más que aumenta poderosamente el poder de sugestión. Como señalan Huertas y Perona:

> ... las características de la comprensión oral y de la tecnología radiofónica condicionan la elaboración de los textos, por lo que gran parte de los consejos y normas que rigen la tarea del redactor/locutor se desprenden de estos aspectos. No obstante, aunque el canal auditivo tiene una capacidad de recepción inferior al visual, este *escribir para el oído* no debe considerarse como una limitación. Mientras que en los diarios y revistas el lector sólo recibe la palabra escrita, en la radio percibe simultáneamente una entonación, una actitud, un estado de ánimo por parte del emisor, en definitiva, una *manera de decir* que completa la información semántica aportada por cada una de las oraciones. La radio, al poder explotar estos aspectos extralingüísticos, tiene una elevada capacidad de sugestión. Por tanto, no sólo se trata de amortiguar unas dificultades, sino que también se han de explotar las posibilidades inherentes y exclusivas del medio. (Huertas y Perona: 23)

Las recomendaciones para el joven periodista y las que utiliza el periodista veterano se basan en dar al texto leído, al guión ante el micrófono, la frescura del discurso espontáneo, "como si se hablara delante de alguien", "como si se tuviera al oyente enfrente". Así por ejemplo se recomienda que no se utilicen frases excesivamente rebuscadas, impropias del descuido de la comunicación oral en contextos comunicativos no considerados cultos, ya que exigen una mayor atención por parte del oyente. Y, según Arnheim, habría que plantearse por otra parte hasta qué punto es preciso representar, por medio de relaciones lógicas, las ideas dependientes pero separadas entre sí. (1980, 128-129)

También deben evitarse referencias internas en el texto que puedan desorientar al oyente ya que en el caso de la comunicación oral no se puede buscar, como en el caso de la comunicación escrita, la referencia pasada, las claves de la coherencia textual. "Además hay que rechazar el empleo de pseudoelegantes referencias, como 'el primero' y 'el último', 'éste', o 'aquél', utilizando sin timidez los conceptos por su nombre". (Arnheim: 1980, 128-129)

La atención hacia el posible oyente pasa por interiorizar una serie de técnicas en las que la comunicación dirigida a la audiencia sea lo prioritario. Esto es especialmente importante tanto en el lenguaje elegido como en la forma de presentarlo. Una exposición excesivamente densa ahuyenta al oyente que puede estar escuchando la radio en condiciones inestables, ajenas al esfuerzo y a la concentración que exige la lectura. Un oyente puede estar escuchando la radio mientras conduce, o bien en su casa mientras realiza cualquier labor cotidiana.

En este sentido el dominio de la técnica radiofónica permite introducir al posible oyente en el tema del que se va a tratar a través de una transición suave que tanto tiene que ver con las palabras elegidas como con el modo de presentación de los conceptos. Se trata de un difícil equilibrio entre el exceso de profundidad y la superficialidad. Como plantea Arnheim es necesario evitar los conceptos profesionales salvo que sea realmente imprescindible, ya que al oyente medio le cuesta introducirse en un tema nuevo, además de estar poco acostumbrado a pensar, por lo que es más recomendable comenzar con algo concreto que esté a su alcance tanto, que hacerlo con tesis abstractas: "es preferible una sencilla exposición, con pequeños ejemplos y con la condimentación de algunas curiosidades divertidas, evitando la forma rígida y vocalizada de los colegiales, pues el radioyente desea ser considerado una persona inteligente, a la que no se debe ir con cuidados e indulgencias". (Arnheim: 1980, 128-129)

Aunque con objetivos distintos es muy interesante la siguiente reflexión de Cicerón en el *Orator* en la que contrapone un discurso filosófico y un discurso retórico o las diferentes formas de un lenguaje quizá más depurado y de otro más directo y espontáneo tal y como lo entendemos en nuestros días. Así Cicerón observa como a los filósofos les faltó la "elocuencia popular" y a los oradores "el refinamiento de la cultura":

> La elocuencia forense, despreciada y rechazada por los filósofos, ha carecido sin duda de esa importancia ayuda (de la filosofía), pero, gracias a los adornos de las figuras de palabra y de pensamiento, ha tenido éxito ante el pueblo y no ha tenido miedo de la opinión y crítica de unos pocos. De esta forma, a los cultos les faltó la elocuencia popular, y a los oradores el refinamiento de la cultura. (Cicerón, *Orator*: 13)

Buena parte de las discusiones sobre los medios y en este caso sobre la radio pasan por despreciar en cierto grado la espontaneidad tachándola de falta de conocimiento cuando en realidad el propio medio exige un dinamismo muy distinto al que puede darse, por ejemplo, en la prensa. Pretender una información densa propia del medio escrito es condenarse no sólo a la ineficacia comunicativa sino a la escasa comprensión del medio, del canal, a través del que se transmite. En este sentido fondo y forma deben ir unidos, entendiéndose como forma la propia técnica que supone adaptarse al canal, con el fin de que nuestro argumento resulte atractivo. Muchas producciones educativas o culturales se han ganado la fama de áridas, aburridas o pesadas al no procurar una forma artística para su mensaje que lo hiciera atractivo.

Esto no sólo vale para la comunicación radiofónica en sí y su acertada combinación de contenidos transmitidos a través de un medio y aplicando una técnica. Recubre todo lo que es la comunicación y muy en especial el uso de la palabra y de las capacidades narrativas para retener la atención y conmover al oyente. Si bien identificamos esa capacidad para la verosimilitud y la intriga con el dominio puramente literario en el caso del medio radiofónico también contagia al medio que identificamos como informativo.

En un programa de entretenimiento nos seduce el mundo creado por la radio, en un programa informativo prestamos atención a las noticias. Para poder seguirlas adecuadamente el periodista radiofónico cuenta con una serie de estrategias cercanas a lo que entendemos por "contar", "contar" en este caso una noticia procurando mantener el interés del oyente. En este caso el lenguaje pretende ser objetivo y el periodista que ofrece la noticia -no el que opina sobre ella- elige la forma de contarla. El equilibrio en la expresión puede ser hallado en la recomendación aristotélica de una "claridad", virtud elocutiva, que no sea ni excesivamente superficial, ni profunda, siguiendo el criterio del decoro retórico debe ser la "adecuada":

> Definimos la claridad como una virtud de la forma de hablar (buena señal de ello es que si un discurso no demuestra algo, no logrará su objetivo), que no debe ser ni ramplona ni excesivamente elevada, sino la adecuada. (Aristóteles, *Retórica*: 1404b)

En términos actuales, aunque respondiendo a la inquietud antigua de aproximación a la realidad y a través de su expresión en el idioma, la principal finalidad es la información objetiva, a la que se llega con una actitud totalmente neutra y desinteresada frente a lo que se está contando. En términos puramente periodísticos, con este ideal se busca la mayor objetividad y exactitud en la información, de manera que la realidad prácticamente se exprese por sí sola.

Esta necesidad se refleja en el uso de palabras que no impliquen un juicio determinado, evitando por ejemplo los adjetivos, pero también se revela en el uso de los tiempos verbales, prefiriendo el presente para dar pulso a la noticia, para que la inmediatez de la radio llegue a lo que se está contando:

> Los tiempos verbales también tienen valor persuasivo. El pasado indefinido es el hecho inamovible; el imperfecto es el pasado transitorio; el presente es lo universal, la norma, razón por la cual el presente es el tiempo de las máximas o sentencias, es decir, lo que está vigente. Por el presente se produce el paso de lo normal a la norma. El presente, lógicamente, es el tiempo que mejor da la sensación de presencia, tan importante persuasivamente. El indefinido 'se' ('se dice...') se suele utilizar para expresar una norma; el impersonal 'se' y el uso de la tercera persona pueden servir también para disminuir la responsabilidad del que hable, distanciándolo de lo que dice. (González Bedoya: 1990, 144)

Hay que tener en cuenta la tendencia cada vez más acusada que exige a esa objetividad transformada en palabras un sentido ético que propicie el espíritu crítico del oyente, tarea que en términos periodísticos depende más de la opinión que puede darse en una tertulia, por ejemplo, que en un medio puramente informativo los mensajes deben ser constructivos orientándose a despertar el espíritu crítico del oyente.

Ahora bien, en esto impera el conocimiento de la técnica y de un verdadero oficio como es el de dar a la narración de esa noticia su cualidad de hecho narrado a través de la ilustración con testimonios sonoros, o con una forma de crear la intriga necesaria para retener al oyente. La forma de hacerlo pasa necesariamente por una claridad en los conceptos y el uso de un vocabulario claro, pero también de la creación de una tensión -la tensión informativa- que se traduzca en la tensión del oyente permaneciendo atento a lo que se le cuenta. La propia naturaleza del discurso informativo de radio lo hace efímero e irreversible, lo que obliga a la claridad de los conceptos y la forma de expresión, primando un vocabulario conocido, unas estructuras sintácticas sencillas y un rito de la exposición adecuado.

La elección no sólo de las palabras sino casi de estrategias literarias como las propiciadas por la intriga permiten trasladar desde la antiquísima costumbre de narrar, las posibilidades modernas de la narración y de la creación de intriga en los oyentes de la radio. La siguiente cita, aunque larga, merece la pena porque por un lado conecta los recursos clásicos observados en la narración con los efectos radiofónicos y por otro permite contemplar la suma de posibilidades provistas por el propio medio:

> Una propuesta de pobre narratividad se traduce en poco entusiasmo, escasa vitalidad y pobres recursos expresivos. Es incapaz de la metáfora, la sinécdoque y otras posibilidades verbales que se encuentran a diario en el habla popular. La narratividad pone a prueba la capacidad del discurso de fluir. La credibilidad y la verosimilitud. Vale más elegir cosas naturalmente imposibles, con tal de que parezcan verosímiles, que no las posibles, si parecen increíbles. El filósofo griego volvió más de una vez sobre el tema y escribió: *Conviene antes escoger un asunto, aunque parezca imposible, si es creíble, que otro posible, ni siendo creíble*. Y también: *Más vale un verosímil imposible que un posible inverosímil*. Citemos una vez más la experiencia de Orson Welles: a la luz de sus efectos, los dichos aristotélicos son rotundamente comprobados. Un hecho increíble (la invasión marciana a la Tierra) alcanza verosimilitud en la trama radiofónica, al punto de causar histerias colectivas y hasta suicidios. (Haye: 1995,186)

La elaboración de un guión radiofónico requiere describir cada escena buscando el espacio acústico más adecuado para la emisión del discurso con el procedimiento a seguir y la pieza musical, los efectos sonoros a aplicar para la puesta en escena. El productor debe tener aptitudes para crear una escena mediante los medios expresivos del mundo perceptible. En términos ciceronianos, el comunicador deberá saber informar con precisión, deleitar con moderación y convencer con vehemencia, así como regular y ensamblar convenientemente esta triple variedad en cada caso según le exija la causa. (Cicerón, *Orator*: 70)

La existencia de rasgos literarios en la comunicación radiofónica y muy en especial en los programas que buscan el entretenimiento no se debe a una apropiación de la literatura como tal, sino al aprovechamiento de los propios recursos de que la literatura dispone. Se trata de crear intriga y una serie de efectos estéticos en el lenguaje. Los tropos y figuras retóricas son justamente la utilización del lenguaje en el contexto concreto comunicativo y en la práctica concreta discursiva, son refinación y cristalización de las técnicas expresivas aplicadas en la comunicación humana, por tanto podemos decir que en efecto los tropos y figuras retóricas son descripciones instructivas de las reglas retóricas del discurso humano.

La comunicación radiofónica muestra por ejemplo un abundante uso de sinónimos en la medida en que enriquecen la expresión formando parte del *ornatus*, cualidad requerida para la expresión. En este caso su uso también es muy frecuente en la información radiofónica sobre todo para no saturar al oyente con la misma palabra. Piénsese por ejemplo en los variados sinónimos para la palabra “balón” en una retransmisión deportiva, repetir una y otra vez una misma palabra aturdiría al oyente. Además, y en los programas de entretenimiento el uso de sinónimos permite crear una variedad en el oído y en la mente del oyente. Es así como podemos considerarlos, como elementos del ornato en la medida en que enriquecen la expresión y provocan sorpresa y variedad en el que oye, en este sentido:

> Como elemento del *ornatus*, los sinónimos contribuyen a satisfacer el deseo de lo inesperado por parte del destinatario, introduciendo un factor de novedad y de variación en pro de la riqueza expresiva. El uso de uno o más sinónimos en lugar de una palabra determinada sirve para muchos fines: para atenuar una expresión o para hacerla más pintoresca o más precisa; para unificar las elecciones léxicas según los registros, el ritmo o las cadencias del discurso; para evitar rimas molestas en la prosa o cacofonías; para eliminar repeticiones innecesarias. La lista podría ampliarse si se consideran las exigencias de claridad y de elegancia formales y las oportunidades pragmáticas. (Mortara: 1991, 158-159)

Otro de los elementos más utilizados en la comunicación radiofónica es la metáfora, sobre todo en lo que se refiere a los programas de entretenimiento. La capacidad sugerente del medio radiofónico combinando varios elementos en el universo auditivo permite crear un verdadero universo de asociaciones posibles. También esto se traduce en el lenguaje utilizado. Tal y como observó Aristóteles

> La metáfora ha de ser de cosas hermosas. La belleza del nombre está (...) bien en el sonido, bien en el significado, y la fealdad lo mismo; y en tercer lugar en que el nombre no sea equívoco, lo que destruye el razonamiento sofístico (...), pues una palabra es más propia que otra y más representativa y más adecuada para traer la cosa delante de los ojos (...) Las metáforas hay que sacarlas de ahí: de cosas hermosas, o por el sonido o por la significación o para la vista o algún otro de los sentidos. Pues hay diferencia en decir, por ejemplo, *Aurora la de rosados dedos*, mejor que *la de los purpúreos dedos*, y aún sería peor la de dedos colorados (*Retórica*, 1405b)

Y no sólo el uso de la metáfora concede belleza al lenguaje utilizado, en este caso en la comunicación radiofónica, sino que permite intensificar el efecto estético producido en el oyente que percibe lo escuchado como algo excepcional, distinto a su día a día, a su rutina. Cercanía en la expresión pero lejanía también en lo percibido son dos cualidades que bien combinadas obtienen una elevada eficacia. En este sentido el uso de la metáfora ofrece esa elevación del lenguaje que ya se observó desde la Antigüedad.

El guionista debe tener en cuenta el medio de transmisión del mensaje, que no se refiere solamente a las particularidades de dicho medio sino todo lo que supone la comunicación mediante tal canal. Los contenidos del programa pueden llegar eficientemente al oyente dependiendo fundamentalmente de las competencias comunicativas que tiene el guionista en relación con el medio cuando elabora una obra para él. Por consiguiente, a los guionistas radiofónicos se les exige ser capaces de trabajar con todos los recursos expresivos del lenguaje radiofónico para crear textos adaptados a tal medio.

Para lograr efectos luminosos del discurso, Cicerón propone que no deba salir de la boca ninguna palabra que no sea pura y significativa y recomienda un uso frecuente de las metáforas de todo tipo, ya que éstas, mediante el recurso de la similitud, llevan, remiten y mueven a las mentes de un lado a otro, y este movimiento del pensamiento, en un ir y venir rápido, contiene en sí mismo deleite. (*Orator*: 134)

La variedad de estilos perceptible en la comunicación radiofónica es tanta como la variedad de que hablamos, pero al tratarse de una comunicación no espontánea, mediada por la técnica existe una serie de limitaciones diferentes al habla común. Bien pueden apreciarse en este sentido las observaciones de Cicerón en el *Orator* y es cierto que podemos identificar con el discurso informativo ese "torrente de palabras" que imita el vértigo de la actualidad, pero también podemos observar el estilo que prefiere "frases cortas y separadas" o bien la pureza y la limpieza, la suavidad y la uniformidad, como formas cercanas al entretenimiento. La flexibilidad en el uso del idioma termina ahí donde se impone la limitación tecnológica impuesta por el canal. La cita siguiente es lícita también para la comunicación radiofónica, entendiendo que las limitaciones surgen siempre desde el género radiofónico y los límites impuestos por el canal para la comunicación:

> Ocurre no sólo que la lengua es maleable, muelle y tan flexible que toma la forma que se le quiere dar, sino también que la disparidad de temperamentos y de sentimientos ha creado multitud de géneros de estilo diferentes entre sí. Unos prefieren el torrente y la facilidad de palabras y ponen la elocuencia en la rapidez del discurso; otros gustan de frases separadas y cortadas, de paradas y pausas; Unos se esfuerzan en la suavidad y uniformidad y en un género de estilo en cierta forma puro y limpio; otros buscan una cierta de dureza y austeridad en las palabras y una especie de tristeza de estilo. En suma, según la división que hemos hecho más arriba, la de que unos quieren parecer graves, otros tenues, y otros moderados, se encuentran tantos tipos de oradores como tipos de estilo hemos dicho que existen. (Cicerón, *Orator*: 52-53)

2.5.5.- La memoria

Tal y como observa Tomás Albaladejo, "las operaciones no constituyentes de discurso, la *memoria* y la *actio* o *pronuntiatio*, son las que hacen posible la llegada del discurso retórico, una vez construido, a los oyentes, y son las más directamente relacionadas con la oralidad". (Albaladejo: 1999b, 8)

La *memoria* es la presencia duradera de los argumentos en la mente, así como de las palabras y de su disposición. Fue muy importante para la Retórica clásica porque estaba unida a comunidades orales que aunque conocían obviamente la escritura no disponían de la imprenta o de la facilidad para encontrar los medios para escribir, por ejemplo. En la selva de palabra (Cicerón, *Orator*: 12) será difícil encontrar una única forma de memorización para todas ellas. Se necesitan múltiples y variadas prácticas de diferentes géneros de discurso.

Una vez que ha elaborado su discurso, el orador debe memorizarlo para su exposición pública. La operación memorística constituye sin duda uno de los ejes centrales en los que se manifiesta la condición oral de transmisión y permite que el discurso resulte plenamente oral. Quintiliano se ocupa de las posibilidades de memorización del discurso en un fragmento decisivo para la teoría de las macroestructuras textuales. (Quintiliano, *Institutio oratoria*: XI, 2, 44-49)

Los tratadistas clásicos distinguen dos tipos de *memoria*: la *memoria naturalis* (natural), capacidad innata de cada individuo para recordar, y la artificial, producto de la teoría, que refuerza la primera mediante "una técnica sistemática" como puede verse en el primer tratado latino de Retórica del siglo I a. de C., *Rhetorica ad Herennium* (III, 16,29). En éste se recomienda que establezcan marcos de referencia bien ordenados y estudiados para que las imágenes concretas puedan permanecer para siempre en la mente. Sin embargo, en tratados posteriores como el fundamental *Institutio Oratoriae* de Quintiliano del siglo II d. de C. se está menos de acuerdo con la utilidad de las técnicas nemotécnicas (Mortara: 1991, 322-323): "No obstante, si se me preguntara en qué consiste esencialmente el arte de la *memoria*, sólo podría responder que es un continuo y penoso ejercicio". (Quintiliano, *Institutio Oratoriae*, XI, 2, 40)

La *memoria* estaba enfocada hacia el orador que debía retener el discurso para ofrecerlo al público. A lo que se refiere Quintiliano en la cita es al costoso entrenamiento del orador en la adquisición de técnicas nemotécnicas. La capacidad retentiva es el requisito indispensable de la capacidad de improvisación (Mortara G., 1991: 324). Los locutores y presentadores necesitan saber decir un texto previamente memorizado como si lo estuvieran improvisando. Una recomendación clásica en este sentido es un buen ensayo sin descuidar los más mínimos detalles, pues esto suele ser la mejor garantía de plasmar el discurso en la *memoria* y llegar a un efecto ideal de emisión, por eso es necesario leer todas las veces que se necesite el texto elaborado en voz alta, a un ritmo deseado y sintonizarlo con las ideas inventadas y la estructura configurada y aprenderlo de la manera más profunda y perdurable.

En el caso de la comunicación radiofónica la importancia se centra en el receptor y en su capacidad de retener la información ofrecida, algo especialmente importante para este medio frente a la prensa o a la televisión. De hecho, la *memoria* en términos de comunicación radiofónica es un ingrediente más de la capacidad de retener al oyente, de atraer su atención y de mantenerla viva. Es una necesidad mayor incluso que la que cubre la Retórica clásica en términos de retórica "en presencia" ya que la ausencia impuesta por la comunicación radiofónica impone un esfuerzo aún mayor por mantener atento al receptor. En este sentido la *memoria* no ocupa un lugar tan preeminente como sí ocurrió en la Retórica clásica.

El emisor, el comunicador radiofónico, emite un texto en realidad, más o menos espontáneo, más o menos elaborado. Pero sí hace falta improvisar ante una noticia inesperada, ante el reclamo de su opinión o ante incluso un fallo informático, podrá ejercitar un tipo de *memoria* vinculado con la improvisación. Siendo esto así nunca llegará al complejo proceso exigido por la Retórica clásica para una comunicación oral en presencia, si bien la necesidad de reproducir en un estudio la espontaneidad de lo dicho en presencia ya fue contemplada desde la Retórica clásica. Así puede contemplarse la vinculación profunda entre esta operación y la siguiente, o *actio/ pronuntiatio*, la materialización final del discurso, en el sentido de las recomendaciones sobre que un discurso no fuera leído por cuanto se imponía una distancia con el auditorio y que llega hasta nuestros días. La pronunciación de discursos públicos se ha ido fijando en normas, como consecuencia de esa unión entre *memoria* y *actio/pronuntiatio*, como de la importancia de una comunicación oral del discurso retórico no leído.

La *memoria* por lo tanto queda subsumida en las técnicas propias de la comunicación radiofónica para retener y para mantener la atención del oyente, del receptor. No obstante, aunque ya domine las técnicas memorísticas, o tenga retenido el discurso con plena preparación, el comunicador no deberá depender totalmente de ella, sino acostumbrarse a llevar consigo los apuntes escritos y materiales necesarios para cualquier contingencia. Y será preferible decir unas palabras redundantes o demorarse un poco para la recuperación de la *memoria* a mentir o inventar sin responsabilidad, lo que afectará gravemente a su credibilidad.

2.5.6. - La actio/pronuntiatio

Después de reflexionar, buscar ideas, ordenarlas, componer el texto y memorizarlo, el presentarlo parece un paso final que tendrá éxito naturalmente, como dicen "a su tiempo maduran las uvas". En realidad, esta fase resulta ser la más difícil para muchas personas.

El lenguaje es tanto el medio para expresar el pensamiento como el instrumento para pensar, por tanto genera una influencia fundamental en el pensamiento y conocimiento humano, es decir, un modelo fijo de aquél conduce a un lenguaje rígido y estancado y a la vez éste afectará gravemente la fluidez y creatividad del pensamiento. Es necesario que tanto el lenguaje como el pensamiento del comunicador permanezcan en un estado vivo y fresco para que se pueda presentar una combinación maravillosa de inteligencia mental y verbal de ricos colores en la producción discursiva.

Esto nos recuerda un proverbio antiguo de China: *la inteligencia en el corazón, la belleza en la boca.* Es decir, la persona capaz de pensar sabiamente también es capaz de expresarse verbalmente con elegancia. En realidad, nos resultará fácil de dar ejemplos para juzgar que este dicho no es suficientemente correcto, porque no todas las personas que tienen "la inteligencia en el corazón" pueden "hablar con belleza", y los que tienen la "belleza en la boca", no son todos que tienen "la inteligencia en el corazón".

Una de las razones será que existe un proceso de elaboración retórica de "la inteligencia en el corazón" a "la belleza en la boca", y este proceso se encuentra, generalmente, en un contexto cambiante e inestable, y por consiguiente el pensamiento verbal de la persona también cambia según cada situación, no obstante, varía la capacidad de adaptación de cada uno al cambio dinámico del pensamiento y del lenguaje. Esto demuestra que "la inteligencia en el corazón" puede ser la condición previa y necesaria, pero la inteligencia mental no equivale a la verbal del ser humano, ésta es un todo que integra adecuadamente el pensamiento ágil, la expresión maravillosa y el contexto dinámico, que implica una sabiduría o capacidad que es coherente con otras inteligencias y competencias y a la vez es relativamente independiente.

Sin embargo, para los profesionales del medio radiofónico, que se refieren a los locutores, presentadores y periodistas, una gran capacidad de comunicación oral es el requisito primero para que puedan dedicarse con éxitos a esta empresa. En este apartado vamos a seguir los principios retóricos para ver cómo se debe materializar un programa radiofónico.

La *actio* -acción-, y la *pronuntiatio* -pronunciación- consisten en la actualización del discurso retórico frente a un público, activando y culminando el proceso comunicativo entre el emisor y el receptor, el orador y su público. Esta operación supone fundamentalmente, el empleo por parte del orador de la voz y el gesto, lo que es puesto de relieve respectivamente por los términos *pronuntiatio* y *actio* (Mortara: 1991, 324). El orador debe saber pronunciar el discurso y recitar como un verdadero actor, modular la voz, comprender el gesto, el movimiento, elementos establecidos por la *rhetorica recepta.*

En términos estrictos de la oralidad es ésta una de las operaciones más importantes por cuanto implica la materialización final del discurso. Tal y como queda expresado en la cita anterior *actio* y *pronuntiatio* revelan la doble realización del discurso que gira en torno a la voz y al cuerpo. Es realización material a través de la voz de todas las operaciones anteriores y su puesta en escena frente al receptor, si estamos hablando de una comunicación en presencia, tal y como la abordó por fuerza la Retórica:

> La importancia de la operación de *actio/pronuntiatio* radica en que es la operación por la que el orador y su discurso son conectados con los oyentes; es la operación en la que culmina la serie de las operaciones retóricas y, por tanto, el esfuerzo de construcción y comunicación discursivas del orador; es la operación de presentación del discurso a los oyentes. Una mala *actio/pronuntiatio* puede significar

> el fracaso de un buen discurso, mientras que un discurso mediocre puede ganar mucho gracias a una buena realización de esta operación. (Quintiliano, *Institutio Oratoria*: XI, 3, 2-5) (Albaladejo: 1999b, 11)

La insistencia en los tratados clásicos se corresponde con la importancia concedida a esta operación en la que se cifra el éxito o el fracaso del orador, así por ejemplo Cicerón en el *Orator* observa:

> Efectivamente, individuos que no sabían hablar han obtenido éxitos en la elocuencia gracias a la dignidad de su acción, e individuos elocuentes han sido muchas veces como incapaces de hablar por culpa de la debilidad de su acción; [...] es que, si la elocución no es nada sin la acción y la acción es tanto sin la elocución, es evidente que la acción tiene gran importancia en la elocuencia. (Cicerón, *Orator*: 56)

Desde claves orales es difícil desvincular el discurso en sí de la voz y de una verdadera elocuencia corporal:

> Aunque sin contenido la fuerza de la palabra es nula, sin embargo, el mismo contenido es muchas veces aceptado o rechazado según se presente con una forma u otra. (Cicerón, *Orator*: 72)

Es la presencia del orador ante el público la que finalmente materializa en la comunicación oral el propio discurso, de ahí la importancia concedida a esta operación y el índice final de la eficacia o ineficacia de todo el trabajo efectuado. Presencia e inmediatez explican profundamente la naturaleza de la oralidad abordada por la Retórica. Y esta presencia en la pronunciación está unida a la visualidad de la recepción del discurso retórico, lo que permite a los oyentes obtener la imagen visual del orador y de su actuación en la pronunciación, aumentando la influencia que éste pueda ejercer en aquéllos.

En el caso de la comunicación radiofónica, lo más importante es el canal a través del que se transmite, canal oral, y además en ausencia del orador, por eso es tan importante esta parte de la Retórica y sobre todo su correcta formulación, si no fuera así la comunicación se realizaría ineficazmente. Tecnología y palabra van indisolublemente unidas de manera que el comunicador debe dominar eficientemente tanto el medio tecnológico como la palabra hablada por la voz.

La Retórica, desde su origen no se separa de su fin de elocuencia en la comunicación oral y estudia las relaciones inherentes entre los sonidos y el sentido de oído para captar la cadencia de las palabras y ajustarla según las circunstancias determinadas, así afirma que la voz y la actitud del hablante tiene la facultad de cambiar el estado de ánimo del oyente y ejerce una influencia directa sobre sus emociones, el *pathos*, y los afectos entran en su mente a través de los oídos.

> Y es que, el oído, o la mente, advertida por el oído, contiene en sí misma una especie de medida natural de todos los sonidos. Por ello ve lo que es demasiado largo y lo que es demasiado corto y siempre espera algo acabado y medido; percibe que ciertas frases están mutiladas y casi cortadas y le chocan, como si le quitara lo que se debe; que otras son demasiado largas y como corriendo de una forma exagerada, cosa que el oído rechaza aún más... (Cicerón, *Orator*, 177-178)

Esa medida natural planteada por Cicerón está basada en la armonía interior del ser humano y su propio lenguaje. El orador debe dominar eficientemente la medida ajustada para construir el discurso y presentarlo con una armonía de sonidos. Así consigue que el flujo de las palabras pronunciadas suene en la mente como las notas musicales, que componen una belleza natural que el oído no rechaza. Por tanto, hay que evitar una composición demasiado esmerada o una cadencia monótona, que no corresponden a la medida natural del oído, la que conduce a la elocuencia perfecta.

Esto es algo que salvada la distancia sabía muy bien la Retórica clásica ya que observaba de cerca a los oradores y determinaba en qué radicaba el éxito o el fracaso de sus discursos. Parte importante del proceso era el canal por el que se transmitían, en este caso el oral puro, de manera que se trabajaba por ejemplo en el fortalecimiento de la voz o en la perfecta vocalización para que el mensaje fuera audible.

En estos momentos quizá se haya bajado la exigencia de las llamadas buenas voces, de los locutores antiguos frente a los periodistas. Esto es así porque una voz demasiado cuidada, demasiado "radiofónica" puede parecer falsa mientras que una voz natural puede dar credibilidad a la noticia. Sin embargo, el problema sigue ahí, ya que una voz demasiado natural, con vicios en la lectura, sin vocalizar bien, puede ser incomprensible o inaudible para el oyente, de manera que no le llegue el mensaje.

En términos puros de comunicación radiofónica puede advertirse una serie de estilos comunicativos que entrarían a formar parte más de los "vicios" que de las virtudes. Los manuales para periodistas insisten en las variadas posibilidades a la hora de utilizar la voz, sabiendo siempre que las tonalidades de la voz se "contagian" a la información transmitida, y las emociones se reflejan de un modo especial en la voz, el instrumento principal con el que se comunica el periodista radiofónico. La voz es la sonrisa, su boca, sus ojos, sus manos, sus gestos, su simpatía, su sentido de humor, su mirada, sus movimientos, sus guiños, su vestimenta... La voz también es amistad, confianza, credibilidad, misterio, alegría, tristeza, belleza, grandeza, fealdad, miedo, seguridad.... La voz es, en definitiva, todo lo que el oyente pueda llegar a imaginar.

Como la Retórica clásica nació en una comunidad predominantemente oral, la atención hacia la palabra dicha y oída es primordial. Así no se distingue claramente lo que es dicho, la palabra, el uso del idioma y la forma en que se dicen las cosas. Cicerón en su obra fundamental, *Orator*, dice:

> En lo que se refiere al cómo hay que hablar, consiste en dos cosas: en la acción y en la elocución. La acción es, en efecto, una especie de elocuencia del cuerpo, ya que se basa en la voz y en el movimiento. Los cambios en la voz son tantos como los cambios en los sentimientos, los cuales a su vez son especialmente provocados por la voz. Sobre este tema yo diría más cosas si fuera este el momento de dar reglas o si tú me lo preguntaras; hablaría también del gesto, en el que está incluida la expresión del rostro. (Cicerón, *Orator*: 55)

Así la elocuencia no lo es sólo de la palabra sino también del cuerpo en la idea de que el discurso no sólo llega a la mente sino a los oídos y a los ojos. En el caso de la radio las palabras llegan a los oídos, como en el caso de la Retórica clásica unida a la oralidad, pero con la diferencia de que el orador no está presente por lo que la fuerza de la voz es todavía mayor.

Desde la perspectiva retórica la mayor virtud del discurso es el decoro en el sentido de que todos los niveles, operaciones, elementos de un discurso se ajusten entre sí y no haya nada que rompa esta unidad. Toda la crítica coincide en que el mejor lugar en el que se trata el último componente retórico, el de la acción, es la *Institutio Oratoriae* de Quintiliano. Se ha considerado a esta obra el monumento final de la Retórica porque es la gran recopilación de toda la tradición anterior. Como si estuviera hablando para el siglo XXI y para la comunicación radiofónica.

> La voz ha de reflejar por tanto la corrección, la claridad, el decoro y el ornamento requeridos para las palabras en la *elocutio*: *Non alia est autem ratio pronuntiationis quam ipsius orationis. Nam ut illa emendata dilucida ornata apta esse debet, ita haec quoque.* [Quintiliano, *Institutio oratoria*, 11, 3, 30].
>
> Debe mantener, por ejemplo, el acento de la ciudad frente a rasgos dialectales [Quintiliano, *Institutio oratoria*, 11, 3, 30-32], debe esmerarse en la vocalización para ser clara [Quintiliano, *Institutio oratoria*, 11, 3, 33-39]. La voz debe enriquecerse de matices creando un discurso casi paralelo en los oídos que captan todos los matices posibles. En palabras de Quintiliano la voz ornada debe ser *fluida, poderosa, rica, dulce, conmovedora, densa, clara y pura*, apoderándose del aire para posarse y permanecer en los oídos. Lo que captamos de ella es su especial calidad, no su volumen [Quintiliano, *Institutio oratoria*, 11, 3, 40]. Como puede apreciarse Quintiliano insiste, una y otra vez, en la cualidad densa, emocional diríamos que irracional, de los efectos de la voz sobre el receptor. Insiste en la cualidad táctil de la voz tocando y penetrando en el oído como primer signo de la influencia sobre el receptor. (Fernández Rodríguez, en prensa: 2005)

La puesta en escena del discurso, la transformación de un guión o un texto en representación sonora es la tarea final a la vez la más importante para la radio. El locutor o el presentador, utilizando el micrófono, pone en escena el texto ya preparado con técnicas profesionales que incluyen dar al receptor la sensación en todo momento de que se produce de una manera natural y espontánea reviviendo las condiciones de un acto de oralidad en presencia. Desde la calidez de la voz hasta la calidez del lenguaje utilizado se crea esa ilusión ante el receptor que se basa en la idea de que alguien le está hablando a él realmente. Es la singularidad del medio radiofónico que aún así puede atender y atiende de hecho a las antiguas palabras aristotélicas buscando el difícil equilibrio entre el aparente descuido y un exceso que llevaría a una incomprensión del discurso:

> Bien es cierto que hay que usar alguno (pues se sale de lo corriente y da singularidad a la expresión), pero debe mantenerse la medida, pues el exceso produce un efecto peor que la expresión descuidada, ya que lo segundo no está bien, pero primero está mal. (Aristóteles, *Retórica*: 1406a)

El formato de la locución radiofónica depende básicamente del género del programa, o tipo del texto, por la diferencia entre cada uno, se requiere distinta ejecución, para la que se ponga la voz, del género, así como de los asuntos que se vayan a comunicar y del momento del día -franja horaria- en que tenga lugar la transmisión. Según el caso, estos factores condicionan de una manera u otra la actitud a adoptar por parte del comunicador al tiempo que vertebran el estilo expresivo, una impresión que vendrá dada por el tratamiento fonoestésico de la voz (Huertas y Perona: 1999, 126). En las obras auditivas de la radio sólo intervienen los sonidos, dentro de los cuales, la palabra forma parte principal y los efectos sonoros y la música no sólo sirven de complemento, sino que toman parte en la creación al lado de la palabra.

La expresión oral radiofónica, más conocida como locución, está sometida a unos condicionantes y mediaciones tecnológicas que demandan al emisor poner especial atención en la dicción, vocalización, ritmo, entonación y actitud, los cuales siempre deberán ajustarse a las características del texto y al contexto concreto. Siguen vigentes las palabras de Aristóteles que considera la voz como el instrumento a través del cual llega el discurso al público y el que da sustancia, como realización material, al discurso:

> La puesta en escena se centra en la voz, en la manera en que debe usarse para cada emoción, por ejemplo cuándo hay que hablar en voz alta, en voz baja y en un tono normal, o en la manera en que hay que emplear las entonaciones, aguda, grave o intermedia, así como los ritmos adecuados a cada asunto. Así pues hay tres aspectos a los que debemos atender: el volumen, la modulación y el ritmo. (Aristóteles, *Retórica*: 1403b).

La radio genera una particular relación emisor/receptor, un contexto comunicativo único en el que, entre otras cosas, la expresión sonora del locutor se dota de una especial significación. Por eso, la especificidad del medio obliga al profesional a convertir su voz en un instrumento de trabajo perfectamente moldeable, capaz de estimular la recreación de cualquier imagen, cualquier sensación y/o cualquier emoción.

Así por ejemplo, el género informativo se caracteriza por su objetividad por excelencia. Por lo objetivo se entiende lo más objetivo posible puesto que no existe un discurso que es absolutamente objetivo por intervención del hombre.

El oyente espera que se le informen hechos ordenados y expuestos sin haber sido contaminados por la opinión de otros en el proceso de la elaboración y con la información él puede formar su propio juicio. Por lo tanto, la clave para la locución de noticias es mostrar la objetividad en la colocación de la voz, que no exige un compromiso personal para emocionar, conmover, persuadir o convencer y simplemente informa lo que pasa con toda la verdad. Pero hay una subjetividad implicada en la locución de informativos para marcar sus diferentes características de otros tipos de locución, como es la más seria o la más rápida y se refuerzan con las actitudes periodísticas del comunicador. En este sentido, la objetividad de la noticia es compatible con la subjetividad de la voz, a la que se ha de recurrir para informar mejor, sonar más agradable al oído y evitar ser aburrida por la monotonía o el canto en el que puede derivar una lectura. Las variaciones de tonos, volúmenes, velocidades y pausas deben serlo en forma suficientemente clara y precisa para que el oyente pueda distinguir sin dificultad el sentido de las palabras y frases, pero no intervienen en su manera de pensar sobre la noticia.

Así en la locución informativa los periodistas se afanan por dar una mayor velocidad con la idea de que el receptor captará la agilidad e inmediatez de la noticia. También hay cierto énfasis en determinadas palabras que suenan con una especie de "esdrujuleo", si esto será un defecto para los oyentes que normalmente no hablan de esta manera, el periodista percibe estos énfasis como la condición necesaria para resaltar la información por un lado y por otro para mantener la atención y facilitar la comprensión. Además será recomendable la locución informativa con un volumen alto para establecer la distancia que permite al oyente observar sin ser intervenido y a la vez para denotar seguridad del comunicador sobre lo que está diciendo y una velocidad algo más rápida que la media para acelerar el ritmo de la locución y generar la sensación de la rapidez y el rendimiento con los que está informando los últimos sucesos; un tono grave que refleja la seriedad y el peso de la información; una actitud amable que supone la humanidad y proximidad al prestarse un servicio público a toda la población al lado de la radio.

Con el fin de distinguir una noticia de otra se pueden combinar de varias maneras los parámetros de la voz y es frecuente que los informativos se dicten a dos o tres voces, produciendo diferencias de timbre que no implican subjetividad. Marcan las palabras clave indicando su importancia en la frase, y en las noticias, los verbos serán siempre parte de las palabras clave, y las demás palabras varían su importancia según la circunstancia en que se usan y no son difíciles de identificar, por ejemplo, la negación "*no*", es muy importante porque cambia radicalmente el sentido del mensaje.

Los locutores informativos pueden imitar a un abogado, que sea preciso, rebuscado y capaz de desenvolverse bien en las causas judiciales, para narrar hechos, no utilizan en la presentación del discurso frases oscuras y de significado oculto que apenas pueden ser entendidas. Se debe buscar siempre un estilo fluido, tenso, fresco y vivo en las narraciones y descripciones de hechos. Además, el oyente espera que el periodista radiofónico, desde la estrella más popular hasta el comentarista de turno, le hable, le cuente cosas, le describa lo que ve y cómo lo ve. Y esto es así tanto si se trata de la lectura de un texto o de una improvisación, ya que el radioyente recibe una misma impresión de realidad: "el locutor se dirige a él, le mira los ojos, le grita o le susurra a los oídos y le transmite una determinada información". (Balsebre 1994: 36) La voz se convierte en una verdadera imagen acústica y su importancia es mayor aún que en la Retórica clásica sobre todo porque es el único vínculo entre el orador y el receptor, entre el locutor y el oyente. En este sentido la voz es importantísima y se convierte en la forma de imaginar al que está detrás del aparato de radio. Suponemos que el que trabaja en la radio debe tener una buena voz y si oímos en nuestro entorno a alguien que tenga una buena voz decimos que tiene una voz radiofónica. Por tanto, el comunicador radiofónico debería considerar el lenguaje radiofónico como el portador de los valores estéticos y construir el discurso según las leyes de la estética.

Tanto la belleza de la voz como la belleza del ritmo son el reflejo de la belleza de la expresión oral, sobre todo en este tipo de comunicación. Como uno de los medios retóricos, el comunicador debería aprovechar eficientemente las propiedades de la pronunciación para conseguir una belleza musical y rítmica. Cuando la palabra se ha convertido en una proyección de la ilusión mental, la pronunciación reproducirá de manera activa y realista el propio pensamiento humano porque implica ricos factores sentimentales y aire de vida. La voz en ese momento es más expresiva y tiene mayor sentido de belleza. El cambio y la armonía del ritmo discursivo, también pueden ofrecer al oído un bello agrado.

La fuente del discurso radiofónico está enraizada en la vida real y el comunicador ha de refinar de ella un lenguaje vivo y rico en colores de nuestra época sin olvidar que la sencillez y la sinceridad verbal le acerquen siempre al corazón de sus oyentes.

Las operaciones retóricas del comunicador buscarán la belleza de todo tipo, por ejemplo, los informativos obedecen el principio de economía o concisión y evitan que haya componentes de sobra para que el oyente reciba mayor cantidad de noticias con menor fuerza, esto es una belleza de sencillez y pureza; también hay presentadores que pueden expresarse libremente con frases complejas sin falta alguna de ideas claras, deducir e inducir de manera natural, esto es una muestra de gran talento; el uso hábil de metáforas, o frases hechas, o expresiones vulgares, por la desviación de las convenciones, producirán efectos novedosos y raros, que constituye otra belleza singular entretejida con sensibilidad humana y suponen una gran ingeniosidad técnica.

El ritmo es un fenómeno verbal muy abstracto que está restringido por el contenido, el contexto y el objetivo de expresión y vinculado inseparablemente con las experiencias sensitivas de la persona, por ejemplo, lo sencillo parece más rápido que lo abstruso; y lo alegre, más rápido que lo triste; lo vivo, más rápido que lo discreto; lo intenso, más rápido que lo relajado; y lo argumentativo, más que lo lírico.

En la comunicación radiofónica, los informativos y los programas de deportes para transmitir un partido usan generalmente un ritmo rápido con estructuras concisas del discurso; y en los programas de entrevista, o de tertulia se ve más lento el ritmo, una organización discursiva relativamente suelta y floja. Los programas de debates o de actos rituales se caracterizan por un ritmo fuerte, vibrante y animador; y los programas formativos o de servicios se presentan un ritmo más suave y apacible.

Sin embargo, esta distinción tiene obviamente un defecto. Y es que en un programa, es raro que se use un solo ritmo para hablar. En realidad no existe un ritmo fijo como etiqueta de algún programa, como lo afirma Aristóteles, lo bueno no está en la rapidez o en la concisión, sino en la justa medida (*Retórica*: 1417a). El ritmo discursivo marca el aumento y disminución de las emociones interiores y enfatiza lo que uno experimenta por dentro. Por tanto, la experimentación sentimental y emocional en la expresión oral se refleja concretamente en el ritmo, la entonación, la colocación del acento, la distribución de las oraciones intensas y las sueltas.

Una adecuada constitución del ritmo discursivo contribuirá tanto a la creación con eficacia de una circunstancia comunicativa como a la extensión del espacio para que el oyente saboree e interprete el discurso.

Es necesario indicar que todos los recursos retóricos de pronunciación, tales como los de la vocalización, la resonancia, la entonación, el acento, el ritmo, o la pausa, se deben hacer en un estado espontáneo sin mostrarse con mucho cuidado o esfuerzo especial. La sencillez y la naturalidad son las principales características del discurso radiofónico, tomando como referencia el estado natural de la conversación cotidiana en el que la voz es más relajada y la entonación es más natural, son éstos los requisitos para una comunicación natural ante el micrófono. La naturalidad es el requisito fundamental ya que de esta forma el auditorio percibirá ante todo la espontaneidad y sobre todo la inmediatez requerida por la presencia impuesta por la oralidad. Así por ejemplo Aristóteles observa:

> Por ello no conviene que se note la elaboración ni dar la impresión de que se habla de un modo artificioso, sino natural (esto último es lo persuasivo, mientras que aquello produce el efecto contrario). (Aristóteles, *Retórica*: 1404b)

En un estudio experimental de Emma Rodero se llega a interesantes conclusiones sobre esta relación tan peculiar:

> En definitiva, los sujetos experimentales seleccionaron como mejor voz para los informativos radiofónicos aquella que poseía un tono grave y un timbre resonante, armónico y claro al transmitir mayores sensaciones de credibilidad, seguridad y tranquilidad que las voces con tonos agudos y timbres más oscuros u opacos.
>
> En lo referente a la entonación, la muestra se decantó por una variedad tonal, tanto en el nivel seleccionado como en cada uno de los fonemas de los grupos fónicos, siempre en función del contenido del mensaje informativo y respetando sus funciones lingüísticas.

> Para el acento, lo más relevante fue que en el mensaje sólo se remarcaran aquellas palabras clave para la comprensión de los datos informativos, pero siempre de manera natural, sin exageraciones.
>
> En lo que respecta al ritmo, la velocidad de lectura preferida por los sujetos experimentales fue la moderada, o tendente a rápida, pero siempre que sufriera variaciones acordes con el contenido del discurso informativo.
>
> Las pausas quedaron restringidas a ciertos momentos estratégicos del texto.
>
> Por último, la pronunciación más agradable para la muestra resultó ser aquella que compaginó la naturalidad y la fluidez con la corrección articulatoria. (Rodero, 2001: 313-314).

Desde el punto de vista retórico se prefiere el estilo grave, palabra que se aplica a un tono de voz "grave" que contagia de gravedad e importancia lo que se dice. También es importante la correcta aplicación de las pausas y de los silencios muy importantes en la radio porque son especialmente significativos. Si la radio es la presencia de la voz, igualmente importante es su ausencia. Y muy importante es también la preferencia final, también señalada por la Retórica clásica, que es la mezcla entre la naturalidad y la capacidad para vocalizar perfectamente.

En fin, la comunicación radiofónica, en su esencia, es el arte de la comunicación oral. El locutor o el presentador se encarga de elaborar el programa y a la vez de ponerlo en antena. Él transmite el mensaje no en letras escritas sino en palabra hablada y su nivel de expresión oral influye más directamente al efecto comunicativo del discurso radiofónico. Aunque la comunicación radiofónica imita la forma oral de la comunicación interpersonal de la vida cotidiana, su expresión oral busca un alto nivel de informaciones efectivas, es una oralidad artística o una retorización oral.

CAPÍTULO 3

Ideas retóricas de desarrollo para la radio futura

De acuerdo con los objetivos específicos del estudio se dirige la mirada hacia el futuro en el tercer capítulo y se plantea que la radio futura será la imagen de un orador perfecto gracias a la aplicación de la retórica a este tipo de comunicación. La noción del "orador ideal" que se aplica en general, es decir concretamente a los locutores, presentadores, periodistas radiofónicos, como productores y comunicadores del discurso radiofónico, está en íntima dependencia con las propias cualidades del medio, por consiguiente se afirma que la única forma de aprovechar toda la potencialidad de este medio pasa por una orientación retórica, es decir una formación integral de competencias comunicativas.

Los medios de comunicación se encuentran frente a cambios constantes debido a las circunstancias sociales o al contexto comunicativo de los seres humanos y la pluralidad social ha generado la misma pluralidad de los valores y modos de vivir de la humanidad. Por lo cual cada oyente, que vive en un distinto estado social, siente de forma también distinta la proximidad psicológica hacia cada tipo de medio, dependiendo del grado de satisfacción para las necesidades especiales que pueda ofrecerle cada medio.

Desde la perspectiva global podemos ver claramente la tendencia pluralista de la necesidad social de los medios de comunicación, cada uno de los cuales podrá encontrar su propio espacio de subsistencia y desarrollo en diferentes grupos de audiencia con sus diferentes necesidades, sin embargo, lo conseguirá siempre bajo la premisa de que el contenido del programa y la forma discursiva correspondan a la demanda del desarrollo social y la vida humana.

Aunque sea simplemente una deducción, estamos convencidos de que en el desarrollo futuro de los medios, la radio, igual que los otros medios tanto tradicionales como más modernos, para llegar a sobrevivir en la competencia intensa y establecer sus ventajas comunicativas, necesitará desarrollarse en dos lados clave: por un lado, continuará intensificando y perfeccionando sus propiedades mediáticas y sus funciones comunicativas; por otro lado, se adaptará estrechamente a las diferentes necesidades del medio causadas por la variación del contexto social de comunicación, adecuando lo más rápido que pueda su contenido de programa a la preconfiguración psicológica del mismo formulada por parte del receptor. Esta adaptación, sin duda, podrá ser garantizada en términos de actualización siguiendo las estrategias de desarrollo que nos vienen favorecidas por la Retórica.

Estamos en un nuevo milenio. No queremos predecir cómo podrá la radio seguir desarrollándose, sino que es mejor tratar de suponer lo que ella nos aportará en el futuro.

Las tecnologías contemporáneas del hiperrealismo nos están alejando de las modalidades tradicionales de existencia, cuando las recordamos nos parecen tan remotas como si fueran una realidad virtual y nos preguntamos: "¿existieron de verdad?" y "¿existirán?" Como en el caso de la radio, ¿habrá alguien que todavía esté acostumbrado a encender la radio al despertar por la mañana y que apagarla sea la última cosa que haga antes de dormir? Seguro que sí. No deberíamos dudar del valor de la existencia de un medio como la radio tanto en el pasado, como en el presente, y aún más para el futuro. El futuro de la radio destacará, por su calidad de servicio, por la información, por la tecnología, que es el mejor voto que ha hecho Homero Valencia, en aquel momento Secretario General de Radio Nacional Española, al sintetizar la política radiofónica europea en su *Informe como Relator General de la XVI Semana Internacional de Estudios sobre Radio*, celebrada en mayo de 2001 en Torremolinos:

> [...] Según un dicho español, si quieres hacer reír a Dios, cuéntale tu futuro. Creo que hoy debemos arriesgarnos a ver a Dios reír y atrevernos a prever un futuro para la radio, en general, y en el campo de las noticias, en particular, porque hemos comprobado que la radio acrecienta su nivel de credibilidad y de calidad y de aplicación de principios deontológicos, como bases de una información de auténtico servicio público; un futuro en el que desgraciadamente tendremos que seguir informando sobre la violencia, pero no con el lenguaje de los violentos; un futuro en el que surgirá y se incrementará una información específica europea, sin olvidar, sino todo lo contrario, la información local, tan cercana al oyente; un futuro para el que tenemos que atraer a los jóvenes a la información; un futuro presidido por los multimedia y las nuevas tecnologías [...].

3.1. La tecnología, fuerza motriz del desarrollo de la radio

La ciencia y la tecnología, que es la cristalización de la civilización y la sabiduría de la humanidad, ha desempeñado el papel modernizador en la evolución de la sociedad. Las invenciones científicas y los avances tecnológicos no sólo contribuyen a cambiar el medio ambiente de existencia, el modo de vivir, la concepción del valor y de la experiencia cultural de los seres humanos, sino que también ejercen una gran influencia en todos los dominios tales como el político, el económico y el cultural.

Con este desarrollo continuo, la historia de la comunicación humana ha entrado en la etapa de los medios electrónicos, representados por la radio y la televisión, después de las largas etapas de la comunicación oral-escrita y de la imprenta-publicación. Desde la década de los ochenta del siglo pasado, Internet, el medio electrónico más avanzado del tipo integrado de escritura, sonido e imagen, viene desarrollándose a toda velocidad en el mundo entero y da comienzo a la información y comunicación por vías antes desconocidas. El progreso científico y tecnológico es indudablemente el motor de esta transformación y desarrollo de los *mass media*.

Como uno de los inventos más grandes del hombre del siglo XX, la radio es el primer medio electrónico de comunicación masiva que va a miles de hogares. Toda la historia de la radio, desde su nacimiento hasta su desarrollo actual, se relaciona muy estrechamente con las tecnologías modernas, de lo que hemos tratado brevemente en el apartado *1.1.1*, y sirve como una referencia del gran significado que los progresos científico-tecnológicos han supuesto y supondrán para la subsistencia pasada y actual para el desarrollo futuro de este medio.

La utilización e integración de tecnologías cada vez más sofisticadas ha inyectado una fuerza motriz en su desarrollo, lo que permite ampliar su influencia y demostrar su poderosa función social y su encanto particular.

Si decimos que el nacimiento de la televisión ha provocado en la radio una crisis de existencia, Internet que aparece a galope tendido desde la autopista de la información le significará la oportunidad más favorable y un espacio de desarrollo más extenso.

Bien es verdad que Internet, concentrando en él mismo todas las características de la prensa, la radio y la televisión, ha roto la configuración dominada por los medios tradicionales, gracias a sus incomparables ventajas comunicativas y su acelerado ritmo de desarrollo está penetrando cada día más profundamente en la vida de la gente, lo que constituye un desafío para los medios tradicionales. No obstante, la convergencia entre las telecomunicaciones, la informática y los medios de comunicación no determinará la disolución de las identidades propias de cada medio, sino que reforzará a gran escala el esquema de complementariedad entre ellos: radio, televisión, ordenador con multimedia, teléfono, vídeo, que compartirán una misma pieza y mantendrán su espacio independiente.

Aunque la radio se encuentre aparentemente en una situación relativamente débil en comparación con la televisión y la prensa, su adaptación a un nuevo medio como Internet implica menores dificultades, es decir, existe una mayor posibilidad de complementarse con sus ventajas respectivas. Por ejemplo, las emisoras occidentales adoptan activamente dos tecnologías digitales: una es Radio de Computadora Auxiliar (CAR), es decir, aprovecha las tecnologías del ordenador en todos los sectores de operación de la radio, que ya es usada ampliamente, por ejemplo: para recoger y editar los materiales y datos, la composición del programa en el estudio de grabación, la programación y la emisión de los programas. Otra es la última DAB, que significa Digital Audio Broadcast, y es radio digital multiservicio de alta calidad, funciona tanto vía terrestre (T-DAB) como vía satélite (S-DAB) o por cable, el receptor detecta automáticamente el modo de funcionamiento. Se exhibió esta tecnología por vez primera en la Feria de las Emisoras de Radio de Berlín.

Estas tecnologías vienen llevando la radio a un espacio del desarrollo caracterizado por la digitalización, la alta fidelidad, la estereofonía y de acción mutua donde no sólo se transmite el sonido sino también las informaciones legibles a través de un monitor al mismo tiempo, por ejemplo, mientras escuchamos música por radio, a través del monitor colocado en el receptor, podemos leer simultáneamente las informaciones relacionadas con la pieza musical tales como el título de la obra y los datos del compositor y del intérprete, incluso ver al narrador; además, nos ofrece las informaciones del tráfico, clima, viajes, etcétera. DAB dispone de la misma fidelidad acústica que la de CD y no es afectada por ninguna interferencia en la recepción.

De manera incipiente, las grandes cadenas radiofónicas de España comienzan a plantearse distintas fórmulas organizativas para surtir de programas de producción propia a la inminente radio digital. Ésta se convertirá así en un campo de experimentación de nuevos formatos radiofónicos, adaptados a las novedades que aporta el sistema. Por ahora todavía no podemos hablar de una verdadera transmisión digital, la radio tradicional se emite a través de la red y no cambia su forma por transmitirse a través de este medio. Sin embargo, cada vez más se hace eco de Internet, no sólo dando direcciones sino ofreciendo -sobre todo en programas- lo que los oyentes opinan a través del foro o del *chat*. La comunicación es inmediata, mucho más que la llamada telefónica y además permite que los oyentes intercambien opiniones entre sí en tiempo real. Por ejemplo, uno de los programas pioneros en esta fórmula fue "Hablar por Hablar" de la Cadena Ser (www.cadenaser.com). El programa se puede escuchar en directo desde la página web y se abre un *chat* en el que los participantes comentan los contenidos del programa. De esta manera se hace más cercano el *feed-back* o la correspondencia estrecha entre el emisor y el receptor.

Cada vez es más frecuente que los oyentes no se sitúen al lado de un aparato transmisor de radio, sino que la escuchen a través de Internet u otro medio como MP3 que es portátil y práctico. La radio digital está suponiendo un gran cambio en la forma de concebir la transmisión y de concebir la audiencia.

Las categorías tradicionales que dividían la comunicación en interpersonal y masiva ya resultan insuficientes, pues aparecen nuevos niveles a través de la comunicación grupal, especializada, interpersonal gracias a las redes de telecomunicación. Las bases de la comunicación siguen intactas, seguimos hablando en definitiva de una comunicación oral en la que el emisor no está presente. Sin embargo, no podemos negar que el medio digital favorece una nueva forma de radio en la que el receptor, y sobre todo el oyente, puede estar más cerca que antes.

El modo de la comunicación radiofónica pasa de la unidireccionalidad a la interactividad. Ésta posibilita la participación de la audiencia en la programación de una emisora, a la vez que facilita a los radiodifusores la obtención de una precisa y abundante información sobre el tipo de audiencia que escucha cada programa y sus preferencias. Así, en un futuro próximo, y en función de la capacidad de cada emisora, se podrá establecer una consulta automática con la audiencia sobre un determinado programa que se emita en directo.

Las altas tecnologías no sólo han transformado la manera de distribución del espacio mediático, sino que han modificado la forma de "envolver" los contenidos, obligando a modificar también los formatos. Y, en esto, la radio no ha sido una excepción. Si antes era posible prever la repercusión de los contenidos radiados, ahora el canal comunicativo se ha expandido y las emisoras de ámbito nacional -e incluso local- pueden llegar a cualquier lugar del mundo. Gracias al apoyo tecnológico, la radio ha entrado en la etapa esencial optimizando tanto sus formas como sus contenidos. Las emisoras y sus programas participan en Internet, la emisión y la regularización de los programas se digitalizan para promover la combinación con Internet y adaptarse en el desarrollo del medio digital. Esta integración ha ampliado enormemente su espacio y ha reparado en cierto grado su defecto transitorio y efímero del mensaje si así se considera en lo relativo a la comunicación radiofónica, pues permite que el oyente acceda a contenidos grabados y pueda además interactuar con el emisor. La implantación de la radio en Internet servirá para obtener más realimentación de informaciones y ganar más participación de sus oyentes, lo que será sumamente beneficioso para optimizar los programas y poner en pleno juego la eficiencia.

Los mensajes cortos utilizados en los teléfonos móviles son un vivo ejemplo de cómo el lenguaje es capaz de adaptarse a las características del medio para sacarle mejor partido. En el caso de la radio también se debe tener en cuenta las innovaciones tecnológicas, por ejemplo, la incorporación de la radio a Internet. Las webs radiofónicas permiten la supresión de las imposiciones espaciales y de las temporales y también contribuyen a una interactividad por el acceso a múltiples textos, así que la fugacidad del mensaje radiofónico ya es un tópico pasado y el oyente podrá escuchar su programa cuando y donde quiera. La comunicación radiofónica ha registrado un gran salto gracias a su incorporación a Internet. A través de esta plataforma comunicativa, logra ofrecer la posibilidad de escuchar sus emisiones regulares, también puede dar otros servicios adicionales como la llamada radio a la carta o los *chats*, también materiales informativos complementarios acompañados de imágenes fijas y/o en movimiento. El principal potencial de Internet para la radiodifusión radica en que en la red, con sus diferentes servicios pero muy especialmente con el World Wide Web, se dan cita los tres pilares básicos sobre los que se sustenta la revolución tecnológica que se está viviendo: digitalización, convergencia e interactividad. Se trata, sin duda, de una confluencia que expande las opciones de las emisoras convencionales, al mismo tiempo que favorece la experimentación de otras modalidades de información y expresión que van más allá del sonido radiofónico.

No cabe duda de que Internet ha supuesto para la radio la superación de muchas de las barreras que le imponía la vía hertziana. De hecho, una de las prestaciones más valoradas del World Wide Web es la facilidad con la que se pueden crear páginas de texto vinculadas entre sí, dando lugar a una estructura hipertextual que permite acceder a un importante volumen de datos plenamente interconectados. Por eso, en la actualidad, los operadores que disponen de más recursos han incorporado en sus sitios web amplias explicaciones acerca de sus programas, así como fotografías y biografías de sus locutores más populares, o informaciones sobre iniciativas y actividades que lleva a cabo la empresa en cuestión, etc. (Gutiérrez y Perona: 2002, 17)

Para el internauta, cada emisora colgada en Internet, en su página Web, tiene una amplia amalgama de datos sobre cada uno de los espacios que conforman su parrilla, se describen las características básicas de cada espacio: género, contenidos habituales, *target*, horario de emisión, periodicidad, índice de audiencia, colaboradores, historia, etcétera. La capacidad de integración multimedia que caracteriza a la red permite, entre otras cosas, que las emisoras puedan favorecerse de las prestaciones del World Wide Web para crear archivos sonoros en los que quede alojada su programación (Gutiérrez y Perona: 2002, 17) Además, las estaciones suelen poner a disposición del navegante una oferta empaquetada con las últimas ediciones de los espacios más populares o una selección de las emisiones que son consideradas de interés para el público.

A juzgar por el desarrollo de la radio, una serie de cambios y reajustes realizados en la estructura de la industria y la mentalidad de comunicación, depende de la explotación y la utilización de las tecnologías y medios más modernos de transmisión electrónica. La digitalización de informaciones y la integración con Internet será una forma optimizada en común para la subsistencia de los modernos medios de comunicación y la radio, con la corona digital puesta en la cabeza y las alas mágicas de Internet insertadas en el cuerpo, volará en el espacio más extenso y profundo para desplegar a plenitud su potencialidad y difundir con mayor eficiencia.

La nueva radio supone un soporte distinto del anterior que evoluciona hacia las tecnologías multimedia, posibilitando la integración de servicios como los *chats*, correo electrónico, tertulias, debates y concursos con intervención en directo por parte del oyente, posibilidades de interacción en programas, radio “a la carta”, imágenes, etc. Una nueva radio que ha de corresponderse con un nuevo concepto también de receptor. El perfil de la audiencia del Tercer Milenio responderá a la llamada generación UNO, como la bautizó Bill Gates, es decir, jóvenes con amplios conocimientos de informática que buscan en los medios de comunicación mucho más que un programa determinado. Para ellos se ha de producir la tan deseada convergencia digital en el medio radiofónico con el fin de que encuentren en ella además de entretenimiento o información, un canal educativo, divulgativo, formativo y, sobre todo, atractivo. Mientras tanto la "gente de la radio", el comunicador radiofónico, además de verse abocado a una flexibilidad en su trabajo diario que le obliga a convertirse en "todoterrenos" del periodismo y la comunicación, ha de "mimar" su vocación profesional. La radio del siglo nuevo deberá subrayar la imagen de su transparencia de información y aún más de su carácter intimista de comunicación frente a la televisión y seguir manteniendo la mayor credibilidad posible, cuestiones ambas en las que tienen mucho que ver "la gente que hace la radio". (López Vidales, 2001: 81)

En el mundo de hoy, las tecnologías y las formas de comunicación están ejerciendo una profunda influencia en la tendencia de la sociedad, la historia y la cultura, y la llegada de la era mediática en forma interactiva y penetrante también está promoviendo y construyendo un nuevo contexto sociocultural y sociopsicológico. Por tanto, cada comunicador se ve obligado a estudiar de manera activa y profunda la realidad de la cultura mediática, renovar su mentalidad comunicativa para encontrar su propia posición de rol y las formas retóricas de expresión que correspondan a la necesidad de nuestra época: "Los efectos de la tecnología no se producen al nivel de las opiniones o de los conceptos, sino que modifican los índices sensoriales, o pautas de percepción, regularmente y sin encontrar resistencia. El artista serio es el único que puede toparse impunemente con la tecnología, sólo porque es un experto consciente de los cambios en la percepción sensorial". (McLuhan: 1996, 39)

Ahora bien, a pesar de los avances tecnológicos y de esta posibilidad de digitalización real de los contenidos radiofónicos, lo cierto es que permanece la ventaja del propio medio, su condición de poner en contacto a través de la voz y en solitario la comunicación. La función comunicativa de la radio se cifra en la compañía, así sentida por su audiencia y en este sentido los cambios tecnológicos son cambios del soporte que en absoluto afectan a esta función primordial: "Cuando la radio se encuentra en el camino de la digitalización de los procesos de producción, reproducción sonora y emisión, y el futuro de la radio siempre se vertebra en una discusión tecnológica sobre redes y equipos, la radio parte siempre de una ventaja y es que la audiencia, fiel y estable, continuará allí, al otro lado del receptor, como ha ocurrido desde 1920". (Balsebre: 1998, 38) Esta reflexión sobre el canal nos lleva a entender con máxima eficacia el objetivo principal de la Retórica, el de asegurar la eficacia del mensaje transmitido no sólo teniendo en cuenta la habilidad del orador o la receptividad del público sino el necesario ajuste al canal de comunicación entre ambos. En esta contemplación del canal desempeña un papel fundamental desde antiguo la tecnología en el sentido de favorecer la comunicación remediando las carencias y potenciando las ventajas. El papel de la tecnología en la comunicación puede ser valorado desde múltiples aspectos, desde su incidencia directa en el acto comunicativo hasta su presencia indirecta como apoyo que favorezca su eficacia. Así incluso la escritura o la imprenta han sido instrumentos que han servido de apoyo a la comunicación oral en la medida en que han permitido la preparación y el apoyo necesario para la actividad del orador.

En este viaje en el tiempo y a partir del panorama anteriormente descrito, la tecnología digital supone un avance más, no una ruptura o una transformación absoluta, sino un progreso que aprovechándose de los avances tecnológicos está presente desde siempre. El objetivo final es el de asegurar la comunicación, hacerla más nítida, hacer que llegue el mensaje con absoluta claridad, lo que siempre han perseguido las tecnologías de carácter electrónico, con el fin de hacer más fácil la audición y, en consecuencia, la interpretación de los discursos orales. Así también ha de entenderse la íntima vinculación entre retórica y tecnología, vínculo que viene desde antiguo y que se desprende con total naturalidad de la necesidad de que la comunicación sea satisfactoria y con ella el logro de los objetivos del orador. En esta medida las reflexiones sobre el canal y su actualización a través de medios tecnológicos han estado siempre presentes como condición absoluta para el logro de una comunicación directa y sin trabas. (Albaladejo: 2001, 11)

Desde esta perspectiva y ubicados en el universo de la Retórica, la radio supone la oportunidad tecnológica ofrecida al ser humano, al orador, para que su discurso llegue a un mayor número de personas, y les ofrezca como receptores la oportunidad de escucharlo.

No se trata por lo tanto de un cambio absoluto sino de una evolución anclada en las posibilidades de la comunicación humana. "La tecnología radiofónica permite la proyección, más allá de los límites naturales de la situación retórica y de la microestructura oral del discurso, resultado de la operación de elocución, así como de las operaciones implicadas por ésta, la disposición y la invención. En cuanto a la operación de acción o pronunciación solamente son objeto de la proyección tecnológica que proporciona la radio los aspectos propios de la voz, no así los del gesto y el movimiento, que, junto a aquélla, son imprescindibles en esta operación. La radio proyecta el discurso en la oralidad orientada a la correspondiente auralidad de los receptores que son oyentes en la mediatez propiciada por la tecnología". (Albaladejo: 2001, 13)

El avance tecnológico supone entonces la suma de posibilidades a partir de recursos propios e inherentes al propio ser humano y a su necesidad de comunicarse y de organizarse en sociedad. De esta forma las posibilidades provistas por la radio no son sólo de comunicación como tal en ausencia sino también de herramienta para obtener una mayor posibilidad de conocimiento e información sobre otros aspectos de la vida social al poder utilizarse como un verdadero archivo o documentación de noticias y eventos. Lo que se lee en la prensa o se ve en la televisión puede ser oído en la radio y viceversa. Todo aquello que es dicho y comunicado queda así transmitido y apto para ser escuchado gracias al desarrollo tecnológico. Esto permite al receptor aumentar sus posibilidades de elección, lo que lleva consigo la fragmentación de los grandes auditorios en auditorios más pequeños y diversificados.

Todas las novedades tecnológicas que hemos expuesto han modificado y modificarán sin duda alguna la manera de emitir y recibir mensajes mediáticos. Será demasiado pronto para prever toda su influencia en la creación de nuevos contenidos y formas comunicativas y tampoco podemos asegurar que se mantendrán los mismos tipos de programas que se emiten actualmente y lo único que cambiará será la manera de distribuirlos en diferentes medios. Dicho de otro modo, la tecnología, como fuerza motriz, puede facilitar que se convierta en realidad la igualdad de la palabra y la posibilidad para todos de expresar su propio pensamiento e informarse del mundo en que vivimos. Sin embargo, cuán avanzadas sean las tecnologías, cuán variables sean las formas de comunicación, se necesita y necesitará como hace veinticinco siglos, sin cambio alguno, un orador perfecto, que es la esencia de la comunicación radiofónica.

Frente a la complejidad del cambio tecnológico, quizá echaríamos de menos a la original caja música, que es tan pura y sencilla, tan cariñosa y comprensiva, como recordamos con tan profundo sentimiento al cine mudo que nos permitía imaginar la voz, siempre mantenemos en el corazón una imagen perfecta de la antigua amiga, la radio tradicional.

A través del desarrollo de la tecnología de la comunicación y su optimización permanente, hemos llegado a una época de coexistencia de multimedia y creemos que la configuración retórica de la comunicación radiofónica será la única solución efectiva para que este medio disponga de la competitividad nuclear y produzca su eficacia comunicativa. La aplicación retórica de las altas tecnologías en la radio ha destacado la doble identidad del discurso radiofónico, un lenguaje humano en que se unen lo sensorial y lo racional, lo científico y lo humanístico, y se presenta una búsqueda dinámica de la eficacia comunicativa.

El futuro de la radio pasa por la convivencia con el resto de medios de comunicación en una sociedad donde existe un libre mercado de oferta y demanda y una libertad por parte del usuario de obtener la información que le resulte más útil, accesible y agradable. Con el desarrollo de la ciencia y de la tecnología y la generalización de la comunicación cultural a nivel global, será imposible producir un programa que guste a todos, tanto a los más instruidos como a los menos ilustrados, y resultará más realista elaborar productos específicamente para determinados grupos pequeños de acuerdo a sus gustos u otras características en común. Trataremos en el próximo apartado de la transformación contemporánea de las relaciones entre emisor y receptor en la comunicación radiofónica y su posible tendencia comunicativa como un hecho retórico.

3.2. Las nuevas relaciones entre emisor-receptor y la tendencia comunicativa del discurso radiofónico

Debemos ser conscientes de que la tecnología digital todavía está muy lejos de tocar el punto final del desarrollo tecnológico de los medios de comunicación. A medida que avanzan las tecnologías más nuevas, la información se hace cada vez más general y pública, un alto grado de generalización comunicativa conduciría la decadencia de la época de comunicación de masas y el trato entre personas entrarían en un estado similar al de la época prehistórica. Sin embargo, aquél se constituiría en un espacio virtual sustituyendo la concepción geográfica de la realidad.

La humanidad desenvolvería sus contactos sociales mucho más en este espacio "virtual" que se establece en Internet y la posición de su calidad social y su identificación también provendría de este mundo virtual sin distinguirse de acuerdo con el espacio geográfico, sino que se reuniría en grupos según sus gustos o necesidades comunes. Se formarían diferentes "comunidades digitales" en el espacio virtual de Internet, cuyos miembros vendrían de todo el mundo en sentido geográfico y con los verdaderos vecinos posiblemente serían desconocidos y distarían sentimentalmente.

Dentro de esta comunidad virtual, el acto comunicativo se presentaría como un estado de comunicación interpersonal. Aunque todos los canales de información están abiertos para todo el público, lo que a la gente le interesa y preocupa es siempre limitado en lo que quiere enterarse y conocer y en la comunidad virtual podrá encontrar una sensación de pertenencia y seguridad, especialmente al seleccionar entre las informaciones por una red de filtro común compartida entre los miembros de la misma comunidad, lo que facilitará tanto un conocimiento global de algún tipo de informaciones útiles como una fluida realimentación comunicativa y defenderá a cada individuo de la situación de desamparo y desconcierto ante la avalancha.

La comunicación de masas durante el período de la sociedad industrial ha producido la pasividad y asimilación del sujeto receptor. Sin embargo, en la sociedad moderna de la información la comunicación social se hace de masas a mini-masas, en la cual el sujeto receptor va inclinándose a desempeñar un rol activo en la transmisión de informaciones y conocimientos, tal y como afirma Bassat, "el oyente es hoy un experto en el uso de técnicas de selección para filtrar los impactos que recibe. Un ligero examen de los mensajes le es suficiente para decidir cuáles escogerá y procesará y cuáles ignorará sin concesiones. Sólo hay dos grandes factores en juego en esta selección: sus necesidades, gustos e inquietudes del momento y nuestra capacidad creativa para ser relevantes y llamarle la atención". (2001, 36) En este proceso comunicativo, la interacción entre los sujetos emisor y receptor es una característica principal y otra característica más destacable será que frecuentemente el receptor asuma el papel del emisor del medio, lo que forma unas nuevas relaciones de emisión-recepción que integren orgánicamente la comunicación interpersonal y la de masas, dando la atención activamente una parte a la otra, compartiendo informaciones e intercambiándose sometidos a unas reglas determinadas. De aquí viene una nueva concepción, la comunicación de masas divididas o mini-masas, también la llamamos la comunicación de grupos, en contraste con el concepto de "masas".

Hablando en concreto, la comunicación de grupos se refiere a que, debido a la promoción de las nuevas tecnologías mediáticas, sobre todo, la optimización incesante de Internet y la tecnología digital, así como su generalización en el ámbito de masas, los medios ofrecerán más posibilidades que en cualquier otra época pasada para satisfacer necesidades individualizadas frente a la comunicación de masas que percibe los grupos primero en tipos y después en formas de comunicación pluralizadas. Consecuentemente, distintos medios atraerán distintos grupos de receptores. Además, la tendencia pluralizada de la sociedad, el respeto a la persona individual y la formación de grupos relativamente estables según la pertenencia pluralizada conduce a una necesidad más activa de la selección de medios de comunicación, que creemos será la fuerza motriz más directa y profunda para el desarrollo de pluralización mediática.

Las necesidades pluralizadas y multidimensionales por parte de la audiencia se integran con sus correspondientes posibilidades comunicativas brindadas por los diferentes medios, de esta manera se componen variados equipos comunicativos en mini-masas, es decir, se produce así la comunicación de grupos. Es necesario dejar claro que esta comunicación no solamente es una tendencia de desarrollo en el conjunto de los medios de comunicación, sino que también ha sido una orientación en las prácticas concretas realizadas en la elaboración del contenido del programa y la forma expresiva en el actual ámbito de los tradicionales *mass media*. La comunicación de grupos en la época de información enfatiza el factor "común" entre las dos partes de emisión-recepción, por ejemplo, los puntos comunes en la concepción de valores, las aficiones y gustos, el nivel de conocimientos, las experiencias, etcétera, cuando hay más zona cruzada en "común", el grado de entendimiento y reconocimiento es más alto y el proceso de codificación y descodificación será más preciso y concordante, por consiguiente se alcanzará más eficientemente la intención comunicativa y se garantizará un mejor efecto comunicativo. Para adaptarse a estas transformaciones, la radio no solamente sigue jugando sus ventajas como medio móvil, acompañante, interactivo y barato, sino que también se ve obligado a realizar los ajustes oportunos de las estrategias comunicativas. Las nuevas tendencias en cualquier cambio o reforma, no son inventadas o diseñadas por los teóricos sino percibidas antes en el ámbito de la práctica.

La comunicación de grupos, como una conciencia mediática, se ha venido aplicando de diferentes formas en el ámbito de las prácticas radiofónicas, como hemos visto anteriormente, su aplicación se refleja en dos dimensiones: una es explícita y se refiere a la aplicación en el desarrollo de las emisoras temáticas que empezaron a generalizarse en el ámbito mundial desde la década de los 70 del siglo XX. A pesar de que estas cadenas han variado notablemente en el contenido y la forma de emisión comparadas con las de hace más de treinta años, sobre todo las cadenas musicales, han poseído las características de la comunicación de grupos. La otra dimensión es implícita, se refleja en las formas de elaboración de un programa concreto e incluso en las características de su contenido, en las que se enfatiza la creación de un ambiente conversacional para tratos en privado o entre amigos. Esta forma no sólo se aplica en las cadenas temáticas sino también en las generalistas, pese a que su audiencia es mucho más amplia y difícil de dividirse en grupos determinados, el presentador, a través de un control efectivo de la forma de elaboración y presentación, también consigue construir un ambiente ambiguo de límite y adecuado para adaptar su discurso a las características de la comunicación de grupos.

La aplicación de la forma comunicativa del grupo en el ámbito radiofónico brinda más posibilidades para la diversidad de tratos sociales. Las cadenas temáticas poseen un grupo determinado de receptores y el comunicador conoce claramente lo que interesa a sus oyentes y sus límites aproximados y en este marco comunicativo relativamente fijo puede producir los géneros de programa y formas de transmisión que correspondan a las peculiaridades de su cadena, como se hace en las cadenas de música, deportes o noticias. La fidelidad alta y el número de sus receptores se mantienen estables y al mismo tiempo conceden a la emisora un valor sentimental que se debe a que los miembros del grupo, a la vez que comparten programas, sienten una auto-identificación y un reconocimiento mutuo dentro del grupo.

Las cadenas generalistas eran las principales formas de emisión en la etapa incipiente de la radio y hasta hoy día todavía se conservan una buena cantidad de ellas en todos los países del mundo con el objetivo de hacer que la comunicación radiofónica llegue a un público lo más amplio posible y satisfaga sus necesidades comunes en un estado social general. Pero el modelo básico y la utilización de las tecnologías de los medios de comunicación de masas no se diferencian de los de los medios para pequeños grupos, es decir, aquéllos también pueden servir como medios para la comunicación entre personas individuales o entre grupos o instituciones. Por lo tanto, el estilo de la comunicación de grupos también se adaptará en cierto ámbito de las cadenas generalistas para que éstas puedan responder más eficientemente al cambio complicadísimo del ambiente social y de las necesidades de sus receptores.

Las estrategias comunicativas de grupos para las emisoras generalistas consisten principalmente en establecer un estilo de tratos no de masas sino de grupos en las relaciones entre emisor y receptor. Aunque la composición de la audiencia es un factor complicado, el contenido del programa y el estilo de presentación cada vez muestran más características comunicativas del grupo y el presentador del programa presta mucha importancia a establecer y mantener un ambiente de amistad entre la emisora y la audiencia para realizar el efecto comunicativo reteniendo a los oyentes fieles y atrayendo a nuevos convirtiéndolos también en seguidores de la emisora. Así por ejemplo en muchos programas de charlas, se constituye una plataforma interactiva en la tribuna de Internet de transmisión directa, donde se reúnan los fieles oyentes con sus nombres utilizados especialmente y el presentador, durante el programa los saluda con cariño de vez en cuando. De esta forma se constituye un ambiente cálido de comunicación y los oyentes que intervienen en la discusión sobre el mismo tema, a través de mensajes cortos de teléfono móvil, llamadas telefónicas, o mensajes colgados en la página de Internet, entran en este contexto comunicativo del grupo. Este tipo de relaciones comunicativas se mantendrá y profundizará aún más mediante el intercambio por Internet después de la emisión del programa. En este sentido, el presentador se convierte en el centro o el alma del grupo y consigue el contacto sentimental y espiritual de otros miembros y a la vez conoce mejor las sensaciones y opiniones de los oyentes sobre el programa.

La radio, como un medio auditivo, conectará posiblemente la comunicación del sonido con los distintos medios como extremo final de recepción personal y desde la perspectiva tecnológica, los modos futuros de transmisión y recepción, así como el modo de consumo de la audiencia se construirán sobre la base de los modelos actuales. Esto implica que el futuro de la radio dependerá del desarrollo y perfección de las funciones de intimidad e interactividad del propio medio, insistiendo en descubrir nuevas vías para establecer relaciones más estrechas e íntimas entre el comunicador y el oyente.

En la comunicación radiofónica convergen diversas facetas de la cultura de una sociedad, de una cultura de la vida cotidiana y de una vida mediática. El conocido periodista radiofónico -en la actualidad televisivo- Iñaki Gabilondo afirma con cierto orgullo: "la radio es el medio que mejor y más rápido se adapta a la sociedad. Díganme cómo va a ser la sociedad y yo les diré cómo va a ser la radio del futuro". También afirma Arnheim que ella, junto con otros medios, tiene la responsabilidad de lograr que la cultura no se marchite. (1980, 147)

A partir de las propiedades correspondientes a cada medio, podríamos analizar retóricamente los géneros del discurso periodístico, el televisivo, y el radiofónico.

El discurso periodístico trata los hechos pasados con la palabra impresa que fija el contenido en el papel, probando el mundo que fue, y la mayoría de las noticias son "malas", implicando algo pesado de la historia, por lo cual podríamos clasificarlo como del género judicial; y el discurso televisivo presenta la actualidad principalmente con imágenes, mostrándonos el mundo que es, entonces lo creemos del demostrativo, y las vivas imágenes televisivas impiden que el diálogo entre el emisor y el receptor alcance un desarrollo tan amplio y profundo como en la radio; y el discurso radiofónico, mediante sonidos, implica algo más profundo, lejano, ideal que tiene algún sentido del futuro, será del género deliberativo. Aunque esta clasificación aparece forzada, se dará una nueva perspectiva para la comunicación radiofónica, que posibilitará el encuentro de medios nuevos para combinar armoniosamente el fondo y la forma.

No creemos favorable la intención de abarcar todo, sino lo que conviene al medio. De hecho, todo lo que se escribe en la prensa se puede expresar y revelar en una voz más viva en la radio, y todo lo que se presenta en la televisión también se puede trazar y describir a través de los colores del sonido en la radio, sin embargo, lo que quiere ésta no es el todo, sino la parte que pueda destacar sus ventajas. El discurso periodístico cuenta las historias de los demás, el televisivo muestra la actualidad del mundo para todos, sin embargo, el radiofónico debería abrir un espacio para uno mismo, donde se cuentan sus propias historias, sensaciones, sueños, un mundo interior que quiera compartir con los más íntimos.

Si decimos que la prensa y la televisión construyen un mundo exterior en que nos encontramos físicamente, la radio deberá ofrecer un mundo interior en el que vivimos espiritualmente. En este sentido, las imágenes y las palabras impresas entran por los ojos, enriquecen nuestros conocimientos cognitivos, fortalecen nuestra capacidad de comprensión e interpretación, favorecen nuestra competencia de codificación y descodificación del discurso. Mientras tanto, los sonidos salen desde el interior e implican un diálogo entre corazón y corazón, por lo tanto, la radio, como medio de comunicación, se destacará por una selección inteligente y una apreciación más humana de las perspectivas de atención y preocupación en el ser humano, se pondrá su preferencia en las dimensiones de lo verdadero, lo bueno, y lo bello de todos los hechos, y se esforzará en ofrecer al oyente algo realmente valioso e interesante, con la aspiración de establecer un mundo ideal para su audiencia. La emisora será sensible a las necesidades que puedan ser de provecho para la comunidad, contribuyendo a su formación, a su estímulo y diversión.

El discurso radiofónico tiene como objetivo brindar a su audiencia ejemplos de modos de ser, aspiraciones espirituales, modelos éticos construyendo un sistema de referencia para orientar las acciones y comportamientos de sus oyentes. Esto coincide con el sistema retórico al configurar el texto desde lo interior, es decir, la configuración retórica del discurso radiofónico empieza por las ideas producidas desde lo más profundo de la mente del sujeto emisor y sigue con la interpretación a través de la palabra que comunica y exterioriza lo espiritual, lo emocional y lo humano encarnados en las palabras, con el fin de ilustrar el pensamiento y purificar los sentimientos del ser humano. En este sentido, la comunicación radiofónica es una revelación espiritual, una manifestación sentimental, y un diálogo del alma. McLuhan dice que "nos convertimos en lo que contemplamos. [...] Modelamos nuestras herramientas y luego éstas nos modelan a nosotros. Gracias al empleo de los medios de comunicación, nos han derivado unos hábitos mentales que se integran a las estructuras afines del pensamiento y del sentimiento". (1996, 21)

Desde nuestro análisis retórico del discurso radiofónico es suficiente comprobar que las obras sonoras ricas en color y gusto refinado que se configuran y presentan en la radio no son iguales que los productos generales de consumo, sino que se caracterizan por sus implicaciones ideológicas, poéticas y humanistas como un tipo de manjar espiritual. Bien es verdad que estos programas, como productos culturales, se vinculan inevitablemente con el mercado de consumo, no significa necesariamente la extinción del valor espiritual ni el desgaste del sentido, sino que se necesitarán investigaciones más amplias y estudios más profundos sobre sus mecanismos internos, leyes operativas, características retóricas, por consiguiente, se logrará dominar el medio y su lenguaje así como poner en pleno juego sus funciones culturales, al mismo tiempo que resolver posibles influencias negativas.

La radio ofrece un espacio abierto y libre para todo el mundo y también para cada uno de su audiencia, así que mantiene una relación muy especial con su público, una relación personal e íntima con intercambios ideológicos y sentimentales, que constituye un factor sociocultural de la audiencia e influye en la producción de sus programas. Sin embargo, este mundo no es un mero espejo que refleja la realidad, porque la radio no se limita a informar sobre lo que hay o sobre lo que está pasando en el mundo, sino que interviene en la construcción de la comunicación social, interpretándola y completándola con todas las posibilidades que implica una recreación del mundo. Esta forma de comunicación romperá, de hecho ha roto en cierto grado los patrones del discurso serio de la narración periodística para interpretar la sociedad, el pensamiento, la humanidad, la ética, la moral. Enriquecerá el contenido del texto radiofónico, se expresará de manera más sencilla y clara y ofrecerá a la audiencia más placeres para el oído de forma que escuche los programas con alegría, los piense con interés y los recuerde con placer, disfrutando "lo culto" y entendiendo "lo profundo" de manera fácil y relajada.

El desvanecimiento del límite entre "lo artístico" y "lo popular", es decir, la insistencia en acercar las obras artísticas a la propia vida real, y la popularización y "no élite" del discurso serio de índole periodística, se ha convertido en una tendencia de desarrollo de la comunicación radiofónica. De este modo lo culto y lo popular quedan interconectados, disolviéndose de algún modo los antiguos límites. Podríamos señalar como ejemplo cómo el acceso del gran público a la música clásica a través de la radio también tuvo su reflejo en la sociedad culta, que tuvo ocasión de conocer y apreciar la música popular.

El comunicador radiofónico ha de tomar este tipo de pulso y asimilar los elementos de moda de distintos lenguajes populares de nuestro tiempo para integrarlos en los diferentes programas. A causa de una aspiración estética del efecto comunicativo, se sumarán más componentes dramatizados en el contenido de programa, explotando plenamente las potencialidades de los recursos retóricos de la música y los efectos sonoros y se intensificará el sentido de diseño con la viveza de ideas retóricas. Cada paso de la producción y emisión del programa encierra detrás todo tipo de esfuerzos, es decir, las operaciones retóricas del comunicador al tratar de sobrepasar el horizonte de expectativas de la audiencia y satisfacer su curiosidad. Sin duda alguna la expresión verbal con viveza y fluidez también será el mayor atractivo en la comunicación radiofónica para que el medio gane más audiencia.

La perfecta armonía entre lo artístico y lo popular del discurso radiofónico se acopla justamente con el anhelo moral, la psicología estética y la demanda sentimental. La preocupación y amor manifestados en la voz íntima, y la proyección moral implicada en los programas producirá una belleza de humanidad. El comunicador radiofónico transmitirá todo el tiempo una convicción: ante una época como la nuestra, comercializada y llena de sed material, las virtudes espirituales y el amor sincero siguen despertando nuestra capacidad para la maravilla: "todas las culturas y edades tienen un modelo preferido de percepción y conocimiento que suelen prescribir para todo y a todos. La marca característica de nuestra época es su repulsión hacia las pautas impuestas". (McLuhan: 1996, 27)

El no imponerse y no manipular a los demás también es una manifestación de virtud noble y amor verdadero. El discurso radiofónico proyecta la vida en una forma sencilla, directa, fácil de entender y descodificar, de modo que la recepción de los programas no exige pensamiento minucioso, racionalidad sabia o perspicacia aguda. Además, contiene sentimientos románticos en formas opulentas, que son adorados por los oyentes comunes y corrientes, quienes comprenden y aman la vida, aunque no sean versados en el arte y el romanticismo les provocará más simpatía, lo que será un motivo para interpretar por qué la música popular puede estar de moda.

A nuestro juicio, la Retórica es un arte sobre todas las otras artes, porque orienta y apoya éstas a encontrar sus recursos para llegar a su fin artístico; mientras tanto, la comunicación radiofónica también es un arte del sonido, de la palabra. Toda obra de arte debe "ir más allá de sí misma" (Arnheim: 1980, 84), la producción artística de la radio no es una excepción y tiene como objetivo una comunicación dinámica y armoniosa y siempre preocupada por el destino de la humanidad, así que no se separa de la retórica para ir más lejos y adentrarse más en la comunicación humana.

Para la futura radio hará falta un permanente espacio artístico que presenten los locutores profesionales. Es una gran lástima que un profesional radiofónico se sienta avergonzado al decir que es locutor y el mundo radiofónico lo abandone con cierto desprecio por considerarle absurdamente una incompetencia comunicativa natural. Arnheim muestra su preocupación por la pérdida de la belleza del lenguaje, e insiste en un enriquecimiento del sonido, sobre todo, en la expresividad de la voz radiofónica:

> En la rutina diaria, [...] el sonido tiene una utilidad práctica, como medio de comprensión, como idioma cotidiano, entonces es empobrecido, insensible, feo. [...] La mayoría de idiomas son descoloridos y esto hace desaparecer en nuestros sentidos la percepción de la belleza del lenguaje. Basta escuchar con atención las múltiples representaciones teatrales u obras radiofónicas, para darse cuenta de que nuestro arte de hablar ha perdido por completo la musicalidad. Por un lado tenemos al cantante de ópera o de concierto y las ensortijadas y pastorales voces de los mejores recitadores, pero, por el otro lado, nos encontramos con las conversaciones, sin ninguna melodía, de los actores, que además se vanaglorian de utilizar un lenguaje "realista y popular", ¡como si esto fuera un ejemplo! (1980, 26)

La radio requiere y se identifica con una buena voz y el oyente siempre tiene la expectativa de escuchar las voces más lindas y expresivas del mundo de la locución, con las cuales se cuentan cuentos, se recitan poemas y prosas, se adaptan vivamente las obras literarias. Será todavía más significativa cuando pensemos en los taxistas que no tienen tiempo para ver la televisión ni leer libros, las personas que no ven, los pobres que no saben leer ni tienen dinero para comprar un televisor o un ordenador, para quienes esta audición pública les supone un mundo completo exterior para percibir y sentirlo en el interior satisfaciendo toda su curiosidad para saber y aprender como orientaciones, de modo que la vida les resulta fácil y agradable y la cultura es respetada e interesante.

La radio de los años treinta tenía y tiene una importancia artística mucho mayor que la actual. La moderna es fundamentalmente un medio informativo y de entretenimiento. Sin embargo, eso no debe constituir ningún tipo de simplificación artística, porque lo artístico de la expresión es algo que viene implícito en las condiciones técnicas del medio. (Arnheim: 1980, 94) Por acústica que sea su esencia, es posible lograr una belleza artística como la de las inmortales obras musicales. Por tanto, la radio debe asumir la misión de ofrecer belleza sonora a los oídos del oyente. Merece una reflexión y una prueba de recuperación del espacio artístico en la radio con los más avanzados y completos medios técnicos que brindan más recursos expresivos.

Todos los medios de comunicación de masas se comprometen con la causa de la promoción social para el progreso, la igualdad y la solidaridad de la sociedad y el sentido del diálogo en los medios de comunicación, sobre todo, en la radio, será su triunfo en el futuro. Su intención no debe ser competir con otros medios sino ensanchar y profundizar posibilidades en su propio ámbito, por lo cual los profesionales deberán asumir la responsabilidad de ampliar sus márgenes de conciencia, enriquecer su capital simbólico y extender el horizonte de su cultura, así como canalizar dentro de la naturaleza del medio mensajes creativos y dinámicos a través de estructuras de producción originales y atractivas.

En el inventario de fuentes nutrientes no deberá faltar el aprendizaje valioso de otros diferentes modos comunicativos para mejorar la eficacia, tal y como afirma Haye,

> Siempre estaremos más cómodos en un mundo ancho que en otro estrecho; es preferible ser variados que limitados. Pero no se trata simplemente de una cuestión de gusto o de comodidad. La posibilidad de disponer de variantes está en relación directa con nuestras perspectivas de ampliación de la cosmovisión, de crecimiento intelectual y espiritual, de profundización de la conciencia histórica y social. Ésa es la tarea que nos compete. (1995, 59)

3.3. La radio futura: orador ideal–elocuencia perfecta

La radio, un medio que abarca todo tipo de discursos retóricos, todo tipo de voces, que sobrepasa la imaginación de Cicerón y las actividades comunicativas realizadas por sus profesionales, son el argumento más persuasivo de la Retórica, sin la cual la radio perdería todo su valor y sentido. Con todos sus elementos retóricos constituirá un mundo posible donde podemos acercarnos a un modelo ideal del orador perfecto que fue descrito por Cicerón y alcanzar al nivel superior del arte del lenguaje, que es la elocuencia perfecta deseada por todos los oradores.

En este sentido, la personalizamos como un comunicador diseñado retóricamente por el ser humano y la tecnología. Cada profesional tiene sus debilidades y limitaciones, y ninguno se atrevería a decir que fuera perfecto del todo, es decir, elocuente en todo tipo de programas. Sin embargo, la comunicación radiofónica implica una combinación de todo lo mejor de cada profesional que se dedica a esta actividad comunicativa, como si fuera una polifonía armoniosa en sentido musical, lo que confiere una elocuencia perfecta al medio con una cristalización colectiva de personalidad. Al final y como consecuencia el orador perfecto será la identidad de la radio. No es fácil definir "orador perfecto", así lo explica el gran orador Cicerón:

> En cualquier campo es muy difícil exponer el modelo de la perfección, ya que lo perfecto para unos es una cosa y para otros, otra. [...] como sucede entre los griegos, las opiniones son variadas y no es fácil poner en claro cuál es el modelo que sobresale por encima de todo. En pintura, a unos les gusta lo oscuro, descuidado y opaco, a otros lo brillante, alegre y luminoso. [...] De todas formas, [...] estoy convencido de que en todas las cosas hay algo perfecto, aunque está oculto y de que un conocedor de la materia es capaz de descubrirlo. (*Orator*: 36)

Sin embargo, con la convicción de la existencia de algo perfecto, él trata de describir una imagen ideal en su mente:

> Quizá nunca existió ninguno; no busco quién lo fue, sino qué es aquello más perfecto [...] eso no puede ser percibido por los ojos, ni por los oídos, ni por ningún sentido; sólo lo comprendemos con el pensamiento y la mente. Así, podemos imaginar obras más hermosas que las estatuas de Fidias, más perfecto que las cuales vemos que no hay nada en el arte escultórico y que los cuadros que he citado; ello a pesar de que aquel artista, cuando creó su modelo de Júpiter o Minerva, no tenía ante sus ojos a nadie que le sirviera de modelo, sino que era en su propia mente donde estaba una especie de imagen extraordinaria de la belleza, contemplando la cual y fijándose en ella dirigía su arte y su mano hacia su imitación.
>
> [...] de la misma manera que en las formas y en las figuras hay algo perfecto y extraordinario, a cuya imagen, ideal, remite, mediante la imitación, todo aquello que no entra en el dominio de la vista, así también contemplamos en nuestro espíritu el ideal y buscamos con nuestros oídos la imagen de la perfecta elocuencia (Cicerón, *Orator*: 8-9).

De esta forma él ya tenía la imagen del orador ideal y un cierto modelo de la elocuencia perfecta, pero no lo veía en la realidad sino que podía contemplarlo en el espíritu y encontrarlo con los oídos, por eso confirma:

> Si bien no podemos dar una imagen definida, al menos sí podremos quizá decir cómo debe ser (Cicerón, Orator: 20)

Según el mismo autor, el mejor género de elocuencia no es ninguno en concreto: ni el *sublime,* ni el *medium,* ni el *tenue.* El mejor orador sería un hombre de talento agudísimo que sabe utilizar en cada momento el género más adecuado (Cicerón, *Orator*: 15 con *nota 20*)

> El propio nombre de "elocuencia" indica que el orador perfecto sobresale sólo en esto, en la elocución, mientras que las demás cosas (la invención, disposición, memoria y acción) permanecen en la sombra; efectivamente, ese orador no es llamado ni "inventor", ni "compositor", ni "actor", aunque domine todas esas funciones, sino "rétor" en griego y "elocuente" en latín, a partir de "elocución". Y es que, de esas otras funciones que hay en el orador, todo el mundo reivindica una parte, pero el poder supremo de la palabra, es decir, de la elocución, sólo es concedido al orador. (Cicerón, *Orator*: 61)

En el mundo de las ondas maravillosas, los pioneros, tanto en la invención tecnológica como en la utilización comunicativa del medio, eran personas pragmáticas y beneméritas, a la vez soñadores y diseñadores que preveían en su mente los futuros milagros de una comunicación volandera y mágica. La retórica de la palabra y la voz tratan de extraer la máxima expresividad, buscando variedad tonal, riqueza interpretativa, fuerza y vigor. La variedad de voces permite romper la monotonía que supondría escuchar la misma voz durante periodos largos de tiempo e introduce contrastes y alternancias que de algún modo reflejan la diversidad de estilos de vida y situaciones sociales.

Las estrategias retóricas dirigidas al desarrollo radiofónico se centran en la optimización del sistema comunicativo del propio medio, partiendo de las características ontológicas de la comunicación del sonido y siguiendo sus leyes con el fin de aprovechar plenamente sus ventajas comunicativas y encontrar géneros y formas adecuados a los programas radiofónicos. Cada programa concreto debe obedecer el estilo del discurso retórico en su conjunto, cuya producción es el fruto de la labor colectiva y la creación de buenos programas depende definitivamente de la capacidad del equipo de todos los profesionales. Éstos deben estar bien preparados tanto en conocimientos profesionales, como dotados de una creatividad orientada por el pensamiento retórico. El objetivo es el de construir un sistema óptimo para la realización total de su valor comunicativo como discurso retórico, que no sólo satisfaga las necesidades reales de la gente y le ofrezca informaciones útiles con el contenido del discurso, sino que al mismo tiempo atienda sus necesidades espirituales, su inquietud y búsqueda cultural. Todo esto exige al profesional transformarse en un orientador del valor, un ejemplo de modo de vida y un comunicador reconocido por los receptores de diferentes grupos.

Podríamos decir que cuando la Retórica se encuentre con la radio será posible formar un orador perfecto, que no se refiere aquí a un individuo sino a un modelo o a un estilo para que la comunicación radiofónica llegue a la elocuencia perfecta.

Contar con un orador perfecto diseñado por la Retórica es la condición necesaria para la supervivencia y desarrollo de la radio. El orador radiofónico será perfecto cuando la voz sea seleccionada estrictamente, la imagen sea creada por la imaginación de los oyentes y el fondo sea elaborado por el colectivo de los profesionales, todos estos elementos se combinan y se convierten en fruto de inteligencia y arte que corresponde e incluso sobrepasa a las exigencias propuestas por los oradores antiguos. Es un retórico moderno, cuya mayor búsqueda es convertirse en el orador perfecto diseñado por Cicerón hace más de dos mil años. Sus competencias se plasman sintéticamente en la realización y aplicación de las operaciones retóricas con éxito, entre las cuales, el *ethos* es premisa de éxito, la mentalidad retórica y la acumulación de conocimientos son la base de la comunicación y la competencia de adaptar ágil y oportunamente su lenguaje a cualquier circunstancia que se encuentre es la marca primera de "saber hablar".

Esta última competencia demuestra en mayor grado su talento profesional. Al juzgar a un comunicador radiofónico si es sobresaliente o si puede ser perfecto, además de evaluar su personalidad, cualidades éticas y su actitud laboral, habrá de valorarse la aplicación de las operaciones retóricas como índice igualmente fundamental. Habrá de valorarse si puede inventar -hallar- ideas claras y hábiles, estructurarlas de manera lógica y rigurosa, transformar rápidamente el lenguaje interior al lenguaje exterior y si en la expresión puede escoger con precisión palabras y frases, pronunciar claramente y con una entonación natural. De la misma manera deberá tenerse en cuenta si cuando aparezca algún caso imprevisto puede reaccionar de manera flexible y eficiente y ajustar adecuadamente la expresión oral. En fin, los parámetros de evaluación son la aprobación del público y el placer de los oídos (Cicerón, *Orator*: 237).

Dicen que el cine es la fábrica de sueños, en realidad la radio también debería ser una auténtica fábrica de sueños, capaz de crear imágenes perfectas sin cámara e interpretar sueños infinitos sin pantalla. El mundo de la comunicación que nos ofrecerá la radio futura será plenamente abierto y libre para todo tipo de gente: a los que les guste escuchar siempre podrán encontrar su programa preferido; a los que les guste hablar siempre tendrán un tema interesante para discutir con otros. Siempre habrá alguien que esté allá, con su voz más convincente para conducir o conciliar cuando se debata intensamente; siempre habrá alguien que esté allá, con su voz más consoladora para acompañar o apoyar cuando uno se sienta solitario y desamparado; ella te trae la sensación de alegría y felicidad, te ayuda a liberarte de la presión y el dolor, su voz suena tan cercana a tus oídos y su corazón te acompaña y está a tu lado siempre que lo necesites. Es un espacio en el que el alma es depurada y enriquecida, es un mundo sin prejuicios, sin discriminación, sin perversidades, donde se aboga por la justicia, la armonía y la amistad. Esto es la elocuencia de la radio, que será la meta por la que deberán luchar todos los profesionales radiofónicos y será una obra maestra de Retórica tejida por el lenguaje humano. Como dice Arnheim, hemos venido trazando un paisaje de la futura radio y hemos de tener en cuenta que los nuevos aparatos, cada vez más avanzados para la emisión y recepción de mensajes a distancias largas, no significan de ninguna manera nuevos conocimientos: "sinceridad, vivacidad e independencia de espíritu son elementos indispensables para poder aprovechar lo que se ve y oye". (Arnheim:1980, 139)

Y afirma que la radio que necesitamos siempre deberá conducir de manera totalmente consciente a construir un paraíso de la curiosidad para aprender y servir de guía intelectual para cada actividad, de modo que la vida resulte plácida y tranquila. En ella todo se adapta a todo (Arnheim:1980, 144) y la elocuencia que venimos buscando para la radio es la que desea el gran orador:

> Elocuente es, en efecto, [...] aquel que en las causas forense y civiles habla de forma que pruebe, agrade y convenza: probar, en aras de la necesidad; agradar, en aras de la belleza; y convencer, en aras de la victoria; esto último es, en efecto, lo que más importante de todo tiene para conseguir la victoria. Pero a cada una de estas funciones del orador corresponde un tipo de estilo: preciso, a la hora de probar; mediano, a la hora de deleitar; vehemente, a la hora de convencer, que es donde reside toda la fuerza del orador. (Cicerón, *Orator*: 69)

Consideraciones didácticas sobre la Retórica, la radio y la enseñanza del español como lengua extranjera

En esta investigación hemos intentado conectar las cosas más nuevas con las más antiguas, lo que aparentemente es una unión poco natural, pero en realidad están ligadas por miles de lazos que no se pueden romper y merecen reflexiones más profundas. Si bien decimos que la Retórica es una diosa inmortal de la sabiduría del lenguaje, la radio ha venido siendo su fiel seguidora y practicadora en este tiempo contemporáneo.

Hemos visto desde las diversas artes todo tipo de éxitos y de fracasos debido a sus criterios correspondientes. En la elaboración de los programas radiofónicos, a medida que evolucionan la pluralidad de estilo y la intensificación del lenguaje personalizado, los criterios para distinguir lo bueno de lo malo parecen hacerse cada vez más ambiguos. Por tanto consideramos que la función de los medios de comunicación se vendrá abajo sin determinados criterios estéticos y normas objetivas de valoración como apoyo de su propia subsistencia y desarrollo. Y esos determinados criterios objetivos de discernimiento artístico no dependen de los juicios racionales de las autoridades institucionales, quienes prestan generalmente mayor importancia a los objetivos mercantiles dirigidos a conseguir el máximo de utilidad con el mínimo de coste, ni mucho menos de los gustos tan variables del público, sino de lo que plantean las obras maestras tanto clásicas como actuales. Es inevitable que todas las creaciones artísticas sean examinadas y evaluadas ante las medidas marcadas por esas grandes obras de los antecesores, y que las nuevas obras que sobresalgan ajusten, rectifiquen y completen las medidas anteriores de acuerdo con las circunstancias reales en que se encuentran. Así se marca el camino de formación y desarrollo de las tradiciones artísticas.

Aunque no lo lleguemos a conocer, la radio sigue formando parte imprescindible de los elementos básicos de la cultura humana. Consideramos su comunicación como un arte del lenguaje, cuyos parámetros pueden constituir unos criterios para evaluar el nivel que puede alcanzar la comunicación oral, la modalidad fundamental y principal de la comunicación humana desde la Antigüedad hasta nuestros días. Una elocuencia perfecta es a lo que aspiramos tanto en la comunicación radiofónica como en la comunicación oral en otros ámbitos.

Cómo dominar sus leyes comunicativas, adaptarlas a la demanda del desarrollo del mercado, aprovechar en la práctica sus propias características de subsistencia, ya es un tema planteado para cada comunicador radiofónico. El significado de integrar el modelo del análisis retórico también radica en que, gracias a él, se pueden comprender e interpretar de manera global y precisa las características comunicativas del medio y la esencia de la comunicación oral, lo que permitirá desarrollar nuevas teorías, responder a diversos retos en el ámbito de la comunicación y perfeccionar el efecto comunicativo de la radio.

Así que esta investigación sobre la comunicación radiofónica dentro del marco general de la Retórica y de la comunicación oral se fundamenta en el aprovechamiento retórico en la configuración de una eficiente comunicación a través del medio. Por tanto, lo primero que debemos hacer es cambiar la visión negativa sobre la Retórica y salir de la concepción unilateral de esta disciplina que la reduce a puro inventario de tropos y figuras retóricas para la decoración del texto literario, así como conocer y estudiar profundamente su pensamiento y su actuación en la comunicación humana.

Hemos explorado, desde la perspectiva de la Retórica, las posibilidades de la optimización del desarrollo del medio radiofónico con el fin de encontrar las claves retóricas que conducen a una comunicación radiofónica exitosa. La exposición que venimos formulando actualiza la necesidad de disponer del sistema retórico como un instrumento eficaz que garantice la realización profesional del comunicador radiofónico y a su vez asegure la satisfacción de las expectativas del oyente. Mediante la configuración retórica de esta comunicación, queremos forjar un orador perfecto para la radio, el moldeado por Cicerón con el fin de alcanzar, o al menos, aproximarnos cada vez más a la elocuencia perfecta, cuyo efecto será evaluado y aprobado por el placer de los oídos de los radioyentes. En definitiva, este trabajo ha pretendido servir para conocer mejor todo aquello que está dentro de la "caja mágica". Por ello, al hablar de "un análisis retórico de la comunicación radiofónica" pondremos de relieve los elementos esenciales que constituyen el discurso radiofónico desde la perspectiva de la Retórica, disciplina que nos parece un apoyo esencial e indispensable para la calidad y la eficacia de la comunicación radiofónica.

A continuación se destacan y sintetizan los principales hallazgos de esta investigación, los mismos que, a nuestro parecer, deben ser considerados como pautas iniciales y básicas para el estudio de la persuasión del medio radiofónico.

La radio, como medio de comunicación, nace, crece y se genera sin separarse del progreso de las tecnologías de la comunicación. A la entrada en la era de Internet, la radio y los otros medios de comunicación han llegado a un nivel superior de transmisión, que es el resultado necesario del progreso científico, la evolución de la historia y la modernización de la sociedad. A consecuencia de la pluralización de informaciones, las numerosas opciones y gustos de la audiencia cada vez más exigentes, es imperativo que la radio realice la optimización de su sistema, enfrente con mayor eficiencia la competitividad y el reto de la convivencia con otros medios y aproveche la oportunidad para encontrar su propia dirección de desarrollo y extender su espacio de subsistencia en la época de la información y de la comunicación.

No podemos negar que las nuevas tecnologías son fuente dinámica para la subsistencia y el desarrollo de la radio y permiten a ésta ocupar un firme lugar para brindar servicios mediáticos y presentar una maravillosa vitalidad. Sin embargo, para una exitosa comunicación radiofónica, no es suficiente sólo con aplicar las avanzadas tecnologías, sino que será indispensable un conjunto de elementos combinados para conseguir la mayor eficacia comunicativa y expresiva hasta llegar a una elocuencia perfecta en la que se combinen un contenido interesante, una forma atractiva y sobre todo unos profesionales cualificados para este medio.

El atractivo de la radio reside en su forma, por ser uno de los medios más genuinamente comunicativos. La palabra radiofónica, soporte fundamental para informar y comunicar, tiene una importancia significativa en la elaboración del mensaje. Sin embargo, otros componentes del lenguaje radiofónico, que son la música, los efectos sonoros, junto con el silencio, no solamente completan el sentido de la palabra, sino que también pueden aumentar el nivel de emotividad, circunstancia que favorece la aprehensión de la idea que el emisor trata de transmitir. Su buen conocimiento beneficiará al comunicador para la elaboración de programas más creativos y la utilización óptima de los elementos del sistema aportará la expresividad de matices ricos.

La Retórica desde su inicio trató de cubrir todos los aspectos relativos a la comunicación humana. Con la recuperación contemporánea de la Retórica clásica, los nuevos medios plantean retos muy interesantes y provocan una ampliación de su campo de estudio y actuación al de los medios de comunicación, en este caso se cruza con la comunicación radiofónica. Sus principios no son restricciones teóricas ni yugo alguno, sino que siempre presenta una postura abierta, de modo que el sentido de la persuasión tampoco se refiere simplemente a que la voluntad del oyente se someta a la del orador, sino que está en la búsqueda de lo verdadero, lo bondadoso y lo estético de la comunicación considerándola como el nivel superior del ideal retórico.

Cualquier tipo de discurso tiene un objetivo persuasivo por la intencionalidad del emisor. "Lo persuasivo", en sentido universal, se refiere a una fuerza atractiva del discurso, que atrae la atención del oyente. Si bien decimos que la Retórica es una metodología que se dirige a encontrar todos los medios de persuasión, la elocuencia será un resultado favorable que corresponde al efecto de persuasión preconfigurado del discurso. El radiofónico es un tipo del discurso retórico y corresponde a la utilización de la Retórica tanto en la dimensión teórica como en la práctica.

La comunicación radiofónica se define como un proceso que consiste en el contexto retórico de sonidos. Su elaboración ha de realizarse con distanciamiento espacial, es decir, el sonido es la única presencia en una comunicación de ausencia. Este distanciamiento espacial requiere definir con mayor precisión la relevancia de cada elemento sonoro en el conjunto del discurso retórico. La aplicación de la Retórica por parte de quienes producen el mensaje exige que su contenido se centre en el juego armonioso de todos los elementos expresivos de este medio. El análisis retórico del discurso radiofónico, como texto sonoro, ha de enfocarse hacia la identificación del contexto de producción del mensaje, la de los sujetos emisor y receptor del mensaje, temas de los que se trata, su estructura, su estilo de expresión y presentación, en general, todos los elementos retóricos que intervienen. Desde la Retórica pueden ofrecerse interesantes reflexiones. Así por ejemplo podemos explicar en qué tiene éxito o falla la comunicación radiofónica si no se respetan conceptos básicos como la claridad, el orden o la excelente vocalización. En este caso la voz es de nuevo la protagonista pero en ausencia del orador a diferencia de lo que ocurría en el mundo clásico. De esta manera la importancia de la voz, de la "presencia radiofónica" se acentúa y nos permite profundizar aún más en su naturaleza esencial. Las características acústicas y rasgos retóricos de la voz radiofónica son determinantes.

También podemos contemplar la unión entre emisor y receptor pero desde un aspecto nuevo, el del *feed-back*, o la retroalimentación, lo que llamamos "orquesta comunicativa" intensificada por la transmisión en red de la radio tradicional. La adecuación al canal es también muy importante como observó la Retórica clásica. Si no se conocen las limitaciones y las posibilidades del canal será muy difícil por no decir imposible que el mensaje llegue al público o a la audiencia. Creemos necesario observar la importancia del conocimiento de la comunicación radiofónica, concebida como un acto comunicativo adaptado a un canal y desde los presupuestos de la Retórica.

Este conocimiento es importante, en nuestra opinión, para los profesionales en los medios audiovisuales para los que el conocimiento de los principales recursos comunicativos es desde luego una tarea fundamental. El conocimiento de las técnicas retóricas sin duda podría ayudarles.

El comunicador radiofónico, puede ser un individuo que reúne todos los talentos que exige el medio: entrevistar, redactar, realizar, presentar y comentar, sin embargo, casi será imposible perfeccionarse en todos estos aspectos, en este sentido, consideramos al comunicador radiofónico como la personalización de la radio, cristalizada por un conjunto de profesionales: productor, periodista, guionista, redactor, realizador, técnico, locutor y presentador, etcétera. Como comunicador radiofónico, es necesario cultivar y refinar su competencia lingüística y retórica, determinar con precisión el posicionamiento del medio y de cada programa, reflexionar con madurez intelectual y artística sobre la explotación de las posibilidades expresivas del medio radiofónico como herramienta de trabajo para así elevar la eficacia comunicativa. Descubre la clave de la ilusión del sonido y la palabra y manipula dicha ilusión con un certero dominio como la clave para interpretar el pensamiento y codificar el mensaje con idoneidad de sentido y significado de cada sonido utilizado y cada palabra seleccionada, para ello se exigen talento, método e ingeniosidad en la aplicación de las operaciones retóricas.

De cara al futuro de la radio, sería ideal que la comunicación profesional fuese siempre ligada al conocimiento exhaustivo de su lenguaje y la exploración de sus recursos retóricos. Al menos, se garantizará de esta manera creatividad y expresividad. Estos profesionales tienen la responsabilidad de mostrar una mayor predisposición para aplicar retóricamente los principios del lenguaje radiofónico en sus programas.

Por lo tanto, podemos entender que el orador perfecto es aquel comunicador que conoce y domina conocimientos profesionales y técnicas retóricas para transmitir eficientemente el fondo en la forma conveniente y oportuna. En el diseño retórico de una comunicación participativa y orientada a la promoción social y cultural a través de la radio, el orador desempeñará el papel de escuchar con atención y paciencia, hablar con naturalidad y belleza, conducir con sabiduría y sinceridad, moderar con fuerza y flexibilidad.

Al hilo de este trabajo de estudio, hemos llegado a conocer mejor la esencia de la Retórica y la esencia de la radio. Consideramos que el sistema retórico, en su esencia, es un mecanismo mental configurado por los códigos del pensamiento y los del sentimiento mediante las claves espirituales, es decir, una fuerza producida por la acción unida del cerebro y el corazón. Y la radio constituye un espacio ideal para realizar este diálogo retórico entre almas, donde no se presenta un mundo real sino una proyección verosímil del mundo real, reflejando una actitud mental del comunicador, cuya elocuencia a que pueda llegar con el discurso radiofónico es el resultado necesario del proceso comunicativo en que se accionan conjuntamente los tres factores: la cualidad, el conocimiento y la competencia lingüístico-retórica. Estos tres factores no son independientes ni aislados sino coherentes, interactivos, y dependientes uno de otro, sin cualquiera de los tres, quedará afectada e incluso destruida la eficiencia operativa de dicho mecanismo mental, sin embargo, la cualidad es la condición previa ante otros dos factores para una verdadera elocuencia que venimos buscando, una excelencia de efecto comunicativo en todo sentido y en cualquier ámbito. En definitiva, la Retórica, sólo a partir del sentido filosófico, o moral, podrá establecerse y desarrollarse con mayor seguridad, extensión y profundidad.

El sistema retórico es una ley fundamental de movimiento del pensamiento y lenguaje, y a la vez los tropos y figuras retóricas son de miles de formas vivas, flexibles y cambiantes, los nuevos nacen sobre los viejos, los modernos sustituyen a los anticuados, siempre bajo el principio de "lo adecuado" y "lo oportuno". Si no funcionaran las operaciones retóricas de este mecanismo mental, la representación discursiva del mundo exterior y la vida humana serían sin duda mecánicas, pálidas, sin fuerza e incompletas, así que faltaría la debida dinámica y vigor. Por lo cual el estudio y la aplicación de la Retórica siempre han de prestar la más sincera atención a la mentalidad y el espíritu del ser humano y mostrar la más profunda preocupación por el destino de la humanidad, sin ello, perdería su sentido.

De esta manera, la comunicación radiofónica, por ser esencialmente retórica, viene cumpliendo esta función social, representa un espíritu de diálogo y significa un gran retorno contemporáneo de la tradición de comunicación oral de la humanidad, con una máxima y desinteresada atención y entendimiento, lo que constituye un deseo y llamado fuerte en el interior de nuestra gente en una sociedad industrial y una época de consumo y se actualizará sólo mediante la comunicación y el diálogo.

La nueva comunicación oral está apoyada por modernas tecnologías comunicativas y se puede realizar superando los límites temporales y espaciales, de tal modo que la radio podrá convertirse en un medio con mayor atención humanista gracias a la exploración de las técnicas y formas retóricas de la tradición oral para optimizar el efecto comunicativo sobre todo en lo que se refiere al concepto de "intercambio" de ideas.

El planteamiento del espíritu de diálogo nos recuerda las famosas obras creadas en forma de diálogo por los grandes autores del tiempo greco-romano, el *Fedro* de Platón, el *Orador* de Cicerón, etc., y esta forma expresiva diseñada con esmero no solamente sirve para exponer sus puntos de vista, aclarar conocimientos, sino que también tiene como objetivo provocar el interés e identificación del lector. El modelo dialogal consigue recuperar en cierto grado el estado discursivo de la época antigua de comunicación oral, resaltando la exteriorización sentimental y la libertad de la palabra hablada y escapándose de las reglas hechas de la expresión escrita. Por ejemplo, los programas radiofónicos de diálogo o de participación del oyente por llamadas telefónicas, promueven la comunicación oral hasta una nueva dimensión de la forma discursiva. Sin embargo, la variación de la forma discursiva es simplemente una muestra del regreso del espíritu dialogal en el lenguaje radiofónico y lo más importante será que a través de las observaciones de las diferentes formas discursivas se logre un entendimiento más calado en los géneros de sus programas, las ideas estratégicas de su desarrollo y sus relaciones de emisión-recepción, por consiguiente llegará a la finalidad de reflexionar sobre la esencia de la comunicación radiofónica y establecer su propio sistema innovador en la producción, creación y emisión de programas.

Al afrontar su naturaleza oral el discurso radiofónico debe tener bien claro la estrecha relación dialéctica entre "hablar" y "escuchar". En algún sentido, hablar es también un tipo de escucha, sobre todo, en el diálogo, por el carácter fugaz e inmediato de la voz, es decir, la escucha acompaña el habla, lo que mantiene la continuidad y coherencia del discurso. Por lo tanto, algo fácil de pronunciar y agradable para los oídos es el requisito fundamental del discurso radiofónico y creemos que esto ha de ser la conciencia principal para organizar toda su actividad comunicativa.

La tradición oral, es decir, la oralidad primaria, se caracteriza por su sencillez, concisión y viveza, y siempre se adapta a la necesidad de la situación comunicativa, por lo cual podemos asociarla con la proximidad del discurso radiofónico, especialmente la proximidad a la propia vida humana. Su esencia no sólo está en ofrecer al oyente informaciones y entretenimiento, sino que se destaca más su índole de compañía e individualidad brindando al oyente un consuelo sentimental y una satisfacción espiritual así como de su preocupación humanista, lo que constituye una ventaja frente a la competencia con otros medios, y todo esto, sin duda, coincide con la tradición oral. Desde la perspectiva del desarrollo de las ciencias y tecnologías en el futuro, el grado de satisfacción en la necesidad humana será el fundamento más importante para evaluar el posicionamiento de un medio entre otros. Y estamos convencidos de que, para la mayoría de gente, la búsqueda de la satisfacción material es corta y limitada, y la necesidad de intercambio espiritual, sin embargo, es duradera, ilimitada y mucho más importante, aunque es a veces explícita y a veces implícita.

A nuestro juicio, la radio es un medio imprescindible, no solamente como un sonido acompañante. Comparada con la prensa y la televisión, puede darnos más posibilidades de la escucha activa y aspiración artística personalizada. McLuhan afirma que tiene una fuerza de implicación más profunda, al afectar a la gente de una forma muy íntima: "Las profundidades subliminales de la radio están cargadas de los ecos retumbantes de los cuernos tribales y de los antiguos tambores. Ello es inherente a la naturaleza misma de este medio, que tiene el poder de convertir la psique y la sociedad en una única cámara de resonancia". (McLuhan: 1996, 307)

El mismo autor sigue ofreciendo sus maravillosos puntos de vista más concretos:

> Como todo medio, la radio tiene su manto de invisibilidad. Nos llega manifiestamente con una franqueza de tú a tú, particular e íntima, cuando en realidad se trata de una cámara de resonancia del poder mágico de tocar acordes remotos y olvidados. Todas nuestras extensiones

> tecnológicas deben ser subliminales y estar embotadas; de otro modo, no podríamos aguantar la presión que ejercen sobre nosotros. Incluso más que el teléfono o el telégrafo, la radio es una extensión del sistema nervioso central, solamente igualado por el habla humana (McLuhan: 1996, 310).

El replanteamiento de la oralidad en nuestra época centra su mayor atención en la libertad espiritual del ser humano. Hablando desde la evolución mediática, tanto la radio como la televisión han acelerado la cotidianidad de la comunicación oral, lo que ayuda a aliviar la crisis espiritual que enfrenta la civilización moderna. Las tecnologías comunicativas están desarrollándose hacia un terreno que es difícil de imaginar y la variación formal mediática influye en la difusión del contenido. En cierto sentido, los cambios formales nos hacen ver la historia de la comunicación cultural, lo que nos orienta a prever las tendencias futuras. Este estudio de la comunicación radiofónica desde la perspectiva de la Retórica tendrá un significado sumamente importante para el desarrollo armonioso de la sociedad global y el mantenimiento de equilibro mediático en el futuro. En la comunicación radiofónica se integra "lo artificial" y "lo natural" de una manera armoniosa para llegar a alcanzar una elocuencia perfecta.

A partir de las conclusiones de este trabajo de investigación planteamos una serie de consideraciones didácticas, que también nos parecen parte del fruto del presente estudio.

1. Para los profesionales en los medios audiovisuales la Retórica será una disciplina obligatoria cuyas instrucciones les permitirán perfeccionarse en su carrera profesional. Aunque en este trabajo hemos tratado principalmente del comunicador radiofónico, todos los resultados del estudio servirán de referencia para otros medios, siempre que busquen el mejor efecto comunicativo.

2. Para los radioyentes, la radio será un medio más efectivo para formarse y elevar el nivel de comunicación oral a través de un seguimiento consciente de estudio, reflexión y prácticas de escucha de los programas, en ello encontrarán un estilo de vida más culto y hermoso.

3. En cuanto a la educación universitaria, tanto la radio como la Retórica cuentan con una fuerza pedagógica y formativa y servirán

tanto para los profesores como para los alumnos como fuentes inagotables de conocimientos fundamentales con el fin de realizar sus objetivos respectivos. Desde sus inicios, la radio ha estado ligada a la enseñanza y ha sido un campo de actividad y experimentación para profesores, pedagogos y literatos.

La radio del futuro, debe convertirse en un instrumento de la formación de la capacidad comunicativa, en una institución del desarrollo intelectual, en un centro de enseñanza de la elocuencia.

En un siglo como el presente, cuando cada día son más intensos los intercambios en todos los ámbitos socioculturales, políticos, y económicos se necesitan con urgencia personas capaces de adaptarse a las nuevas circunstancias discursivas y poseedoras de la competencia comunicativa en el entorno internacional. Por tanto, la formación universitaria de futuros profesionales para tal fin cobra más importancia que nunca, sobre todo, los profesores que enseñen lenguas extranjeras y los alumnos que las estudien tendrán que jugar un papel activo en la comunicación intercultural.

Por un lado, la enseñanza no es una pura transmisión científica de conocimientos, datos acumulados, sino que recurre a los recursos retóricos para completar y mejorar la comunicación entre el profesor y el alumno. La falacia de la búsqueda de la estricta objetividad en la enseñanza puede nublar el campo de visión tanto de los profesores como de los alumnos. Y la educación retórica consiste en el cultivo de la inteligencia de pensamiento, la formación de personalidad y las habilidades de comunicación, que es una formación integral en el sentido más amplio: la moral, la ética, la intelectual, la artística... De hecho, la formación de personalidad es la base para el cultivo de la inteligencia de pensamiento y la realización de las operaciones retóricas de comunicación.

Por otro lado, mirando desde la altura de la necesidad de la sociedad venidera, la Retórica será una disciplina imprescindible en la formación de estudiantes universitarios para que dispongan tanto de la competencia retórica como de la madurez intelectual, cualidades necesarias para su adaptación al desarrollo social y cumplimiento de la misión en diversos ámbitos interculturales.

De las tendencias del desarrollo sociocultural del mundo en nuestros días, se deriva la necesidad de una comunicación más extensa y profunda. No sólo nos comunicamos entre nosotros mismos dentro de un ambiente personal, familiar o social bien conocido, sino también necesitamos comunicar algo desde un nuevo punto visual y exponer las ideas, opiniones que poseemos ante las miradas extranjeras y participar activamente en una comunicación a nivel internacional. Para tal fin los estudiantes requieren dominar todo tipo de recursos retóricos que estén a nuestro alcance y adquirir los conocimientos y destrezas necesarios de comunicación para desenvolverse en la sociedad que les ha tocado vivir.

4. En la enseñanza de lenguas extranjeras, tanto el profesor como el alumno necesitan encontrar un método práctico y eficaz para dominar un idioma extranjero y llegar a usarlo tan eficientemente como los nativos. Los principios del método comunicativo de la docencia moderna de lenguas extranjeras exigen que se enseñen y aprendan en la comunicación; y los medios de comunicación de masas, como hemos observado en esta investigación, se dedican a satisfacer las necesidades cognitivas, afectivas y sociales. Gracias a estos medios se puede construir un ideal contexto verosímil para que la enseñanza y el aprendizaje de lenguas extranjeras mantengan estrechos contactos con los idiomas y culturas respectivos. La incorporación de la Retórica y el medio radiofónico supone una nueva conceptualización de la formación intelectual de nivel superior, que ofrecerá mayores posibilidades para perfeccionar las competencias lingüísticas y comunicativas; y el arte de la elocuencia será el arma más poderosa para lograr la paz y la justicia en el mundo de la palabra.

En cuanto al concreto aprendizaje de una lengua extranjera y las habilidades de la comunicación oral, las operaciones retóricas son el procedimiento más efectivo para obtener mayores éxitos en el desarrollo de la carrera, desde lo más básico, la educación de la voz, la familiarización del oído a la locución radiofónica, la comprensión e interpretación del discurso, la imitación y prácticas de las actividades profesionales, hasta el dominio más avanzado de las destrezas de aplicación de las lenguas estudiadas y de las competencias de comunicación en diferentes campos de trabajo.

La radio es uno de los medios que más posibilidades didácticas nos ofrece para estudiar la comunicación y una herramienta a disposición permanente, barata y eficiente al servicio del desarrollo idiomático. Resulta muy efectivo poder escucharla de un país extranjero para acercarse a su idioma y su cultura.

A partir de nuestra experiencia docente, la enseñanza universitaria es determinante en la formación de los futuros comunicadores en todos los sentidos. Creemos que para el estudiante entender los motivos por los que se ha de hacer algo es más útil que memorizar una mera lista de recomendaciones por amplia que ésta sea, como dice un dicho chino: *es mejor enseñar a uno a pescar que darle pescado.* Comprender el por qué se ha de escribir, hablar por la radio de una forma determinada y no de otra y conocer por dentro el proceso de creación y emisión de la voz y la manera de optimizar su calidad y su rendimiento, ayudarán al futuro profesional a adoptar las decisiones más adecuadas en su momento. Escuchar con mucha atención cómo lo hacen los profesionales con experiencia e intentar poner en práctica algunas de sus técnicas, es una manera de completar la formación, siempre y cuando se vaya más allá de la imitación mecánica y se conserven intactos los rasgos retóricos propios.

De hecho, la pedagogía retórica de Quintiliano sigue teniendo su validez en nuestros días. Gracias a sus agudas observaciones psicológicas, Quintiliano expone detalladamente en su *Institutio Oratoria* un plan de formación integral desde la infancia hasta el futuro orador: la atención a las condiciones naturales del niño, los métodos para inculcarle los rudimentos gramaticales, las nociones de cultura general, la pronunciación y el modo de gesticular; y luego se pasa a la instrucción retórica, tales como lectura y comentario de oradores e historiadores, composición y corrección, memorización y declamación. (Mortara G.: 1991, 42)

Creemos necesaria la formación retórica de los estudiantes universitarios para que sean conscientes y elocuentes, bien educados y virtuosos, y para una autoobservación de sus propias cualidades y competencias y para la crítica de los hechos retóricos de todo tipo. No cabe ninguna duda de que podemos acomodar todos los presupuestos de la elocuencia de la comunicación radiofónica a las necesidades de los estudiantes para aprender y dominar un idioma extranjero, como en nuestro caso en el que los alumnos chinos estudian Filología Hispánica empezando desde el nivel cero del español. El llegar a dominar un idioma extranjero comprende dos sentidos: uno es disponer de los conocimientos culturales del país referente y poder describir y entenderlos, y el otro es la competencia de dialogar directamente con la gente de ese país y participar en la creación conjunta de actividades interculturales. Para este último hace falta la competencia retórica, es decir, una inteligencia práctica para orientar eficientemente la comunicación.

La elocuencia se alimenta en la práctica. Para poder hablar el español con fuerza y color, es decir comunicarse en español con elocuencia, se exigen ejercicios de formación lingüística y retórica. El español, uno de los idiomas occidentales de escrituras alfabéticas, necesita un buen ambiente fónico que permita la escucha y el habla para aprenderse, lo que es diferente del chino, que es una escritura pictográfica y simbólica, y se conoce y memoriza a través de leer y escribir.

La escucha de programas radiofónicos en español es uno de los ejercicios más efectivos, la cual favorecerá a los alumnos a formarse en buenas prácticas del aprendizaje de idiomas, por ejemplo, la alta autodisciplina y concentración de atención y a adaptarse a la velocidad respectiva del idioma que aprenden, ampliar su vocabulario y enriquecer sus conocimientos culturales, así como mejorar la percepción y comprensión auditiva. Sus formatos que ofrece proporcionan abundantes materiales para ser escuchados, analizados y comentados y el profesor puede seleccionarlos y tomarlos como modelos ejemplares para que los alumnos estudien e imiten siguiendo los principios retóricos.

En la primera fase de aprendizaje de un idioma extranjero, la imitación de los locutores y presentadores ayudará a los alumnos a conseguir un buen oído, mejorar la pronunciación y facilitar la reproducción de unos tonos determinados o composición melódica. Poco a poco el alumno, a través de imitación, es cada vez más consciente de las posibilidades del instrumento vocal y va conociendo su propia voz y aprendiendo a dominarla y adaptarla a diferentes textos. Al final de su aprendizaje ya no imita sino que se expresa con los matices propios de su voz y crea su propio estilo. Además, mediante el análisis y la aplicación del sistema retórico en la comunicación radiofónica, se va formando su conciencia retórica, hasta que se consigue realizar la transformación de la cognición y percepción pasiva a la adquisición activa de la competencia retórica. Y los alumnos, a través de este tipo de formación integrada de conocimientos lingüísticos, pensamiento retórico y técnicas profesionales, lograrán a dominar el español y aplicarlo de forma natural y eficiente en distintos contextos de comunicación, cambiarse de rol de radioyente consciente a un comunicador calificado, y se convertirán en personas de talento polivalente, factores dinámicos en la interacción discursiva entre China y el mundo hispanohablante.

Se puede prever que, si se quiere lograr un verdadero adelanto en la enseñanza de lenguas extranjeras, el profesor ha de dedicarse no solamente a transmitir las destrezas lingüísticas sino a formar simultáneamente la competencia retórica de los estudiantes, por lo cual, será necesario combinar orgánicamente la enseñanza de lenguas y la educación retórica con el fin de realizar un salto cualitativo del idioma al discurso, de comprender a responder, de comunicar a convencer, de interpretar a debatir, lo que implica el "talento polivalente" arriba mencionado. Si se supone que el estudiante haya conseguido exitosamente la elocuencia en la comunicación radiofónica retóricamente configurada, será sin duda alguna un comunicador excelente en cualquier otro campo de comunicación tanto personal como público.

Esto sólo es un proceso de razonamiento teórico, basado en las investigaciones y nuestras propias experiencias y prácticas, y necesitará ser ensayado, modificado, completado y perfeccionado a través de las actividades didácticas.

En conclusión, el presente trabajo, apoyado también por los mismos principios retóricos, con la propuesta de que la radio puede dar una nueva visión de un orador perfecto para la Retórica, ha constituido las razones que han impulsado la creación de un orador perfecto en la comunicación radiofónica configurada por el sistema retórico, que servirá de un modelo o un estilo de formación o evaluación de los profesionales, especialmente en la producción de los programas radiofónicos de acuerdo con las exigencias de dicho medio. Mientras tanto, queremos también ofrecer un conjunto de informaciones, consejos, técnicas y normas que orienten el aprendizaje de una lengua extranjera, así como despertar una reflexión profunda sobre la profesión periodística, particularmente, en los medios audiovisuales, y la importancia de la Retórica y el contexto de precariedad profesional que expresan las rutinas productivas del discurso. Los estudiantes de Periodismo y Comunicación, como futuros comunicadores, encontrarán en este trabajo las orientaciones prácticas sobre lo que se debe hacer tanto en la comunicación radiofónica como cualquier otro tipo de comunicación oral y obtendrán una perspectiva interesante sobre la influencia de las operaciones retóricas. Por último, deseamos que estas conclusiones y las consideraciones arriba expuestas sean capaces de resistir al examen minucioso y pasar la prueba del tiempo, y lleguen a comprobarse y actualizarse en las aplicaciones prácticas tanto de la comunicación radiofónica como de la comunicación oral en cualquier otro ámbito.

BIBLIOGRAFÍA

AGEJAS, José Ángel y SERRANO OCEJA, Francisco (2002) (coords.): *Ética de la Comunicación y de la Información,* Barcelona, Ariel.

ALBALADEJO MAYORDOMO, Tomás (1989): *Retórica,* Madrid, Síntesis.

– (1997): "Polifonía y *poliacroasis* en la oratoria política. Propuestas para una retórica bajtiniana" en F. Cortés Gabaudan, G. Hinojo Andrés y A. López Eire (eds.), *Retórica, Política e Ideología. Desde la Antigüedad hasta nuestros días,* Salamanca, LOGO, t. III (Ponencias), pp.11-21.

– (1999a): "Los géneros retóricos: clases de discurso y constituyentes textuales" en Isabel Paraíso (coord.), *Téchne Rhetoriké. Reflexiones actuales sobre la tradición retórica.* Valladolid, Universidad de Valladolid, pp. 55-64.

– (1999b): "Retórica y Oralidad" en *Oralia. Análisis del discurso oral,* 2, pp. 7-25.

– (2001): "Retórica, tecnología, receptores" en *Revista de Retórica y Teoría de la Comunicación,* I, 1, Enero, pp. 9-18, www. asociacion-logo.org/revista-logo.htm.

ALCALÁ-ZAMORA y TORRES, N. (1946): *La oratoria española,* Barcelona, Grijalbo.

ARBOLEDAS, Luis (1995): *Radiofonistas, predicadores y pinchadiscos,* Granada, Comares.

ARIAS RUIZ, A. (1964): *Radiofonismo. Conceptos para una radiodifusión española,* Madrid, A. Vassallo, 2ª ed.

ARISTÓTELES, *Política, Obras completas XI,* Nueva biblioteca filosófica LXIX. Madrid, 1933, Libro I, capítulo I.

ARISTÓTELES, *Retórica*, trad. Alberto Bernabé, Madrid, Alianza Editorial, 2004.

ARNHEIM, Rudolf (1933): *Estética radiofónica*, trad. Manuel Figueras Blanch, Barcelona, Editorial Gustavo Gili, 1980.

AYALA, Francisco (1985): *La retórica del periodismo y otras retóricas*, Madrid, Espasa Calpe.

AZAUSTRE GALIANA, Antonio y CASAS RIGALL, Juan (1994): *Introducción al análisis retórico: Tropos, figuras y sintaxis del estilo*, Universidad de Santiago de Compostela.

BALSEBRE, Armand (1994): *La credibilidad en la radio informativa*, Barcelona, Ed. Feed-Back.

– (1994a): *El lenguaje radiofónico*, Madrid, Cátedra.

– (2001): *Historia de la radio en España*, Vol. I (1874-1939) y vol. II (1939-1985), Madrid, Cátedra, Signo e Imagen.

RICARTE, J. M., PERONA, J. J., ROCA, D., BARBEITO, M. L., y FAJULA, A. (2006): *Los mitos de la publicidad radiofónica. Estrategias de la comunicación publicitaria en la radio española*, Madrid, Cátedra.

BASSAT, Luis (2001): *El libro rojo de la publicidad (Ideas que mueven montañas)*, Barcelona, Plaza & Janés Editores.

BEINHAUER, W. (1929): *El español coloquial*, prólogo de Dámaso Alonso, trad. Fernando Huarte Morton, Madrid, Gredos, 1978.

BOBES NAVES, Carmen (2004): *La metáfora*, Madrid, Gredos.

BOSETTI, Oscar E. (1994): *Radiofonías. Palabras y sonidos de largo alcance*, Buenos Aires, Argentina, Ediciones Colihue.

BREHLER, R. (1995): *Prácticas de oratoria moderna. Mostrarse seguro, hablar convincentemente*, trad. Alfredo Trabanco, El Drac, 1997, Madrid.

BUSTOS, J. J. de (1995): "De la oralidad a la escritura" en Luis Cortés (coord.), *El español coloquial*, Universidad de Almería, pp. 9-28.

CAMPS, Victoria (1988): *Ética, retórica, política*, Madrid, Alianza Editorial.

CARBONELL, R. G.ª (1991): *Todos pueden hablar bien. Método completo de Expresión oral-corporal*, Madrid, Editorial EDAF.

CEBRIÁN HERREROS, M. (1992): *Géneros informativos audiovisuales*, Madrid, Ciencia 3.

– (1994): *Información radiofónica. Mediación técnica, tratamiento y programación*, Madrid, Síntesis.

– (2001): *La radio en la convergencia multimedia*, Madrid, Gedisa.

CHION, M. (1993): *La audiovisión*, Barcelona, Paidós.

ERÓN, *El orador*, de la traducción, introducción y notas de Eustaquio Sánchez Solar, Madrid, Alianza Editorial, 2004.

CORNUT, G. (1985): *La voz*, México, Fondo de Cultura Económica.

COSERIU, E. (1981): *Lecciones de lingüística general*, trad. José María Azáceta y García de Albéniz y en parte reelaborada por el autor, Madrid, Gredos.

CUESTA ABAD, José Manuel y JIMÉNEZ HEFFERNAN, Julián (2005) (eds.): *Teorías literarias del siglo XX*, Madrid, AKAL.

DURAND, Jacques (1985): *Las formas de la comunicación*, trad. L. Porta, Barcelona, Mitre.

ECO, Umberto (1979): *Lector in fabula. La cooperación interpretativa en el texto narrativo*, trad. Ricardo Pochtar, Barcelona, Lumen, 1987, 2ª ed.

FERNÁNDEZ DE LA TORRIENTE, G. (1975): *La comunicación oral*, Madrid, Playor.

FERNÁNDEZ RODRÍGUEZ, María Amelia (2002): "Retórica frente a Oratoria. Una lectura renovada del *Diálogo de los Oradores* de Tácito" en José Antonio Hernández Guerrero (ed.), *Política y Oratoria: El lenguaje de los políticos*, Cádiz, Ediciones de la Universidad de Cádiz, pp. 89-97.

– (2003a): *Una idea de maravillosíma hermosura. Poética y Retórica ante la Lírica en el siglo XVI*, Madrid, Ediciones de la Universidad Autónoma de Madrid.

– (2003b): "Los nuevos lectores", *Revista Electrónica de Estudios Filológicos*, http://www.um.es/tonosdigital/znum4/estudios/Ameliafernandez.htm.

– (2005a): "El lenguaje no verbal en la retórica clásica. La voz y el cuerpo como instrumentos para la persuasión" en Helena Beristáin (ed.), *El horizonte interdisciplinario de la retórica*, Proyecto Bitácora de Retórica, México D.F., Universidad Nacional Autónoma de México, en prensa.

– (2005b): "La creación argumentativa del Ciberespacio. Las 'falacias' del canal y la autoridad por el contexto. Del desván de Xanadú a la Blogosfera" en Fernando Garrido (coord.), *Actas electrónicas del 2º Congreso On Line del Observatorio para la Cibersociedad*, 25 pp., Barcelona, Generalitat de Catalunya - Diputació Barcelona, Cornellà Net, dd Media.

– (2005c): "Narración arquetípica y Medios de Comunicación. El caso Windsor", http://www.um.es/tonosdigital/znum8/estudios/Ameliafernandez.htm.

– y GARCÍA-BERRIO, Antonio Pedro (2000): "Una Retórica del Siglo XX. Persuasión publicitaria y propaganda política", *Teoría/Crítica*, 5, Monográfico *Retórica Hoy*, Alicante, Ediciones de la Universidad de Alicante, pp. 137-162.

FRAISSE, P. (1974): *Psicología del ritmo*, trad. Dolores Blasco y revisión de Gonzalo Gonzalvo, Madrid, Morata, 1976.

GARCÍA GARCÍA, F. (1997): "La imagen de los locutores de radio" en *Radio fin de siglo*, Sevilla, Ediciones Trípode.

GARRIDO MEDINA, J. (1997): *Estilo y texto en la lengua*, Madrid, Gredos.

GONZÁLEZ BEDOYA, Jesús (1990): *Tratado histórico de retórica filosófica, I, La antigua retórica. Aportaciones a la postmodernidad desde la teoría de la argumentación*, Madrid, Nájera.

GONZÁLEZ CONDE, María Julia (2001): *Comunicación radiofónica, de la radio a la Universidad*, Madrid, Editorial Universitas.

– (2006): "La credibilidad de la voz como aspecto persuasivo de creación radiofónica" en *ICONO 14, Revista de Comunicación y Nuevas Tecnologías*, Madrid, www.icono14.net /revista, nº 6.

GRANDI, Roberto (1992-1995): *Texto y contexto en los medios de comunicación. Análisis de la información, publicidad, entretenimiento y su consumo con dos artículos de G. Manetti y M. Pia Pozzato*, trad. María R. Lacalle, Barcelona, Bosch.

GUEVARA, Alejandro (2003): *Locución, el entrenador personal*, Buenos Aires, Argentina, La Crujía.

HAVELOCK, E. A. (1986): *La musa aprende a escribir. Reflexiones sobre oralidad y escritura desde la Antigüedad hasta el presente*, trad. Luis Bredlow Wenda, Barcelona, Paidós, 1996.

HAYE, Ricardo M. (1995): *Hacia una nueva radio*, Barcelona, Paidós,

– (2000): *La radio del siglo XXI, Nuevas estéticas*, Buenos Aires, Argentina, Ediciones CICCUS-La Crujía.

HERNÁNDEZ GUERRERO, José Antonio y GARCÍA TEJERA, Mª del Carmen (1994): *Historia breve de la Retórica*, Madrid, Síntesis.

HILLIARD, Robert L. (2000): *Guionismo para radio, televisión y nuevos medios*, trad. Óscar Franco Anaya, Madrid, International Thomson Editores.

HILLS, George (1987): *Los informativos en radiotelevisión*, Madrid, Instituto Oficial de Radio y Televisión, Colección Manuales Profesionales.

HUERTAS BAILÉN, A. y PERONA PAÉZ, J.J. (1999): *Redacción y locución en medios audiovisuales: la radio*, Barcelona, Bosch.

JAEGER, W. (1933): *Paideia: Los ideales de la cultura griega*, trads. Joaquín Xirau y Wenceslao Roces, México, Fondo de cultura Económica, 1957.

JAKOBSON, Roman (1960): *Lingüística y poética*, trad. Ana María Gutiérrez Cabello, Madrid, Cátedra, 1981.

– y HALLE, Morris (1956): *Fundamentos del lenguaje*, trad. Carlos Piera, Madrid, Ayuso.

KENNEDY, George A. (1980): *Classical Rhetoric and its Christian and Secular Tradition from Ancient to Modern Times*, Chapel Hill, The University of North Carolina Press, 1987

KNAPP, M. L. (1982): *La comunicación no verbal. El cuerpo y el entorno*, Barcelona, Paidós, Colección Comunicación.

LAUSBERG, Heinrich (1963): *Elementos de retórica literaria. Introducción al estudio de la Filología clásica, románica, francesa y alemana*, trad. Mariano Marín Casero, Madrid, Gredos, 1975, 3 vols.

– (1966-1968): *Manual de retórica literaria. Fundamentos de una ciencia de la literatura*, trad. José Pérez Riesco, Madrid, Gredos, 1975, 3 vols.

LEVINSON, Stephen C. (1983): *Pragmática*, trad. Africa Rubies Mirabet, Barcelona, Teide, 1989.

ONG, W. J. (1982), *Oralidad y escritura. Tecnologías de la palabra*, trad. A. Scherp, Madrid, Taurus, 1996, 1ª reimpr. de la 1ª ed. cast., 1987.

ORTIZ, Miguel A., y CUESTA, Juan (2003): *La radio digital, nuevos perfiles profesionales*, Madrid, Instituto Oficial de Radio y Televisión RTVE, Colección Manuales Profesionales.

PERELMAN, Ch. y OLBRECHTS-TYTECA, L., (1989) : *Tratado de la argumentación. La nueva retórica*, trad. J. Sevilla Muñoz, Madrid, Gredos, 1994.

PÉREZ H., Mario Alberto (1996): *Prácticas radiofónicas, Manual del productor*, México, Editorial Porrúa.

PÉREZ R., Mª Amor (2004): *Los nuevos lenguajes de la comunicación. Enseñar y aprender con los medios*, Barcelona, Paidós.

PRADO, E. (1981): *Estructura de la información radiofónica*, Barcelona, ATE.

PUJANTE, David (1996): *El hijo de la persuasión. Quintiliano y el estatuto retórico*, Logroño, Instituto de Estudios Riojanos.

– (2003): *Manual de retórica*. Madrid, Castalia Universidad.

QUINTILIANO, M. Fabio: *Instituciones oratorias*, trad. Ignacio Rodríguez y Pedro Sandier, Buenos Aires, Argentina, Joaquín Gil Editor, 1944.

RAMÍREZ, Esteve (2000): "La investigación y la creación, fundamentos de la especialización periodística" en VVAA, *Estudios de Empresa Informativa*, Madrid, Universidad Complutense de Madrid.

RODERO, Emma (2001): "Los principales errores que debe evitar todo locutor de informativos radiofónicos: un estudio práctico" en María del Pilar Martínez-Costa, (ed.) *Reinventar la Radio, Actas de las XV Jornadas Internacionales de la Comunicación*, Pamplona, Ediciones Eunate, pp. 307-314.

– GONZÁLEZ, Alonso y FUENTES ABAD, José Ángel (2004): *La radio que convence. Manual para creativos y locutores publicitarios*, Barcelona, Ariel.

RODRÍGUEZ, A. A. (1998): *La dimensión sonora del lenguaje audiovisual*, Barcelona, Paidós.

SAN JOSÉ, Antonio (1989): "El reto de la información radiofónica" en VVAA., *Radio y Sociedad*, [transcripción de las conferencias de los Cursos de Verano de San Lorenzo de El Escorial], Universidad Complutense de Madrid, p. 71.

SANTAMARÍA SUÁREZ, L. (1990): *El comentario periodístico. Los géneros persuasivos,* Madrid, Paraninfo.

– (1997): *Géneros para la persuasión en periodismo,* Madrid, Fragua.

SANTOS DÍEZ, María Teresa (2004): *Periodismo radiofónico,* Universidad del País Vasco.

SAUSSURE, Ferdinand di (1916): *Curso de lingüística general,* traducción, prólogo y notas de Amado Alonso, Madrid, Alianza Editorial, 1987.

SOENGAS, Xosé (2003): *Informativos radiofónicos,* Madrid, Cátedra.

SPANG, Kurt (1991): *Fundamentos de Retórica literaria y publicitaria,* Universidad de Navarra, Pamplona, 3ª edición.

– (1999): *Hablando se entiende la gente. Introducción a la comunicación verbal.* Madrid, Iberoamericana.

STUDER, Jürg (2005): *Oratoria. El arte de hablar, disertar, convencer,* trad. Arturo Parada, Madrid, El Drac, Madrid, 10ª ed.

TIRADO RUIZ, J. A., RUIZ DEL ÁRBOL, M. y ALBAR, M.I. (2003): *Técnicas para leer y escribir en radio y televisión. Las noticias en el espejo,* Barcelona, Bosch.

VAN DIJK, Teun A. (1977): *Texto y contexto. Semántica y Pragmática del Discurso,* trad. Juan Domingo Moyano, Madrid, Cátedra, 1980.

– (1980): *La noticia como discurso. Comprensión, estructura y producción de la información,* trad. Guillermo Gal, Barcelona, Paidós, 1990.

WINKIN, Yves (1981): "Presentación general" en Bateson, Birdwhistell, Goffman, Hall, Jackson, Scheflen, Sigman y Watzlawick, *La nueva comunicación. Selección e introducción de Yves Winkin,* trad. Jorge Fibla, Barcelona, 1994, pp. 11-25.

ANEXOS

ANEXO I

El guión radiofónico de la emisión histórica de Orson Welles[1]

La guerra de los mundos

Locutor: El Columbia Broadcasting System y sus emisoras afiliadas presentan a Orson Welles y el Mercury Theatre on the Air, en La guerra de los mundos, de H. G. Wells.

Locutor: Señoras y señores, el director del Mercury Theatre y estrella de este programa, Orson Welles...

Welles: Sabemos que en los primeros años del siglo XX el mundo estaba siendo atentamente vigilado por inteligencias superiores a la del hombre y, sin embargo, tan mortales como la suya. Sabemos ahora que mientras los seres humanos se afanaban en sus diversas ocupaciones eran escrutados y estudiados, quizá tan de cerca como puede escrutar un hombre con su microscopio las transitorias criaturas que pululan y se multiplican en una gota de agua. Las gentes correteaban sobre la Tierra ocupándose de sus pequeños asuntos con infinita complacencia, convencidas de su dominio sobre este pequeño fragmento giratorio de madera flotante solar que, por casualidad o por alguna razón, el hombre ha heredado de la noche misteriosa del tiempo y el espacio. Sin embargo, a través de un inmenso golfo etéreo, cerebros que eran en relación a los nuestros lo que los nuestros son, en relación a los animales de la jungla, inteligencias vastas, frías y despiadadas contemplaban esta Tierra con ojos de envidia y trazaban lenta y seguramente sus planes contra nosotros. En el año 39 del siglo XX, la gran desilusión llegó.

---

[1] Fuente: Oscar E. Bosetti (1994): *Radiofonías. Palabras y sonidos de largo alcance.* Pags.116-140. Ediciones Colihue, Argentina.

El fin de octubre estaba cerca. Los negocios iban mejor. El temor a la guerra había desaparecido. Había más hombres con trabajo. Las ventas aumentaban. En aquella tarde del 30 de octubre, la agencia Crossley calculó que treinta y dos millones de personas, estaban escuchando la radio.

(*La voz se va desvaneciendo para dejar paso a un locutor que lee el boletín meteorológico.*)

Locutor: ... Durante las próximas veinticuatro horas no habrá cambios aparentes de temperatura. Se señala una ligera perturbación atmosférica de origen indeterminado sobre Nueva Escocia, que hace que un área de bajas presiones descienda bastante rápidamente hacia los estados del nordeste, con posibilidad de lluvias, acompañadas con vientos fuertes. Temperatura máxima de 66º F, mínima de 48º F. Este boletín meteorológico ha sido facilitado por la "Oficina Meteorológica del Gobierno". Y ahora nos trasladamos al "Meridian Room" del Hotel Park Plaza, del sur de Nueva York, donde podrán escuchar la música de Ramón Raquello y su orquesta.

(*Canción de tema español, se desvanece...)*

Locutor: Muy buenas noches, señoras y señores. Desde el "Meridian Room" del Hotel Park Plaza, de la ciudad de Nueva York, les ofrecemos la música de Ramón Raquello y su orquesta. Comenzando por música española, Ramón Raquello interpreta para empezar "La Cumparsita".

(*Comienza a oírse la pieza musical*)

Otro locutor: Señoras y señores, interrumpimos nuestro programa de música de baile para ofrecerles un boletín informativo especial de la "Intercontinental Radio News". A las 7:40, hora local, el profesor Farrell del Observatorio de Mount Jennings, de Chicago, Illinois, comunica haber observado varias explosiones de gases incandescentes, producidas a intervalos regulares, en el planeta Marte. El espectroscopio señala que el gas es hidrógeno y se mueve en dirección a la Tierra con enorme velocidad. El profesor Pierson, del Observatorio de Princeton, confirma las observaciones de Farrell y describe el fenómeno como (*cita*) un surtidor de llamas azules disparado por un cañón (*termina la cita*). Y ahora les devolvemos la música de Ramón Raquello, que interpreta para ustedes, desde el "Meridian Room" del Hotel Park Plaza, situado en el sur de Nueva York...

(*Se oye la música durante algunos minutos, hasta que termina la pieza... ruido de aplausos. Enlaza con...)*

Locutor: Y ahora una melodía que nunca ha pasado de moda, la popularísima "Polvo de estrellas". Ramón Raquello y su orquesta...

(*Música.*)

Locutor: Señoras y caballeros, como continuación de las noticias facilitadas en nuestro boletín hace unos momentos, se nos informa que el "Goverment Meterological Bureau" ha pedido a los grandes observatorios del país que mantengan una vigilancia astronómica sobre cualquier nueva perturbación que pueda producirse en el planeta Marte. Debido a los desacostumbrados sucesos que estamos protagonizando, hemos concertado una entrevista con el profesor Pierson, el famoso astrónomo, que va a darnos su opinión sobre los hechos. Y ahora los trasladamos al "Princeton Obseratory", de Princeton, en el que Carl Phillips, nuestro enviado se entrevistará con el profesor Richard Pierson, el famoso astrónomo. Nos trasladamos a Princeton, Nueva Jersey.

(Sigue una entrevista durante la cual el profesor Pierson explica que, aunque generalmente se supone que Marte está deshabitado, probablemente no lo está, y añade que se encuentra aproximadamente a cuarenta millones de millas de la Tierra. Durante la entrevista llega un mensaje de un científico neoyorquino, comunicando que sus sismógrafo ha registrado una sacudida de intensidad de terremoto, en un radio de veinte millas alrededor de Princeton. Se le pide al profesor Pierson que haga investigaciones. El programa vuelve a los estudios de Nueva York.)

Locutor: Señoras y señores, transmitimos el último boletín informativo de la "Intercontinental Radio News", Toronto, Canadá. El profesor Morse, de la Universidad Mc Millan, informa haber observado un total de tres explosiones en el planeta Marte, entre las 7:45 p.m. y las 9:20 p.m. hora del Este. Ello confirma informaciones anteriores recibidas de observatorios americanos. En estos momentos nos llega desde muy cerca, una nota especial desde Trenton, Nueva Jersey. En ella se dice que a las 8:50 p.m. un enorme objeto en llamas, al parecer un meteorito, ha caído en una granja, en las cercanías de Grovers Mill, Nueva Jersey, a veintidós millas de Trenton. El resplandor fue visible en el cielo, en un radio de varios cientos de kilómetros y el ruido del impacto se escuchó en el norte hasta Elizabeth. Hemos destacado un equipo móvil especial al lugar y nuestro enviado Phillips les hará una descripción verbal, tan pronto como pueda llegar allí desde Princeton. Entre tanto, los trasladamos al Hotel Martinot, de Brooklyn, en el que Bobby Millette y su orquesta les ofrecerán un programa de música de baile.

(*Música de baile durante veinte segundos... se interrumpe.*)

Locutor: Los trasladamos ahora a Grovers Mill, Nueva Jersey (ruido de multitud, sirenas de policía).

Phillips: Señoras y señores, les habla de nuevo Carl Phillips desde la granja Wilmuth, en Grovers Mill, Nueva Jersey. El profesor Pierson y yo hemos hecho las once millas que hay desde Princeton en diez minutos. Bien... no sé por dónde empezar para describirles la extraña escena que se desarrolla ante mis ojos, como escapada de las mil y una noches modernas. Acabo de llegar. Todavía no he podido echar un vistazo. Creo que aquí está. Sí, creo que es la... cosa, exactamente delante de mis ojos, medio enterrada en un enorme hoyo. Debe haber caído con fuerza terrorífica. El suelo está cubierto de astillas de un árbol que ha aplastado en su caída. Lo que puedo ver del ... objeto mismo no guarda mucha semejanza con un meteoro, por lo menos con los meteoros que he visto. Parece más bien un enorme cilindro. Tiene un diámetro de ...¿Cuántos diría usted, profesor?

Pierson: (*en off.*) Unas treinta yardas.

Phillips: Unas treinta yardas... El Metal que lo recubre es... bueno, nunca he visto nada parecido. El color es una especie de blanco amarillento. Los espectadores más curiosos se empujan ahora para acercarse al objeto, a pesar de los esfuerzos de la policía para contenerlos. Me están obstruyendo la vista. ¿Querría apartarse, por favor?

Policía: ¡Apártense! ¡Apártense!

Phillips: Quisiera poder comunicarles esta atmósfera... el escenario de esta... fantástica escena. Cientos de automóviles se encuentran aparcados en un campo que se encuentra a mi espalda. La policía está tratando de acordonar el camino que conduce a la granja. Pero no sirve de nada. Están pasando a través suyo. Sus faros se concentran sobre el hoyo donde se encuentra, medio enterrado, el objeto. Algunos de los más arriesgados se están acercando al borde. Sus siluetas se recortan contra el resplandor del metal. *(Se oye un ligero zumbido)* Un hombre pretende tocar la cosa... está discutiendo con la policía. El policía se sale con la suya... Señoras y señores, hay algo que se me ha olvidado mencionar con toda esta agitación, pero que se está haciendo cada vez más fuerte. Quizá lo hayan percibido ustedes ya en sus aparatos de radio. Escuchen. (Pausa larga.) ¿Lo oyen? Se trata de un curioso zumbido que parece salir del interior del objeto. Acercaré el micrófono. Así. (Pausa.) Ahora nos encontramos a menos de veinticinco pies de distancia. ¿Pueden oírlo ahora? ¡Ah! ¡Profesor Pierson!

Pierson: ¿Diga, mister Phillips?

Phillips: ¿Podría decirnos a qué cosa se debe ese ruido en el interior del objeto?

Pierson: Posiblemente, al desigual enfriamiento de su superficie.

Phillips: ¿Cree usted todavía que se trata de un meteoro, profesor?

Pierson: No sé qué pensar. La envoltura de metal, es sin duda extraterrestre... No se encuentra en la Tierra. El roce con la atmósfera terrestre suele producir agujeros en los meteoritos, pero esta cosa es lisa y, como puede ver, de forma cilíndrica.

Phillips: ¡Un momento! ¡Está ocurriendo algo! ¡Señoras y señores, es algo terrorífico! ¡El extremo de la cosa está empezando a moverse! ¡La parte superior está empezando a dar vueltas como un tornillo! ¡La cosa debe estar hueca!

Voces: ¡Se está moviendo! ¡Mira, la maldita cosa se está destapando! ¡Atrás! ¡Atrás, les digo! ¡Quizás allí haya hombres que intenten salir! ¡Está al rojo vivo, van a arder! ¡Atrás! ¡Que esos idiotas se echen atrás!

(*Se oye de repente el sonido a lata de una enorme pieza de metal que cae.*)

Voces: ¡Está abierta! ¡Se ha soltado la tapa! ¡Cuidado! ¡Échense atrás!

Phillips: Señoras y señores, se trata de la cosa más terrorífica que he presenciado nunca... ¡Un momento, alguien se está deslizando fuera por la abertura superior! Alguien o...algo. Puedo ver cómo dos discos luminosos miran desde el agujero negro... ¿Son ojos? Podría tratarse de una cara. Podría tratarse de... (Grito de espanto de la multitud.) ¡Dios santo!, algo está saliendo de la sombra, retorciéndose como una serpiente gris. Ahora otro, otro, y otro. Parecen tentáculos. ¡Sí!, puedo ver el cuerpo de la cosa. Es grande como un oso, y brilla como el cuero mojado. Pero ese rostro. Es... indescriptible. Me cuesta trabajo obligarme a seguir mirándolo. Los ojos son negros y brillan como los de una serpiente. La boca tiene forma de V y la saliva cae de sus labios sin bordes, que parecen temblar o palpitar. El monstruo, o lo que sea, apenas puede moverse. Parece paralizado, seguramente por la gravedad o algo semejante. La cosa se está levantando. La multitud retrocede. Ya han visto bastante. Se trata de una experiencia extraordinaria. No puedo encontrar palabras... Mientras hablo, estoy transportando el micrófono. Me veo obligado a suspender este reportaje hasta que haya encontrado un nuevo emplazamiento. ¿Quiere sostenerlo, por favor? Volveré dentro de un minuto.

(*Se desvanece para dejar paso a música de piano.*)

Locutor: Les estamos ofreciendo un relato presencial de lo que está ocurriendo en la granja de Wilmuth, en Grovers Mill, Nueva Jersey. *(Más piano.)* Les devolvemos ahora a Carl Phillips, en Grovers Mill.

Phillips: Señoras y señores, ¿me oyen? Señoras y señores, aquí estoy de nuevo, desde detrás de una pared de piedra, contigua al jardín de mister Wilmuth. Desde aquí puedo contemplar la escena entera. Les daré todos los detalles, mientras pueda seguir halando. Mientras pueda ver. Ha llegado más policía del Estado. Unos treinta agentes están formando un cordón frente a la fosa. Ahora no hace falta hacer retroceder a la multitud. Se sienten muy contentos con mantenerse a distancia. El capitán está hablando con alguien. No podemos ver quién es. ¡Ah, sí! Creo que es el profesor Pierson. Sí, es él. Ahora han desaparecido. El profesor se ha desplazado hacia un lado, estudiando el objeto, mientras el capitán y dos policías avanzan con algo en la mano. Ahora puedo verlo. Se trata de un pañuelo blanco atado a una pértiga... una bandera de tregua. Si esas criaturas saben lo que significa... lo que algo significa ¡Esperen! ¡Está pasando algo! *(Sonido silbante seguido de un zumbido que aumenta de intensidad.)* Una especie de bulto está surgiendo del hoyo. Puedo divisar un pequeño haz luminoso y se dirige contra los hombres que avanzan. ¡Les golpea de lleno! ¡Dios santo, están ardiendo! *(Gritos y alaridos inhumanos.)* Ahora el campo entero se ha incendiado. *(Explosión.)* Los árboles... los graneros... los depósitos de gasolina de los automóviles... se está extendiendo por todas partes. ¡Está viniendo hacia aquí! ¡Está a unas veinte yardas a mi derecha...!

(*Crujido del micrófono... Luego, silencio absoluto.*)

Locutor: Señoras y señores, por circunstancias ajenas a nuestra voluntad, nos vemos imposibilitados de continuar con nuestra emisión desde Grovers Mill. Evidentemente, existe alguna dificultad con nuestra transmisión desde el terreno. Sin embargo, regresaremos allí cuanto antes. Entre tanto, hemos recibido otro boletín desde San Diego, California. El profesor Ildekofker, en un banquete de la California Astronomical Society ha expresado la opinión de que las explosiones de Marte no son, indudablemente, más que fuertes perturbaciones volcánicas de la superficie del planeta. Continuamos ahora con nuestro intermedio de piano. *(El piano se interrumpe.)* Señoras y señores, me acaban de entregar un mensaje transmitido por teléfono desde Grovers Mill: "Último momento. Por lo menos cuarenta personas, entre las que se encontraban seis policías, yacen muertas en un prado situado al este del pueblo de Grovers Mill y sus cuerpos están quemados y retorcidos hasta ser irreconocibles". Van a escuchar ahora al brigadier Montgomery Smith, jefe de la milicia del Estado de Trenton, Nueva Jersey.

Smith: El gobernaor de Nueva Jersey me ha pedido que coloque los condados Mercer y Middlesex, hasta Princeton, por el oeste, y hasta Jamesburg, por el Este, bajo la Ley Marcial. No se permitirá a nadie la entrada en esa zona si no va provisto de un pase especial expedido por las autoridades militares o del Estado. Cuatro compañías de la milicia del Estado se dirigen ahora desde Trenton a Grovers Mill para ayudar a evacuar los hogares que se encuentran dentro del radio de las operaciones militares. Muchas gracias.

Locutor: Han escuchado ustedes al general Montgomery Smith, jefe de la milicia del estado en Trenton. Entretanto, hemos recibido más detalles de la catástrofe de Grovers Mill. Las extrañas criaturas, después de lanzar su mortal ataque, se han retirado de nuevo a su hoyo sin hacer ningún intento para impedir los esfuerzos de los bomberos para recobrar los cuerpos y extinguir el fuego. Los servicios de bomberos del condado de Mercer están uniendo sus fuerzas para luchar contra las llamas que amenazan a la región entera. No nos ha sido posible establecer contacto con nuestro equipo especial destacado en Grovers Mill, pero esperamos poder devolverles la conexión lo antes posible. Mientras tanto, los trasladamos a... ¡ Un momento, por favor! (Pausa larga y susurros.) Señoras y señores, me acaban de informar que por fin hemos establecido contacto con un testigo presencial de la tragedia. El profesor Pierson ha sido localizado en una granja cercana a Grovers Mill, en la que ha instalado un puesto de observación de emergencia. Como científico, les dará su versión de la tragedia.

Pierson: Respecto a las criaturas que se encuentran en el cilindro-cohete de Grovers Mill, no puedo decirles nada definitivo... ni sobre su naturaleza, ni sobre su origen, ni sobre sus intenciones aquí en la

Tierra. Acerca de su instrumento de destrucción, puedo aventurar alguna explicación hipotética. A falta de una designación mejor, me referiré a su misteriosa arma, como el rayo ardiente. Resulta claro, que esas criaturas poseen conocimientos científicos mucho más avanzados que los nuestros. Creo que son capaces de generar, de alguna forma, un intensísimo calor, en una cámara de conductividad prácticamente nula. Este intenso calor puede proyectarlo en forma de haz paralelo contra cualquier objeto que escojan, por medio de un pulido espejo parabólico de materia desconocida, de manera bastante semejante al espejo de un faro cuando proyecta un rayo de luz. Esta es mi teoría sobre el origen del rayo ardiente...

Locutor: Gracias, profesor Pierson. Señoras y señores, ha llegado un boletín informativo de Trenton. Se trata de una breve noticia en la que se nos comunica que el cuerpo carbonizado de Carl Phillips ha sido identificado en el hospital de Trenton. Aquí tenemos otro boletín de Washington, distrito de Columbia. Desde el despacho del director de la Cruz Roja Nacional nos informan que diez equipos de enfermeros de emergencia de la Cruz Roja han sido enviados al Cuartel General de la milicia del Estado, situado en las afueras de Grovers Mill, Nueva Jersey. Aquí tenemos otra nota de la policía del Estado, en Princeton Junction: "Los incendios de Grovers Mill y sus alrededores han sido dominados. Los observadores informan que todo está tranquilo en la fosa y no hay signos de vida en el cilindro..." Y ahora, señoras y señores, tenemos un mensaje especial de Harry Mc Donald, vicepresidente encargado de las operaciones.

(Mc Donald habla entonces, anunciando que todas las radios han sido conectadas con la milicia del Estado. El capitán Lansing, del Cuerpo de Señales, declara que controla la situación. Sus tropas, de un contingente de siete mil hombres, están avanzando contra el puñado de invasores y su aparato de metal. Concluye diciendo:)

Lansing: ¡Un momento! Veo algo en la parte superior del cilindro. Es algo que se mueve... de metal blindado..., una especie de escudo que se levanta desde el cilindro. Cada vez se eleva más. ¡Diablos, tiene piernas!... En realidad, descansa sobre una especie de armadura de metal. Ahora es ya más alto que los árboles y los faros se concentran sobre él. ¡Conserven la sintonía!

(Sigue una descripción de la lucha entre la cosa y los soldados, y del horrible rayo ardiente, que los vence. Entonces, se produce una interrupción...)

Nota del editor: La declaración que sigue es, probablemente, la responsable en gran medida del pánico producido entre algunos oyentes, ya que las personas que conectaron entonces con la emisión, no pudieron dejar de creer que estaban oyendo "diarios de noticias". El discurso del Secretario del Interior dio una estremecedora autenticidad y añadió espanto al "realismo" de la emisión.

Locutor: Señoras y señores, he de comunicarles una noticia. Por increíble que pueda parecer, tanto las observaciones científicas realizadas como las que hemos podido presenciar con nuestros ojos, nos llevan a la necesaria conclusión de que esos extraños seres que han aterrizado en la noche de hoy en la campiña de Jersey, constituyen la vanguardia de un ejército invasor del planeta Marte. La batalla que se ha desarrollado hoy en Grovers Mill ha terminado con una de las derrotas más asombrosas que haya sufrido ejército alguno en los tiempos modernos: siete mil hombres armados de rifles y ametralladoras se han enfrentado contra una sola máquina de guerra de los invasores de Marte. Sólo quedan 120 sobrevivientes. El resto yace en el campo de batalla, entre Grovers Mill y Plainsboro, después de haber sido aplastados y pisoteados hasta morir, por los pies del monstruo, o convertidos en cenizas por el rayo ardiente. El monstruo reina ahora en la zona central de Jersey y, de hecho, ha cortado por la mitad al Estado. Las líneas de comunicación están interrumpidas desde Pensilvania hasta el Océano Atlántico. Las vías ferroviarias están levantadas y el servicio entre Nueva York y Filadelfia es irregular, a menos que se dé un rodeo tomando alguno de los trenes que pasan por Allentown Phoenixville. Las carreteras principales del norte, sur y oeste se hallan obstruidas por una masa humana frenética. La policía y las reservas del ejército resultan impotentes para controlar esta loca huida. Según se calcula, cuando llegue el día, los fugitivos habrán duplicado la población de Filadelfia, Camden y Trenton. En estos momentos, se ha declarado la Ley Marcial en toda Nueva Jersey y el Este de Pensilvania. Y ahora los trasladamos a Washington para que escuchen una emisión especial sobre la crítica situación nacional... Habla el secretario del Interior...

Secretario: Ciudadanos de la Nación, no intentaré ocultar la gravedad de la situación con que se enfrenta el país, ni la preocupación del Gobierno para proteger las vidas y los bienes de todos. No obstante, quisiera convenceros a todos, ciudadanos particulares y funcionarios públicos, de la urgente necesidad de conservar la calma y desarrollar una acción resuelta. Afortunadamente, este formidable enemigo se encuentra aún confinado a una zona relativamente pequeña, y podemos confiar en las fuerzas militares para mantenerlo en ella. Mientras tanto, confiando en Dios, todos y cada uno de nosotros debemos continuar llevando a cabo nuestros deberes, de forma que podamos hacer frente a esta cosa destructora, como una nación unida, animosa y decidida a preservar la supremacía humana sobre la Tierra. Gracias.

Locutor: Acaban de oír al Secretario del Interior desde Washington. En estos momentos tenemos un montón de boletines de noticias, demasiado numerosos para ser leídos. Se nos informa que la zona central de Nueva Jersey no se puede comunicar por radio, debido a los efectos del rayo ardiente sobre las líneas de tendido y la maquinaria productora de energía eléctrica. Aquí tenemos un boletín especial desde Nueva York. Se han recibido telegramas de corporaciones científicas inglesas, francesas y alemanas, ofreciendo su ayuda. Los astrónomos señalan continuas explosiones de gas, a intervalos regulares, en el planeta Marte. La opinión general es que las fuerzas del enemigo se verán reforzadas por otros cohetes espaciales. Se hacen tentativas para localizar al profesor Pierson, de Princeton, que ha visto de cerca a los marcianos. Se teme que haya perecido en la reciente batalla. Langham, Field, Virginia: los aeroplanos de observación informan de la presencia de tres artefactos marcianos sobre las cosas de los árboles, dirigiéndose hacia el norte, hacia Summerville, mientras la población huye. No hacen empleo del rayo ardiente, aunque avanzan con la velocidad de un tren expreso y eligen con cuidado su camino. Parecen estar procurando conscientemente evitar la destrucción de las ciudades y del campo. No obstante, se detienen para arrancar líneas eléctricas, puentes y vías de ferrocarril. Su objetivo es, al parecer, aplastar toda resistencia, paralizar las comunicaciones y desorganizar la sociedad humana.

Ha llegado un nuevo boletín desde Basking Ridge, Nueva Jersey. Unos cazadores de mapaches han tropezado con un segundo cilindro, similar al primero, enterrado en un gran pantano, veinte millas al sur de Morriston. Algunas unidades del ejército se dirigen hacia allá desde Newark, a fin de volar este segundo aparato invasor antes de que el cilindro pueda ser abierto y montada la máquina de guerra. Están ocupando posiciones al pie de las Watchung Mountains. Otro boletín, desde Lanhan Field, Virginia: aparatos de exploración informan que las máquinas enemigas, que ahora son tres, han aumentado la velocidad de avance hacia el norte, pasando sobre casas y árboles con prisa evidente para unirse a sus aliados del sur de Morristown. Han sido vistas, también, otras máquinas al este de Middlesex, por un telefonista, a una distancia de diez millas de Plainfield.

Aquí tenemos un boletín de Winston Field, Long Island: una flotilla de bombarderos del ejército, llevando explosivos pesados, se dirige hacia el norte en persecución del enemigo. Unos aviones de observación actúan en calidad de guías. El enemigo, que avanza a gran velocidad, está a la vista. ¡Un momento, por favor! Señoras y señores, hemos establecido conexiones especiales con los puestos de artillería de los pueblos adyacentes a fin de poder proporcionarles noticias directas de la zona por la que avanza el enemigo. En primer lugar, los trasladamos a la batería del puesto 22 de artillería de campaña, situado en las Watchung Mountains.

(Los oyentes escuchan a un oficial dando órdenes a un artillero, mientras disparan contra los marcianos. Los marcianos contestan con gases, derrotando al ejército. A continuación se escucha a un aviador del ejército, en un avión de Bayonne, Nueva Jersey. Está al mando de ocho bombarderos. Avistan al enemigo y viran para atacarlo. Los marcianos les lanzan sus llamas, aniquilándolos. La emisora conecta con diversos operadores de radio que dan noticias del ataque y del avance sobre Nueva York, de los marcianos. Entonces, se desvanece para dejar paso a la voz de un locutor, de nuevo en Nueva York.)

Locutor: Les hablo desde la azotea del Broadcasting Building, en la ciudad de Nueva York. Las campanas que están escuchando advierten a la población que deben evacuar la ciudad ante la proximidad de los marcianos. Se calcula que durante las últimas dos horas, tres millones de personas se han dirigido por carretera hacia el Hutchinson River Parkway del norte, que sigue abierto al tráfico. Deben evitarse los puentes de Long Island..., están completamente obstruidos. Todas las comunicaciones con la playa de Jersey se han interrumpido hace diez minutos. No hay defensa posible. Nuestro ejército ha sido aniquilado. Es posible que esta sea la última transmisión. Permaneceremos aquí hasta el final... Algunas personas están asistiendo a un servicio religioso que se celebran a nuestros pies, en la Catedral. (*Cantos de voces lejanas.*) Mirando hacia el puerto puedo ver toda clase de embarcaciones, sobrecargadas de fugitivos que se desprenden de los muelles. *(Ruido de sirenas de barcos.)* Las calles se encuentran totalmente obstruidas. El ruido de la multitud es semejante al de una Nochebuena, ¡Un momento!... Ahora puede verse al enemigo sobre las Palisades. Son cinco grandes máquinas. La primera está cruzando el río. Puedo verla desde aquí, vadeándolo como un hombre podría vadear un arroyo... Me entregan una nota... Están cayendo en todo el país cilindros marcianos. Uno, en las afueras de Búfalo; otro en Chicago, San Luis... Parecen obedecer a un plan en cuanto a la hora y el lugar... En estos momentos, la primera máquina está llegando a la otra orilla. Permanece erguida, contemplando la ciudad. Su cabeza de acero, cubierta por una especie de caperuza, está a la misma altura que los rascacielos. Está esperando a las otras. Se elevan en el West Side como una línea de nuevos edificios... Ahora levantan sus manos de metal. Este es el final. Brota humo..., un humo negro, que se extiende sobre la ciudad. La gente de la calle puede verlo ahora. Corren hacia el East River... cientos de ellos, que van cayendo como ratas. Ahora el humo se está extendiendo más rápidamente. Ha llegado ya a Times Square. La gente intenta escapar de él, pero es inútil. Caen como moscas. Ahora el humo atraviesa la Sexta Avenida..., la Quinta Avenida..., está a cien yardas..., a cincuenta pies...

Voz de un operador de radio: 2 x 21 llama a OQ. 2 x 21 llama a OQ. 2 x 21 llama a OQ... Nueva York, ¿no hay nadie a la escucha? ¿No hay nadie? ... 2 x 21...

(Intermedio con silencio.)

Locutor: Están escuchando al CBS en una adaptación original de La guerra de los mundos, de H. G. Wells, por Orson Welles y el Mercury Theatre on the Air. La emisión continuará después de una breve pausa. Esta es el Columbia... Broading System.

Locutor: La guerra de los mundos, de H. G. Wells, con Orson Welles y el Mercury Theatre on the Air...

Nota del Editor: En estos momentos, a treinta minutos de la emisión, el mal ya había sido hecho. Los oyentes habían sido atacados por el pánico, las estaciones de policía se veían asediadas, las comunicaciones telefónicas con el Este estaban obstruidas. Nunca ha habido en nuestra época un malentendido que se haya extendido con tal rapidez, como un incendio en la pradera. A partir de este momento, los oyentes sensatos pudieron darse cuenta rápidamente de que lo que estaban oyendo no eran noticias sino una dramática ficción. A causa de su interés publicamos el resto de la historia en forma condensada.

Pierson: Mientras escribo estas notas, me siento obsesionado por la idea de que es posible que sea el último superviviente sobre la Tierra. He estado escondido en esta casa vacía cercana a Grovers Mill..., una pequeña isla de luz perdida en el humo negro del resto del mundo. Contemplo mis manos ennegrecidas, mis zapatos rotos y mis ropas en harapos, e intento relacionarlos con un profesor que vivía en Princeton y que, en la noche del 30 de octubre, vio a través de su telescopio un resplandor de luz naranja, procedente de otro planeta. Al escribir mi diario, me digo que debo guardar la historia de la humanidad entre las tapas oscuras de este pequeño cuaderno... Pero para escribir debo vivir, y para vivir debo comer... he encontrado pan de molde en la cocina, y una naranja que no estaba demasiado podrida para poder ser comida. Miro continuamente el reloj. De vez en cuando veo a algún marciano sobre el humo negro. Exhausto por el temor me dormí... Ha amanecido. La nube negra de gas ha desaparecido. Me dirijo hacia el norte. Al día siguiente llego a una ciudad cuyos contornos me son familiares, aunque sus edificios se hallan extrañamente empequeñecidos y nivelados, como si un gigante le hubiera amputado sus altos rascacielos de un manotazo caprichoso. Encuentro Newark sin derruir, pero humillado por el capricho de los marcianos al avanzar. Ahora, con la extraña sensación de ser observado, veo algo acurrucado en el quicio de una puerta. Doy un paso hacia allá y se transforma en un hombre..., un hombre armado con un largo cuchillo.

Extraño: ¡Deténgase! ¿De dónde viene usted?

Pierson: De... muchos lugares. Hace mucho tiempo de Princeton. ¿Ha visto algún marciano?

Extraño: Se han dirigido hacia Nueva York. Por la noche, el suelo está lleno de luces suyas. Como si hubiera aún gente viviendo en ella. Durante el día no se les puede ver. Hace cinco días una pareja transportó algo grande sobre las azoteas, desde el aeropuerto. Creo que están aprendiendo a volar.

Pierson: Entonces... la humanidad ha terminado. Es extraño, quedamos usted y yo. Dos.

(*El profesor y el extraño hablan. El extraño es un antiguo artillero. Ha estado pensando. Comprende que los hombres no saben lo suficiente para poder luchar contra los marcianos, pero cree que pueden aprenderlo. Esboza su plan para vivir bajo tierra en las Líneas del Metro, y los niveles donde los marcianos no pueden encontrarlos, estudiando y aprendiendo. Luego, cuando haya logrado reunir los hombres suficientes, robarán alguna de las propias máquinas de los marcianos, volverán contra ellas los cañones del rayo ardiente y los barrerán. Pero el profesor Pierson no quiere saber nada del plan. Camina a través de Hollan Túnel, bajo el Hudson y llega a la ciudad de Nueva York.)*

Pierson: He llegado a la calle Catorce, he encontrado de nuevo el polvo negro y varios cadáveres. Y también un mal olor siniestro que sale de las ventanas de los sótanos de algunas casas. He caminado sin rumbo por las calles Treinta y Cuatro, ahora me encuentro solo en Times Square. Veo un perro delgado que corre por la Séptima Avenida abajo con un pedazo de carne de color pardo oscuro en la boca, con un tropel de chuchos hambrientos tras sus talones. Da un amplio rodeo a mi alrededor, como si temiera que pudiera resultar un nuevo rival. He caminado Broadway arriba, en dirección a ese extraño polvo. He pasado frente a escaparates silenciosos, que mostraban sus géneros mudos a las vacías aceras... frente al Capital Theatre, silencioso, oscuro... frente a una barraca de feria en la que una hilera de escopetas vacías apuntan a una fila inmóvil de patos de madera. Cerca de Columbus Circle he visto modelos de coches 1939 en los escaparates, frente a las calles vacías. Desde la parte superior del edificio de la General Motors he visto una bandada de aves negras trazando círculos en el cielo. He apresurado el paso. De repente, he visto la caperuza de una máquina marciana erguida en un punto del Central Park, brillando bajo los rayos del último sol de la tarde. ¡Una idea absurda! He cruzado corriendo sin temor Columbus Circle y he llegado al parque. He trepado a una pequeña colina situada más allá del estanque de la calle Sesenta, desde allí he podido ver de pie en una línea silenciosa a lo largo del Mall, diecinueve de esos grandes titanes de metal. Con sus caperuzas vacías y sus brazos de acero colgando inertes a sus costados. He buscado en vano los monstruos que habitan esas máquinas. De repente, mi atención se ha visto llamada por una inmensa bandada de cuervos que revoloteaban exactamente delante de mis ojos, rígidos y silenciosos estaban los marcianos, y los hambrientos pájaros los picoteaban arrancando tiras de carne de sus cuerpos muertos. Más tarde, cuando se han examinado sus cuerpos en laboratorios, se ha descubierto que han sido matados por las bacterias de la putrefacción y la enfermedad, contra las que sus organismos no estaban preparados..., aniquilados cuando todas las defensas humanas habían fracasado por la más humilde de las criaturas que Dios, en su sabiduría, puso sobre la Tierra.

Antes de que el primer cilindro cayera, existía la convicción general de que, en toda la profundidad del espacio, no existía ninguna vida más allá de la insignificante superficie de nuestra diminuta esfera. Ahora podemos ver más lejos. Confusa, pero maravillosa, es la visión que he conjurado en mi mente de la vida, extendiéndose lentamente desde esta diminuta semilla del sistema solar a través de toda la inmensidad inanimada del espacio sideral. Pero esto es sólo un sueño lejano. Puede ser que la destrucción de los marcianos sea sólo una tregua y que el futuro les pertenezca, quizás, a ellos y no a nosotros. Resulta extraño estar sentado ahora en un tranquilo estudio de Princeton, escribiendo el último capítulo del informe, comenzado en una granja desierta de Grovers Mill. Resulta extraño ver desde mi ventana las agujas de la Universidad, imprecisas y azules a través del resplandor de un cielo de abril. Extraño contemplar a los niños que juegan en las calles. Extraño ver a los jóvenes paseando por el césped, mientras la hierba nueva de la primavera cubre las últimas manchas negras de una tierra abrasada. Extraño ver a los visitantes entrar en el museo, en donde las distintas partes de una máquina marciana desmontada se muestra al público.

Welles: Señoras y caballeros, les habla Orson Welles, terminada la emisión, para asegurarles que La guerra de los mundos no tiene otra significación que la que le brindaba la festividad. Ha sido la versión del "Mercury Theatre" de lo que, normalmente se suele hacer envolviéndose en una sábana, saliendo de repente un arbusto y gritando ¡buh! Aunque hubiéramos empezado ahora, no hubiéramos podido dar jabón a todas sus ventanas ni robar todas las verjas de sus jardines para mañana a la noche... Así, pues, hemos hecho lo que hemos podido. Hemos aniquilado al mundo ante sus oídos y destruido totalmente el Columbia Broadcasting System. Espero que se sientan aliviados al saber que lo hicimos sin mala intención, y que ambas instituciones se encuentren aún en funcionamiento; en buen funcionamiento. Así, pues, adiós a todos y recuerden, por favor, por lo menos hasta mañana, la terrible lección que han aprendido esta noche. El invasor gesticulante, ardiente y globular de su sala de estar era un habitante de la calabaza con remiendos, y si el timbre de su puerta suena y no hay nadie al abrir, no ha sido ningún marciano, sino... Halloween.

Locutor: El Columbia Broadcasting System y sus emisoras afiliadas de costa a costa les hemos ofrecido esta noche: La guerra de los mundos, de H. G. Wells..., que hace el número 17 de la serie semanal de adaptaciones radiofónicas realizadas por Orson Welles y el Mercury Theatre on the Air.

FIN

ANEXO II

Emisoras de radio con mayor audiencia en España[2]

Top Cinco de Radios Generalistas

Cadena Ser

La Cadena SER es la cadena de radio más antigua de España y la que cuenta con más oyentes: 4.766.000 según el EGM de julio de 2015.

Propietario: PRISA Radio
Webcast: http://play.cadenaser.com/
Sitio web: http://cadenaser.com/

Onda Cero

Onda Cero es la segunda generalista en número de oyentes: 2.548.000 según la tercera oleada del estudio general de medios de 2015.
Propietario: Atresmedia Radio
Sitio web: http://www.ondacero.es/

Cadena Cope

La tercera con 1.854.000 de oyentes
Propietario: Radio Popular
Webcast: http://www.cope.es/directo/id=2012011013190001&activo=5
Sitio web: http://www.cope.es/

Radio Nacional

La cuarta con 1.308.000 de oyentes
Propietario: RTVE
Webcast: http://rtve.es/radio/endirecto/
Sitio web: http://www.rtve.es/radio/

---

[2]Fuente: AIMC (Asociación para la Investigación de Medios de Comunicación), de acuerdo al resumen del segundo EGM de 2015

RAC 1

La quinta con 787.000 de oyentes
Propietario: Grupo Godó
Sitio web: http://www.rac1.cat/

Top Cinco de Radios Musicales

Los 40 Principales

Es la primera emisora musical en España , con 3.178.000 de oyentes.
Propietario: PRISA Radio
Webcast: http://www.yes.fm/star/40Principales
Sitio web: http://los40.com/

Cadena Dial

La segunda con 2.346.000 de oyentes
Propietario: PRISA Radio
Webcast: http://www.cadenadial.com/multimedia/radios.html
Sitio web: http://www.cadenadial.com/

Europa FM

La tercera con 1.995.000 de oyentes
Propietario: Atresmedia Radio
Webcast: http://www.europafm.com/directo/
Sitio web: http://www.europafm.com/

Cadena 100

La cuarta con 1.789.000 de oyentes
Propietario: Radio Popular
Sitio web: http://www.cadena100.es/

Rock FM

La quinta con 965.000 de oyentes
Propietario: Radio Popular
Sitio web: http://rockfm.fm/

图书在版编目(CIP)数据

广播传播的修辞构建/宋海莲著. —北京:中国传媒大学出版社，2016.3
ISBN 978-7-5657-1557-0

Ⅰ. ①广… Ⅱ. ①宋… Ⅲ. ①修辞学－应用－广播工作－研究
Ⅳ. ①G220

中国版本图书馆 CIP 数据核字（2015）第 302117 号

广播传播的修辞构建
GUANGBO CHUANBO DE XIUCI GOUJIAN

作　　者 宋海莲
责任编辑 李水仙
责任印制 阳金洲
封扉制作 郭　琳
出 版 人 王巧林

出版发行 中国传媒大学出版社
社　　址 北京市朝阳区定福庄东街 1 号　邮编:100024
电　　话 86－10－65450528　65450532　传真:65779405
网　　址 http://www.cucp.com.cn
经　　销 全国新华书店

印　　刷 北京易丰印捷科技股份有限公司
开　　本 710mm×1000mm　1/16
印　　张 16.5
版　　次 2016 年 3 月第 1 版　　2016 年 3 月第 1 次印刷

书　　号 ISBN 978-7-5657-1557-0/G·1557　　**定　　价** 66.00 元

版权所有　　翻印必究　　印装错误　　负责调换